大学生心理健康与素质教育研究

李 萍 著

北京工业大学出版社

图书在版编目（CIP）数据

大学生心理健康与素质教育研究 / 李萍著 . — 北京：
北京工业大学出版社，2020.6（2023.2重印）

ISBN 978-7-5639-7491-7

Ⅰ．①大… Ⅱ．①李… Ⅲ．①大学生－心理健康－健
康教育－研究②大学生－素质教育－研究 Ⅳ．① G444
② G640

中国版本图书馆 CIP 数据核字（2020）第 122477 号

大学生心理健康与素质教育研究
DAXUESHENG XINLI JIANKANG YU SUZHI JIAOYU YANJIU

著　　者：李　萍
责任编辑：乔爱肖
封面设计：点墨轩阁
出版发行：北京工业大学出版社
　　　　　　（北京市朝阳区平乐园 100 号　邮编：100124）
　　　　　　010-67391722（传真）　bgdcbs@sina.com
经销单位：全国各地新华书店
承印单位：三河市元兴印务有限公司
开　　本：710 毫米 ×1000 毫米　1/16
印　　张：13.75
字　　数：275 千字
版　　次：2020 年 6 月第 1 版
印　　次：2023 年 2 月第 2 次印刷
标准书号：ISBN 978-7-5639-7491-7
定　　价：58.00 元

前　言

在 21 世纪，健康的主题是心理健康。目前，在经济快速发展、社会发展急剧变化的情况下，大学生正处在一个价值观念多元化、"人类进入了情绪负重"的时代。在这种背景下，大学生心理健康呈现出了新的特征。

大学阶段是人生发展的重要阶段，也是大学生确立人生观、价值观和世界观的关键时期。在大学中，大学生有诸如学业、情感、人际、生活、就业等种种压力和困惑。所以大学生的心理健康教育显得尤为重要和关键。大学生心理健康教育旨在使大学生明确心理健康的标准及意义，增强自我心理保健意识和心理危机预防意识，掌握并应用心理健康知识，培养自我认知能力、人际沟通能力、自我调节能力，切实提高心理素质，促进其全面发展。

本书共分为十章。第一章为大学生心理健康教育概述；第二章论述了大学生自我意识的发展与培养；第三章阐述了大学生情绪管理与调适；第四章论述了大学生人际交往；第五章分析了大学生学习心理；第六章论述了大学生网络心理；第七章分析了大学生的心理素质；第八章论述了大学生的人文素质教育；第九章阐述了大学生的信息素质教育；第十章为高校心理素质教育教师队伍的建设研究。

笔者在撰写本书的过程中，参考和借鉴了国内外专家、学者的相关研究成果，并引用了其中的一些资料，在此对他们的辛勤劳动深表诚挚的谢意。由于笔者水平所限，书中难免存在不足之处，敬请广大读者提出宝贵意见，以便改进。

目　录

第一章　大学生心理健康教育概述

第一节　健康与心理健康

一、健康

（一）健康新概念

健康是人类生存极为重要的内容，它对人类的发展、社会的变革、文化的更新、生活方式的改变，起着决定性的作用。那么，一个人怎样才算健康呢？人们关于健康的传统观念是，身体健康是健康概念的全部，身体没病也就意味着健康。但是随着社会的发展和生活水平的提高，人们的健康观也在不断发生变化，对健康的理解趋向于"整体健康观"，即健康是由心理尺度、医学尺度和社会尺度来评价的，健康的概念已从传统的生物医学模式走向生物－心理－社会医学模式。这是我国健康概念发生的第一次变化。

健康概念的不断完善，体现了现代社会对健康较为全面的认识。在此基础上，我们总结出用于衡量人健康与否的四个指标。

第一，躯体情况。包括身体发育是否良好，是否有生理疾病或缺陷等。这是健康概念的基础。

第二，心理发展状态。包括是否有心理疾病，是否有持续的、积极的心理状态等。

第三，社会适应程度。包括掌握多少生活知识和技能，是否有正确的生活目标，能否遵守社会生活规则、顺利融入社会群体、承担社会角色、适应社会生活等。

第四，道德文明水平。包括道德认知水平和道德行为状况等，道德健康的最高标准是无私奉献，最低标准是不损害他人。

（二）健康新内涵

随着社会的进步和医学科学的发展，人们对健康内涵的理解也越来越深刻。近年来，世界卫生组织又提出了健康的十条新内涵。具体内容如下。

第一，有充沛的精力，能从容不迫地应付日常生活和工作的压力而不感到过分紧张。

第二，处事乐观，态度积极，乐于承担责任，不论事情大小都不挑剔。

第三，善于休息，睡眠良好。

第四，应变能力强，能适应外界环境的各种变化。

第五，能够抵抗一般性感冒和传染病。

第六，体重适当，身材匀称，站立时头、肩、臀位置协调。

第七，眼睛明亮，反应敏锐，眼睑不发炎。

第八，牙齿清洁、无空洞、无痛感，牙龈颜色正常，无出血现象。

第九，头发有光泽、无头屑。

第十，肌肉和皮肤有弹性，走路感觉轻松。

因此，健康是生理健康与心理健康的统一，二者相互联系、密不可分。人的生理疾病会影响到人的心理健康，容易使人产生烦躁不安、情绪低落等心理不适的问题；而长期的心情抑郁也易导致身体不适。因此，健康的心理有赖于健康的身体，健康的身体同样离不开健康的心理，二者是相互依赖、相互促进的。

二、心理健康

（一）心理健康的概念

心理健康是相对于生理健康而言的。《心理学百科全书》中对于"心理健康"的解释是，心理健康也叫心理卫生，其含义主要包括两个方面：一是指心理健康的状态，即没有心理疾病，心理功能良好，能以正常稳定的心理状态和积极有效的心理活动，面对现实的、发展变化着的自然环境、社会环境和自身内在的心理环境，具有良好的调控能力、适应能力，保持切实有效的功能状态；二是指维护心理的健康状态，即有目的、有意识、积极自觉地按照个体不同年龄阶段身心发展的规律和特点，遵循相应的原则，有针对性地采取各种有效的方法和措施，营造良好的家庭环境、学校环境和社会环境，通过各种形式的宣传、教育和训练，来预防心理疾病，提高心理素质，维护心理活动的良好的功能状态。

实际上，现代社会对心理健康的标准还没有达成共识，而且对它的评价还受诸如种族、社会、文化、宗教信仰等因素的影响。古希腊哲学家苏格拉底认为，正常状态与人的自我认识有关，没有一个完全正常的人，因为自我认识永远不能完备，人格永远处在发展之中；而且，生活中的挫折本无休止，心理无时不在寻找某种平衡，就如同体操运动员在平衡木上的动作一样；实现心理上的完美的关键在于在动中求得平衡，在平衡中求动。

心理学家英格里斯认为：心理健康是一种持续的心理状态，当事者在那种状态下能很好地适应环境，具有生命的活力，而且能充分发展其身心的潜能，而不仅仅是免于心理疾病。

心理健康即在成长和发展过程中，认知合理、情绪稳定、行为适当、人际关系和谐、适应变化的一种完好状态。心理健康是健康的重要组成部分。我国中科院心理研究所郭念锋教授认为：心理健康是指人的心理，即知、情、意活动的内在关系协调，心理的内容与客观世界保持统一，并能促使人体内、外环境相应平衡，促使个体适应社会环境，并由此不断发展健全的人格，提高生活质量，保持旺盛的精力和愉快的情绪。

现在，"健康就是无病"的传统观点已逐渐被抛弃。人们倾向于接受下面这样一些观点。

第一，心理健康是一种相对的、持续的且积极发展的动态心理状态。第二，心理健康是指在较长一段时间内的持续的心理状态。如果一个人偶然出现异常心理或行为以及轻微情绪失调，但能恢复正常，我们就不能认为这个人心理不健康。第三，可以用一系列具体标准来描述心理健康，但这种描述通常是一种全面的理想要求，不一定能全部做到。第四，造成心理不健康的因素并不是单一的，而是生物、心理和社会多因素共同作用的结果。

因此，我们认为，可以从广义和狭义两个角度去理解心理健康。从广义上讲，心理健康指一种高效而满意的、持续的心理状态；从狭义上讲，心理健康指人的基本心理活动的内容完整、协调一致，即认识、情感、意志、行为、人格完整和协调，能适应社会，与社会保持同步。这样，一个人就寻求到了一种心理平衡，从而实现了心理上的完美。

（二）心理健康的标准

随着时代的发展、科技的进步，人们的个体经历或经验使人们对心理健康有着不同的理解，对心理健康的判定标准也不尽相同，对于心理健康也不能像生理健康那样给出精确和绝对的标准。

关于心理健康的标准，世界卫生组织明确提出了四个标准：①身体、智力、情绪十分调和；②适应环境，在人际关系中能谦让；③有幸福感；④在工作和职业中，能充分发挥自己的能力，过高效率的生活。

美国学者坎布斯认为心理健康的人应该有四种特质：①具有积极的自我观念；②恰当地认同他人；③面对和接受现实；④主观经验丰富，可供取用。

美国心理学家马斯洛和米特尔曼在 20 世纪 50 年代提出了心理健康的十条标准：①具有足够强的安全感；②充分了解自己；③生活的目标切合实际；④与现实环境保持接触；⑤能保持人格的完整与和谐；⑥具有从经验中学习的能力；⑦能保持良好的人际关系；⑧能适度地表达与控制情绪；⑨在不违背社会规范的条件下，恰当地满足个人的基本需要；⑩在不违背团体的要求下，能有限度地发挥个性。

我国学者王希永认为心理健康有下列六条标准：①智力正常，思维方式正确，能唯物辩证地看待自己，看待社会，看待一切事物；②具有良好的情感体验，能控制自己的情绪；③能正确对待困难和挫折，不苛求环境，不推卸责任，有战胜困难的信心、勇气和毅力，有创新意识和开拓精神；④有合理的需要、有适当的动机、有理想、有追求、有社会责任感，精神生活充实；⑤具有自觉的社会公德，具有社会所赞许的道德品质，能恰当地处理好人际关系；⑥经常处于内心平衡的满足状态，出现心理不平衡时，自己可以及时地进行调整。

虽然学者们从不同的角度提出了心理健康的标准，但大家就一点达成了共识，即心理健康是一种能够表现出良好个性和良好人际关系的心理特质结构，它是在正常发展的智能基础上形成的。另外，需要指出的是，对于心理健康的标准，我们只能把它视为一个我们努力追求的理想目标，而不能将这些标准当作至理来苛责自己；当然，也不能忽视这些标准从而忽略了自己真正存在的心理健康隐患。最终，我们要将这些标准当作辅助性的工具，使自己的心理达到健康的状态。

第二节 大学生心理健康

一、我国大学生心理健康现状

在我国社会发展的历史进程中，由急剧的社会变迁所引发的心理问题也逐渐增多。随着中国教育的不断发展，越来越多的适龄青年都有机会进入大学、接受高等教育。同时大学生们也渐渐不再认为自己是"天之骄子"和"栋梁之材"，回归到了现实生活中。

中国疾病预防控制中心精神卫生中心公布的一项调查数据显示，10% ~ 25.4% 的大学生有心理障碍。北京高校大学生心理素质研究课题组的相关研究报告显示，超过 60% 的大学生存在中度以上的心理问题，并且这一数字还在继续变大。

因此，大学生心理健康问题必须引起全社会关注，其中自杀事件也只是高校大学生心理健康问题的一个缩影。但从中我们可以发现，当前我国高校大学生的心理健康状况不容乐观，提升大学生心理素质迫在眉睫。

二、大学生常见的心理健康问题

大学生正处于青年期，其心理发展水平正处在迅速走向成熟而尚未完全成熟的过渡阶段。他们一般还保留着少年时期的心理特征，例如：独立性不强，对家长的依赖性较强；对社会了解有限，过于理想化；对自我的认识不清而难以准确定位；在面临生活环境的变化、交际圈的更新、学习内容和方式的改变时，往往出现一系列冲突。这些冲突如果得不到及时调整，则可能引发一些心理问题。大学生最常见的心理健康问题主要可以分为以下八类。

（一）入学适应问题

大学新生在入学以后，离开原先所熟悉的环境，来到一个陌生的校园。其生活环境、生活方式、学习内容、人际交往形式等都与以前中学阶段不同。在这种情况下，一些大学生会产生强烈的内心冲突，不能从心理上很好地适应，表现出不安、情绪紧张等心理问题。个别独立性差、自理能力缺乏的学生的心理反应更加明显。

（二）人际交往问题

比起中学时代，大学的人际交往更为复杂，更具有社会性。大学生需要尝试这种人际交往，并学会建立良好的人际关系。然而一些大学生的社会适应能力较差，缺乏妥善处理人际关系的基本能力，在人际交往中总感到不适应、不自然，或十分被动，或无所适从。有的大学生习惯以自我为中心，不考虑别人的感受，不愿因集体的需要而改变生活、学习行为和方式；有的在人际交往中表现出功利性过强，总想在群体中获取点利益、得到点好处；有的对他人的一些个性、行为"看不惯"，不愿与其交往，彼此之间很容易发生冲突；还有的整日沉溺于网络虚拟世界，宁愿每天面对电脑，也不想与人打交道，在心理和行为表现上越来越孤僻。

（三）学习问题

大学新生普遍存在学习不适应的现象。大学的学习与高中的学习大不相同：教学内容由少而浅变为多而深，学习方法由监督学习变为自主学习，授课方式由多讲解变为少讲解多讨论，学习任务由考大学变为掌握技能。面对这种种变化，有些学生一时感到无所适从，采取的学习方法不当且学习动力不足，丢失学习目标，于是，不知为何而学成为普遍现象。这些都可能导致他们的学习成绩严重下滑，不能很好地去面对学习上的挫折，最终也就容易产生心理问题。

（四）情感问题

大学生正处于青春期的中期，生理趋于成熟，心智有了一定的发展，对爱情生活有所向往和追求，因此大学生谈恋爱是一种普遍现象。但是有很多大学生在恋爱中存在情感困惑，在恋爱的过程中会遭受单相思、失恋等心理挫折。特别是失恋，如果处理不好，他们就容易受到极大伤害而造成心理失调、萎靡不振，甚至精神崩溃，在短期内会做出一些极端行为。

（五）自我意识问题

进入大学后，学生们会认为自己已经长大了，他们注重自我探索，希望了解自己是一个什么样的人、毕业后想做什么、能做什么等。这种思索就是自我意识。在大学，每个学生都希望能尽快掌握一技之长，以适应社会。由于大学生还是以学习间接经验为主，所处的环境还是理想色彩较浓的校园，所以，他们缺乏实践，阅历较浅，他们现实所具备的能力与他们期待的水平有一定的差距，于是产生了多种冲突。

（六）压力问题

现在大学生就业竞争越来越激烈。一些大学生可能从大一就开始思考自己未来的发展问题。这使其学习压力越来越大。在面对压力的时候，有的大学生不懂得如何求助和减压，反而用一些增加压力的方式来解决问题。这样也会使他们的压力越来越大。

（七）情绪障碍问题

大学生如果长期处于消极或激烈的情绪状态下，如烦恼、冷漠、焦虑、抑郁、暴躁等，就会造成情绪障碍。在这种情况下，大学生正常的心理和生理活动会受到影响，出现很多异常的心理和行为。若不及时采取各种调节措施，就可能导致严重的后果。

（八）生涯规划与就业问题

目前，国家在大学生择业和就业中引入了双向选择的竞争机制。所有面临毕业的大学生都要接受社会的选择。就业岗位要求和标准日益提高，相当数量的大学生缺乏足够而必要的就业心理准备。在面对巨大的竞争压力时，有的学生还缺少必要的生涯规划，在学校学习的过程中缺少目标，没有方向，感觉迷茫，甚至在未毕业时就具有严重的就业心理压力，表现为无法有序地进行大学后期的学习，整日忧心忡忡、情绪低落，出现严重的心理焦虑、身体不适与障碍，心理承受能力越来越弱。如不及时排解、调适，大学生往往会心理崩溃，从而产生消极、负面的后果。

三、大学生心理健康问题的成因

相关调查与研究显示，大学生心理健康问题产生的原因主要有以下三个。

（一）社会大环境的影响

社会大环境是导致大学生产生心理健康问题的首要原因。当前社会经济制度的变革，给大学生带来了巨大的心理压力。对大学生来说，社会、家庭寄予了他们很高的期望，这种高期望给他们带来的压力也是巨大的。所有这些都会让他们感到压抑、苦闷、茫然。

（二）不良的家庭、学校环境的影响

我们的家庭教育中仍存在着诸多不利于大学生健康成长的因素。其一，应试教育使"望子成龙"或"望女成凤"成为许多中国家长期望值的代名词。家长的期望值过高或过低，对孩子的健康成长都是不利的。其二，家庭的贫困、变故，家庭关系的不和谐与家庭的不完整等因素，都会影响大学生健康心理的形成。大学学习生活的紧张、单调，也易使他们产生压抑感，从而缺乏生活乐

趣。而学校如果在这方面对他们缺乏有效的指导，就会引发大学生产生心理问题。此外，大学里一些不健康的校园文化，尤其是网络文化的表面化、庸俗化、虚拟化，也对大学生的心理产生了一些不良的影响。

（三）个体因素的影响

不良的个性是个体产生心理问题的根本原因。个性在很大程度上决定了个体的心理承受能力，也决定着个体为人处世的方式，即决定了个体的思维与行为的方式。因此，它影响着个体的心理健康。某些大学生不能进行正确的自我评价，也未能合理地进行自我选择，甚至无法正常地与他人进行交往，因而产生了这样或那样的心理问题。概括而言，引发大学生心理问题的个体因素主要包括遗传、身体健康状况、先天神经系统、人格和心理素质等。

四、大学生心理健康问题的解决对策

大学生正值最美好的青春年华，有着得天独厚的优越条件。大学生活应该是人生中最绚丽的一章。然而，大学时代也是各种心理健康问题和心理疾病的高发期。那么，大学生该如何有效应对和及时解决心理健康问题呢？

（一）进行有效的自我调节

第一，学会建立积极心态。

在出现心理健康问题时，大学生第一个求助对象永远是自己，因此自我调节也是应对心理健康问题的基本方式。在进行自我调节时，最重要的是要学会建立积极的心态。喜剧大师卓别林说过："用特写镜头看生活，生活是一个悲剧，但用长焦镜头看生活，生活则是个喜剧。"诗人汪国真曾说过："心晴的时候，雨也是晴；心雨的时候，晴也是雨。"这就是说，积极的心态会带来积极的结果。只要保持积极的心态，你就可以控制环境，反之环境将会控制你。

要想拥有积极的心态，就要学会积极地思考。人的视觉和思维都是有盲点的，看见消极的一面就看不见积极的一面。因此，大学生要像调电台的旋钮一样把视觉和思维调到积极的位置。一个人不能决定生命的长度，但可以控制它的宽度；一个人不能左右天气，但可以改变心情；一个人不能改变容貌，但可以展现笑容；一个人不能控制他人，但可以掌握自己；一个人不能预知明天，但可以利用今天；一个人不能事事顺利，但可以做到事事尽力。

第二，发展良好的兴趣和爱好。

有人说："兴趣是最好的老师。"也有人说："只要是自己感兴趣的事，做一天好像才过了一小时；不感兴趣的事，做一个小时像过了一天。"这话一点也不假。兴趣和爱好可以帮我们调节紧张情绪，缓解各种压力，增添几多欢乐，甚至可以助我们陶冶性情，脱离低俗，提升修养。

大学有丰富的资源，比如各种社团活动和兴趣爱好小组，大学生也有足够的自由安排自己的课余时间。这些都为大学生发展各种兴趣、爱好提供了充分而便利的条件。在课余时间，大学生可以走进大自然，或登山览胜，或临海弄潮；可以笑傲运动场，在竞技中尽情挥洒汗水；也可以投身书海，在淡泊人生中诗意栖居；还可以寄情音乐，享受天籁之音带来的美好；等等。

第三，调整自己的抱负水平。

每个大学生都在追求一定的目标，否则就会失去前进的动力。这种对自己所要达到目标规定的标准，就是抱负。自我抱负水平是自定的标准，可高可低，仅仅是个人愿望，与个人的实际成就不一定相符合。一般来说，自我抱负水平直接影响个人的学习和生活。一个自我抱负水平较高的大学生，往往对自己的要求也较高，因而其学习、工作的效果也较好；一个自我抱负水平低的大学生，对自己的要求也低，缺乏积极性、主动性，因而其学习、工作的效果也较差。但是，如果一个大学生的自我抱负水平总是高于自己的实际能力，那就很难达到预期的目标，很容易遭受挫折。因此，大学生个人的自我抱负水平必须建立在对自己的实际能力正确认知的基础之上。

（二）发展良好的人际关系

古往今来，友谊一直是人们津津乐道的话题之一。电视剧《水浒传》就热情赞扬了我国平民身上重情守谊的高贵品质，因而受到老百姓的喜爱。人们珍惜友谊、热爱友谊是因为人们热切地需要友谊。友谊是人类美好的情感之一。唐代诗人李白在《扶风豪士歌》中就歌颂了这强大的力量："扶风豪士天下奇，意气相倾山可移。"诗人罗伯特·布拉亥则把友谊看作"心灵的神秘的结合者""生活的美化者"和"社会的巩固者"。可见真诚的友谊，不仅能使人们在生活中得到欢乐，而且能增强战胜困难的勇气，获得蓬勃向上的力量。

著名的心理学家丁瓒也指出：人类的心理适应最主要的就是对人际关系的适应。所以，人类的心理疾病主要是由人际关系的失调而导致的。大学生渴望友谊，希望通过人际交往来丰富人生知识、了解生活、交流情感、学会处世、确立自我，从而获得自尊、自信和心理安全感。因此，良好的人际关系能使大学生获得安全感和归属感，得到理解和支持，给他们带来精神上的愉悦和满足感，促进其身心健康发展。

（三）寻求心理咨询帮助

通常来说，自我调节只适用于缓解程度并不严重的心理健康问题。如果大学生不能通过和朋友倾诉解决心理健康问题，那就需要寻求专业的心理咨询的帮助了。心理咨询作为一种新生事物已经逐渐被大众认可和接受。在许多发达国家，心理咨询已经成为人们生活中不可缺少的一部分。但在我国，人们对心理咨询缺少科学的认识，甚至还有着错误的观念，认为"精神病"才需要心理咨询的帮助。事实上，心理咨询是针对健康人群的一种咨询与辅导，它不同于传统意义上的思想政治工作、说教、劝导、指导等，它是一种专业的、正式的、效果更好的助人方式。

五、大学生对心理健康问题存在的理解误区

（一）有心理障碍是因为自己在生活中犯了错

心理障碍往往是生理、社会、心理等因素共同作用的结果，与个人日常生活中的应对方式、情绪管理水平以及心理调节意识等有关，而与个人的道德品质无关。有时候，产生心理障碍还是个人一种无意识的自我保护举动，是对生活压力的一种适应方式，只不过是一种不健康的适应方式而已。大学生如果有了心理障碍不能自怨自艾，而要自我调节，采用健康的应对方式，必要时还可寻求专业的帮助，提高心理健康水平。心理咨询人员从不会认为当事人犯了错，也不会对当事人进行批评教育，更不会对其做道德上的评判。

（二）求助于心理咨询很丢人

认为心理咨询很丢人、不体面，往往是因为大学生缺乏心理健康知识，缺乏对心理咨询的正确认识，缺乏正确的求助意识。有的大学生以为只有重度精神疾病患者才求助于心理咨询。事实上，重度精神疾病患者只占心理咨询求助人数中的一小部分，而且通常他们更适合药物治疗，而不适合心理咨询。心理咨询主要面向有社会适应困难、心理调节困难的处于亚健康状态下的正常人。如果生活应对问题、适应方式问题及其他心理健康问题没有及时得到解决，时间一长，这些心理健康问题就会演变为程度更重、治疗起来更为困难的精神疾病。在西方国家，求助于心理医生是一件光彩的事。一方面，这说明自己有一定的经济实力，另一方面，说明自己有较高的生活追求，希望提高自己的生活质量而受人称赞。

（三）心理咨询会泄漏个人的隐私

心理咨询不可避免地会涉及个人的经历、感受。而这些都是个人的隐私。因此，大学生可能害怕心理咨询会泄露个人的隐私。事实上，就心理问题求助于心理咨询医生并不意味着有什么不正常或见不得人，相反，这表明了个人具有较高的生活目标，希望通过心理咨询更好地完善自我，而不是回避和否认问题。专业的心理咨询往往在安全的环境中进行。当事人可以卸下生活中沉重的面具，坦诚地面对自己的内心。这其实是咨询和治疗的一部分。在求助过程中，个人把自己包裹得越严实，从中获益也越少。一方面，专业的心理咨询师会与当事人共同营造安全环境，更会为当事人的言行保密；另一方面，寻求帮助的当事人自己可以掌控讨论的节奏和进度，如果当事人觉得没有准备好，或者觉得与目前无关，当事人可以拒绝讨论相关话题，心理咨询师也会尊重当事人的选择。

（四）求助于心理咨询的都是弱者

在现实生活中，自我感觉良好或者自我效能感越强的人，在遇到心理问题时一般不会选择向他人求助。但是我们更认同这样的理念：能够意识到自己的局限，积极向外界学习的人，才更能适应现代社会的竞争。一方面，前来求助的人并非弱者，恰恰相反，他们意识到了自己的缺陷，愿意借另外一面镜子照自己，希望用求助的方式提高自己的生活质量；另一方面，即使是强者，如果出现了心理问题，也需要向外求助解决问题。强者应该是善于利用各种资源，包括可以求助的资源，帮助自己成功，而不是自大自欺，故步自封。否则当自己真的需要帮助时，反而会因为自己一向不求助，觉得没有人可以帮得了自己，而产生较强的无助感、无望感。

（五）心理咨询就是聊天

心理咨询主要是言语交流的过程，但和一般的聊天，如常见的声讯台、信息台、电台的谈心节目不同。虽然这些聊天也能给人以帮助，但与心理咨询的性质、方法皆不同。心理咨询运用心理学的方法，还有社会学、医学等方面的知识，有严格科学的理论体系和操作规程，从而达到解决咨询者心理健康问题的目的，促进咨询者人格的发展。这完全不同于普通朋友的聊天、亲友带有立场的劝解安慰，以及其他说服、劝导等。

（六）心理咨询应该立竿见影

很多大学生希望心理咨询能够做到药到病除，立竿见影，一次咨询就能消除自己的心理障碍。这种情况不是不可能发生，只不过取决于太多的因素，如咨询者心理健康问题的性质和程度、对咨询的期望、自己的领悟能力以及心理咨询师的水平等。有时不是因为咨询师做了什么，而是在特定的环境下，咨询者从咨询师这面镜子里，突然领悟到什么，从而直接导致了问题得以解决。通常情况下，心理咨询是一个较长的过程。即使是短程的心理治疗也需要数次或十几次。这是由心理咨询与治疗的方法和性质决定的。

（七）心理咨询师应该帮自己做出决定

虽然当事人有时强烈地希望心理咨询师帮助自己或者代替自己做出生活中的各种决定，但这恰恰是专业的心理咨询所应该避免的。因为生活方式的自主选择权只属于当事人自己，咨询师不可以剥夺这种权力，哪怕是当事人授意的。心理咨询是心理咨询师帮助当事人发现自己身上的潜力、自主应对生活压力、自己做出决定的一种活动。专业的心理咨询师可能会视情况的不同提供支持性或者生活指导性的建议，但不会提供生活选择性的、个人倾向性的建议，更不会替当事人做出决定。通常情况下，当事人也不需要这样的决定。

（八）自己找不到合适的心理咨询师

就个人而言，找到一个适合自己的心理咨询师真的不是一件很简单的事。如果大学生觉得心理咨询师不适合自己，可以将之作为一个问题与他进行讨论。有时候，由于大学生自己对心理咨询的认识存在局限，导致对心理咨询的期望过高，超出心理咨询的范畴。如果是咨询师本身水平不足，大学生可以提出中止咨询或转介。如果大学生自己发生心理障碍，只要不放弃努力，就一定能够找到适合自己的办法，以及能够帮助自己的心理咨询师。

（九）容易对心理障碍的药物治疗产生依赖或副作用

心理障碍的药物治疗由精神专科医院或综合性医院精神科医生负责进行。不同病症需要用不同的药物来治疗，且其药物维持治疗的时间长短不同。在不同时段，同一个体所需的同一药物的剂量不同。由于个人体质不同，同一药物的作用和效果也不同。个别人可能对药物敏感，出现不同程度的肠胃反应或嗜睡现象，但在一般情况下，身体会较快适应。大学生因此担心药物的副作用会使自己对药物产生依赖。其实，大学生根本没有必要担心。相比心理障碍对个体的生活质量及生命安全的影响与威胁而言，药物的副作用微不足道。在需要药物治疗心理障碍的时候，大学生应该坚持就医，遵医嘱服药，切不可擅自停药。

特别是针对重度抑郁症、躁郁症、精神分裂症等的治疗，药物治疗是主要的途径。而且治疗得越早，治疗的效果越好。

（十一）心理疾病不需要住院治疗

由于我国在心理卫生知识方面的普及程度远远不够，社会大众对精神卫生知识特别是精神疾病的防治存在各种错误的认识。不少人对精神心理疾病的住院治疗缺乏了解，常以"疯人院"来称呼精神病院。在一般情况下，大多数有心理障碍的当事人并不需要住院，单纯的心理咨询与治疗或者配合一定的门诊药物治疗即可产生较好效果。但是，如果当事人发生以下三种情况，则必须入院治疗：①当事人最近采取过自杀行为；②当事人有周密的自杀计划和准备，有高度的自杀危险；③当事人患有一种或多种有自杀危险的精神疾病，且处在症状发作期。在国外，针对以上三种情况，一般采取强制入院的措施保证充分、有效、及时的药物治疗，来挽救当事人的生命。

六、大学生需要寻求心理咨询帮助的情况

大学生应在什么情况下向心理咨询师求助。

第一，当心情烦闷，难以自拔时。

第二，当某些事引起了强烈的心理冲突，自己难以解决时。

第三，当人际关系出现了问题，常与他人发生冲突时。

第四，在恋爱的过程中遇到难以解决的问题时。

第五，当有明显不正常的感觉和行为时，例如，总感觉有人在说自己的坏话；总听到一个声音指挥、控制你……

第六，当常会害怕一些并不可怕的事物，脑子里总不停地想一些无意义的小问题，或者不停地洗手时。

第七，当有一些古怪的性问题时，或对月经、遗精等问题有困惑时。

第八，当希望进一步改善自己性格时。

七、寻求心理咨询帮助的要点

第一，主动求助。寻求心理咨询帮助不会使当事人失去面子。正视问题和勇于求助咨询师可以更好地解决问题。

第二，开门见山。在面对心理咨询师时，当事人应尽可能反映自己的真实情况。隐瞒过多可能会影响咨询师对当事人的情况做出判断。当然，咨询师会

尊重当事人的隐私权，不介意当事人使用化名、不介意当事人隐瞒其他相关人员的名字。

第三，相互信任。当事人对咨询师的信任是心理咨询深入进行下去的首要条件。作为咨询师，无论是从职业道德规范上说还是个人修养和素质上说，对当事人提出的任何问题都应该予以解答。

第四，遵守约定。心理咨询次数通常不是一次。当事人可能需要多次咨询。因此，当事人遵守约定有助于提升心理咨询的效果。

第五，耐心坚持。"冰冻三尺，非一日之寒"。心理健康问题不是一天形成的，所以当事人往往需要通过多次咨询来解决问题，需要有耐心。当然也并不是所有的心理健康问题需要多次咨询才能得到解决，对于一些简单的问题，一次咨询也就足够了。

八、快速判断大学生有无心理健康问题的依据

心理健康问题通常都伴随着一些异常情况。如果某人在以下几个方面出现明显的异常，就需要考虑他是不是有某方面的心理健康问题或者心理疾病了。

（一）行为方面

行为是人们表现出的各种举止、反应，是判断一个人是否有心理疾病最为直观和有效的指标。我们可以通过对以下行为的考察来初步判断当事人是不是有心理健康问题，需不需要进行心理治疗。

第一，当事人能否保持正常的学习、生活功能。

第二，当事人的行为活动是否与其身份相符。

第三，当事人是否表现出他人难以理解的言行举止。

第四，当事人的行为活动是否明显地减少或增多。

第五，当事人是否能保持与周围人群的正常沟通。

第六，当事人是否表现出自杀意向、行为或制订自杀计划。

第七，当事人是否有威胁周围人群和环境的意向和行为。

（二）情绪方面

情绪是人的各种感觉、思想和行为的一种综合的心理和生理状态，是对外界刺激所产生的心理反应，以及附带的生理反应，如喜、怒、哀、乐等。情绪是个人的主观体验和感受。在情绪支配下，个体会做出各种行为，情绪本身也

会影响到认知。我们可以通过考察当事人的以下行为来初步判断其是否有心理健康问题，需不需要进行心理治疗。

第一，当事人总体情绪感受如何。

第二，当事人的情绪反应是否和环境、诱因匹配。

第三，当事人是否存在消极情绪（如忧伤、愤怒、焦虑等）。

第四，当事人的情绪是否稳定，是否存在波动，波动程度如何。

第五，当事人的情绪是否受其本人的控制，是否有失控的倾向。

第六，当事人是否具有情感解体或混乱的表现。

（三）认知方面

认知是指人认识外界事物的过程，即对作用于人的感觉器官的外界事物进行信息加工的过程。潜在危机评估过程中的认知指的是人的总体思维能力（分析能力、记忆力、注意力等）和个体对问题以及个人的看法。可以通过对以下行为的考察来初步判断当事人是否需要进行心理治疗。

第一，当事人对所面临的问题的解释是否符合实际。

第二，当事人是否能够有效地解决所面临的问题。

第三，当事人的注意力水平如何，是否能够保持必要的注意力。

第四，当事人的记忆力水平如何，是否存在长期、短期记忆的损害。

第五，当事人的逻辑思维能力如何，是否存在思维混乱的现象。

第六，当事人的认知范围是否发生变化，是否过于狭窄。

第七，当事人的自我认知如何，是否存在自我怀疑、自我否定等现象。

第八，当事人是否存在强迫性思维等异常思维表现。

4. 生理表现方面

生理表现是指一些和心理问题相关的、可以被观察到的生理层面的表现。生理层面的评估内容如下。

第一，当事人的睡眠状况如何，是否有入睡困难、睡眠质量不高、早醒（与抑郁症相关）等情况。

第二，当事人的饮食状况如何，是否存在厌食、拒食、过度饮食、暴饮暴食等情况。

第三，当事人是否存在物质依赖表现，如吸烟、酗酒，或者借助其他物品来消磨意志等。

第四，当事人是否有身体不适等感受，如是否感觉自己身体不好或其他症状等。

第五，当事人的总体生活节奏是否有明显改变。

注意：以上只是为大家提供的一系列初步判断的依据。大家并不能依此而下定论。如果大学生存在异常情况，应该考虑求助心理医生进行治疗。在通常情况下，如果这些异常情况持续时间比较短，比如持续几天或一周的时间就恢复正常了，那么，大学生一般可以不用太在意，如果持续两周以上，则需要高度重视并寻求心理咨询师的帮助了。

九、大学生心理健康的判断标准

大学生是社会中较为特殊的一个群体，国内外学者对大学生心理健康标准的界定依然没有一个最终的定论。但结合我国大学生群体的生理、心理特点以及社会对其角色的特定要求等实际情况，我国通常采用以下七条标准来评判大学生的心理状态。

（一）对学习有较浓厚的兴趣和求知欲

一般来说，学生的主要任务就是学习，所以对学习的兴趣及求知欲就显得特别重要。心理健康的大学生对学习应有正确的态度，求知欲强，有浓厚的学习兴趣，有较高的学习效率，能够自觉克服学习中遇到的各种困难，并从学习中体验到快乐与满足感。

（二）能保持正确的自我意识，接纳自我

正确的自我意识是大学生心理健康的重要条件。大学生应能正确了解自己、接纳自己，做到自尊、自强、自爱、自制，摆正自己的位置，勇敢地面对挫折和困难，正视现实，积极进取。根据自己的个性特点和能力状况设置合理的人生目标，做一个接纳自我、发展自我的人。

（三）能协调与控制情绪，保持良好的心境

情绪是对外界刺激所产生的心理反应。每个人都有丰富的情绪体验，大学生也是如此。一个心理健康的大学生在多数情况下都应保持情绪的稳定和良好的心境，富有朝气和活力，对生活充满希望，对未来充满憧憬；善于调控自己的情绪，既能克制又能合理宣泄自己的情绪，在情绪的表达上既要符合社会的要求又要符合自身的需要，在困难和挫折面前，能保持积极、乐观的心态等。

（四）能保持完整统一的人格品质

人格品质完整是指个体的所想、所说、所做都是协调统一的，人格结构的

各要素，如气质、能力、性格、理想、信念等方面能平衡发展，保持完整统一，具有积极的人生态度与价值观。

（五）能保持和谐的人际关系，乐于交往

和谐的人际关系是心理健康十分重要的条件。大学生要乐于与人交往。交往动机应端正，大学生应不卑不亢，关心和帮助他人，在交往中保持完整独立的人格；能够客观公正地评价别人，评判事件；取人之长，补己之短。

（六）具有良好的环境适应能力

心理健康的大学生对周围的事物和环境有正确的认识和评价，能够正确地认识和正视现实，善于使自己融入不同的环境中，积极地适应环境，积极投身生活，善于在生活中感受到乐趣。当发现自己的需要、愿望和社会发生矛盾时，能迅速进行自我调节，力求与社会环境协调一致。

（七）心理行为符合年龄特征

人类的生命可分为不同的年龄阶段。而且人在每一个年龄阶段有着相应的心理行为表现。大学生的思维敏捷、精力充沛，在行为上表现为勤学好问、积极探索、勇于挑战。如果一个大学生整天萎靡不振、喜怒无常，其心理行为不符合大学生的年龄特征，那么可以肯定的是，他出现了心理问题。

十、加强大学生心理健康教育的意义

心理健康的特殊性决定了心理健康教育的重要性，因而加强大学生心理健康教育有其内在的重要意义。

（一）心理健康教育可以起到保证身体健康的作用

人的心理健康和身体健康是相互依存、密不可分的。生理健康是心理健康的基础，心理健康反过来又能促进生理健康。大学生都有这样的体验：当身体有疾病时，会情绪低落、焦躁易怒；而当面临诸如考试的压力时，会头痛失眠、食欲不振。因此，加强对大学生的心理健康教育有助于实现大学生心理健康和身体健康的和谐。

（二）心理健康教育可以预防精神疾病的发生

大学生是一个民族的希望。身心健康状况不仅影响自己、家庭、学校，更重要的是关系到我国现代化事业的兴衰成败。高校开展心理健康教育，既可以预防心理问题的发生，又可以使学生中暴露出来的某些心理健康问题在萌芽状

态被及时地解决。这对大学生的健康成长无疑会起到积极作用。

（三）心理健康教育是培养大学生良好个性和优良思想品德的先决条件

性格健康是心理健康的首要必备条件。一个人的性格具体地标志着一个人的品德和世界观，即人的性格特征和人的思想品德是紧密地联系在一起的。没有健康的性格就谈不上优良思想品德的形成。也就是说，培养健康的性格和优良的思想品德是同一教育过程中的两个不同的侧面。可见，心理健康教育对大学生良好的个性及思想品德的形成均起到积极的促进作用。

（四）心理健康教育是促进大学生智力发展、提高其心理素质的基础

在学习过程中，如果一个大学生朝气蓬勃、心情愉快，就会对智力活动十分感兴趣，易于在大脑皮层形成优势兴奋中心，形成新的暂时神经联系，并使旧有的暂时神经联系复活，进而促进智力的发展。反之，若大学生在烦恼、焦躁、担心、忧虑、惧怕等情绪状态下学习，就会制约智力活动，使感知、记忆、思维、想象等认知机能受到抑制。事实上，从那些被感情、人际关系等问题搞得忧心忡忡致使成绩一落千丈，因控制不住自己的情绪冲动而违法违纪，因缺乏学习动机而厌学的大学生身上可以看出，心理是人的一切活动的根本。

（五）心理健康教育对于建设社会主义精神文明有着重要的意义

心理健康教育不仅对个体有意义，而且对群体也有不可忽视的作用。加强大学生心理健康教育，有助于帮助大学生克服消极心理状态，缓解人际关系冲突，改善交往环境；有助于大学生塑造良好的形象，发展健全的品格，提高大学生的道德水平；还有助于提高大学生的积极性和创造性，从而推动社会主义现代化进程。可见，心理健康教育是社会主义精神文明建设的重要组成部分。

第二章 大学生自我意识的发展与培养

第一节 自我意识概述

一、自我意识的概念与结构

（一）自我意识的概念

自我意识是意识的一种形式，是意识的核心部分。自我意识包括三个层次：对自我的生理状况（如身高、身材、形态等）的认识、对自我的心理特征（如能力、性格、气质、兴趣等）的认识、对自我的人际关系（如人己关系、群己关系等）的认识。简而言之，自我意识就是指个体对自己及自己与周围环境关系的认识，包括对自己存在的认识，以及对个体生理、心理、社会特征等方面的认识。这种认识是一个多层次、多维度的心理系统，是个体通过观察、分析外部活动及情境，社会比较等途径获得的。

（二）自我意识的结构

由于自我意识具有多层次、多维度的特点，所以，我们可以从以下三个方面对自我意识的结构进行解析。

第一，从内容上看，概括地说，自我意识大致包括三个方面：生理自我、社会自我、心理自我。

①生理自我。生理自我是最原始的形态，是个体对自己身躯（包括身高、体重、容貌、性别等）的认识及温饱饥饿、劳累疲乏的感受等，包括占有感、支配感和爱护感。

②社会自我。社会自我是个体对自己在社会关系中的角色意识，即自己在集体中的地位及自己对与他人之间的相互关系的评价和体验，是对自己在社会

生活中所处的经济状况、声誉、威信等方面的自我评价和自我体验，如是否受人尊重和信任、在集体生活中所处的位置等。它的一个突出表现是自我控制，也就是自制力和坚持性。

③心理自我。心理自我是个体对自己的心理活动的认识，即对自己心理品质的认识和评价，主要是对自己个性心理特征的认识，包括对性格、智力、态度、爱好等的认识和体验。它的发展同个体的生理、情绪、思维的发展相关。

第二，从形式上看，自我意识表现形式有认知的、情感的和意志的三种形式，分别可被称为自我认知、自我体验和自我控制。

①自我认知。自我认知是主观自我对客观自我的评价，属于自我意识的认知成分，也就是一个人对自己的认识，回答的是"我是一个什么样的人"的问题。它包括自我感觉、自我观察、自我分析、自我概念、自我评价等。其中，自我评价是自我认知中的最主要的方面，集中反映着个体自我认知乃至整个自我意识的发展水平。

②自我体验。自我体验是主观自我对客观自我产生的情绪体验，属于自我意识的情感部分，它是在自我认知基础上产生的，是伴随着自我认识产生的内在感受，反映为对自己的满意度，主要涉及"对自我是否满意""是否悦纳自己"的问题，主要是一种自我感受，包括自尊感、自卑感、自豪感、自信、内疚等，其中自尊感是自我体验中最主要的方面。

③自我控制。自我控制是对自己行为、思想和言语的调控，属于自我意识的意志成分，指一个人不受外界因素的干扰，能自觉调节自己的情感冲动和行为，主要涉及"我如何控制和指导自己的行为"的问题，包括自主、自立、自我监督、自我控制和自我教育等。自我控制实际上是通过自我调节，使自己的行为适应周围的情境。

第三，从存在方式看，自我意识可分为现实自我、投射自我和理想自我。所谓现实自我就是个体从自己的立场出发对自己当前总体实际状况的基本看法；投射自我也称镜中自我，是指个体想象自己在他人心目中的形象或他人对自己的基本看法；理想自我则是指个体想要塑造的比较完美的形象。从自我意识存在的形式来看，现实自我是一种能被人感知到的客观存在，而投射自我和理想自我是在个体大脑中的一种客观存在，容易受到个体的主观因素影响，往往不稳定、易变化。研究表明，当现实自我和投射自我相一致时，个体会产生加快自我发展的倾向。反之，个体会感到别人不理解自己，或试图改变现实自我。当理想自我建立在个体的实际情况基础之上，且符合社会要求和期望时，它就会指导现实自我积极适应并作用于内外环境，从而使自我意识获得快速发展。反之，如果理想自我、现实自我和社会要求三者之间有矛盾，就会引发个体内心混乱，甚至会引起严重的心理疾病。

表 2-1 为自我意识结构表。该表格可以令人对自我意识的内容一目了然。

表 2-1　自我意识结构表

	自我认知	自我体验	自我控制
生理自我	对自己身体、外貌、衣着、风度、家属、所有物的认识	英俊、漂亮、有吸引力、自我悦纳等	追求物质欲望的满足，维持家庭的利益
社会自我	对自己的地位、角色、性别、义务、责任的认识	自尊、自信、自爱、自豪、自卑、自怜、自恋等	追求名誉地位、与他人竞争、争取到他人的认可
心理自我	对自己的智力、性格、气质、兴趣等特点的认识	有能力、聪明、优雅、敏感、迟钝、感情丰富、豁达等	追求信仰、注意使行为符合社会规范、追求智慧与能力的发展

自我认知是自我体验和自我控制的基础，自我体验能强化自我控制，自我控制的结果又会丰富自我认知，三者是相互联系、密不可分的。总之，自我意识不是个别的心理机能，而是一个多维度、多层次的心理系统。自我意识是一个人对自己的认知、体验和控制，体现着一个人的成熟度，决定着一个人个性心理的发展水平，是隐藏在个体内心深处的心理结构。

每个人的自我都有四部分。①公开的自我，也就是透明真实的自我。对于这部分自我，自己很了解，别人也很了解。②盲目的自我。对于这部分自我，别人看得很清楚，自己却不了解。③秘密的自我，是自己了解但别人不了解的部分。④未知的自我，是别人和自己都不了解的潜在部分，通过一些契机可以被激发出来。如果一个人通过与他人分享秘密的自我，通过他人的反馈减少盲目的自我部分，那么，这个人对自己的了解就会更多更客观。

二、自我意识的发展规律及其特征

（一）自我意识的发展规律

在人类个体的发展过程中，自我意识开始形成于童年时期，初步形成并定型于青少年时期，成熟于成年时期。自我意识从形成到成熟，要经历自我意识的分化、自我意识的矛盾和自我意识的统一三个阶段。这也就是自我意识的发展规律。同时，这三个阶段相互依存、不可分割。如果一个人没有经历自我意识的分化，没有体验自我矛盾的冲突之苦，就不可能在深层次上获得自我的统一和灵魂的整合。

第一，自我意识的分化。

当一个人发现自己像观察其他人那样在观察自己时，这个人的自我意识就出现了分化，这个人的主体"我"正在观察你的客体"我"。原来完整的"我"被分化成两个"我"："主观我"和"客观我"，伴随着"主观我"和"客观我"的分化，"理想我"和"现实我"也开始分化。自我意识的分化使我们更频繁地进行自我观察、自我分析、自我评价和自我监督。个体主动地关注自己的内心世界和行为，会产生新的认识和体验。自我意识的分化是自我意识开始走向成熟的标志。

第二，自我意识的矛盾。

随着自我意识的分化，个体也不得不承受与惊喜一并而来的焦虑、不安、自我怀疑、挫败感和失落感等。这些消极的情绪体验是由于自我意识分化时的矛盾而产生的，具体表现在："主观我"和"客观我"之间的矛盾；"理想我"和"现实我"之间的矛盾；渴望交流与缺乏知己之间的矛盾；独立需求与依附需求之间的矛盾。随着自我冲突的加剧，自我意识不能统一、自我形象不能确立、自我概念不能形成，个体会表现出明显的内心冲突，甚至产生痛苦和强烈的不安感。

第三，自我意识的统一。

寻求平衡状态是任何生物的本能。当我们饱受自我意识分化、自我意识矛盾所带来的痛苦时，我们会尝试着各种方式来摆脱这种痛苦。这实际上就是自我意识在谋求统一，包括"主观我"与"客观我"的统一、"理想我"与"现实我"的统一、"生理我""社会我"与"心理我"的统一以及自我与客观环境的统一。从另一个角度来说，自我意识的统一也就是自我认知、自我体验和自我控制的统一。

总之，自我意识由分化、矛盾到统一的过程是相对的。由于每个人的成长环境和生活经历不同，所以自我分化的时间、自我矛盾的性质和持续时间以及自我统一的具体特点都有所不同。而且，自我意识的发展是伴随我们终身的。

（二）自我意识的特征

自我意识涉及知、情、意各个方面，内涵丰富，表现出形象性、独特性、能动性、同一性、矛盾性的特征。

第一，自我意识的形象性。

自我意识是个体从周围其他人对自己的期待与评价过程中产生的主观体验发展起来的，个体自己觉察到其他人的态度与言语中所包含的内容，于是就丰富了自我意识的内容并产生分化，将其他人对自己情感与评价的意识发展为自我态度。就像我们可以在镜子中看到自己的面孔、体态和服装一样，其他人之所以能引起我们的兴趣，是因为他们与我们自己有关。

第二，自我意识的独特性。

每个人的自我意识都是个性中的一个重要组成部分，都有着与众不同的风格和特色。个体自我意识的独特性主要体现在它的形成、发展、完善和成熟，要经过他律和自律两个阶段。在自我意识形成的初始阶段，个体处于自我意识的他律阶段，对自己还不能进行准确客观的认识和评价。随着年龄的增长，个体在与父母、教师、同学等的交往过程中，逐渐将他人的判断内化为自己的判断，形成了对自己相对稳定的自我认识和评价。这样自我意识就发展到了自律阶段。在自律阶段，个体会主动去接近那些自己喜欢、对方也喜欢自己的人；回避自己不喜欢、对方也敌视自己的人。这样就表现出了"主动性"和"独立性"的特征。

第三，自我意识的能动性。

自我意识的能动性是指个人不仅能根据客观评价和自我实践形成对自己的意识，而且能根据自我意识来控制和调整自身的心理活动和行为，即人能自觉、主动地认识、调节和控制自己。个体的能动性使个体不仅自觉积极认识自我，而且能够自觉地进行自我监督、自我批评、自我鼓励、自我教育。比如，在同一社会环境中的不同的人，有的能客观评价自己，表现出谦虚的一面，而有的人则相反。

第四，自我意识的同一性。

自我意识的同一性是指自我意识的协调统一性。个体自我意识的形成与发展受社会、文化等环境因素的影响，但这些影响又是在个体与社会交往的互动中产生的。自我意识是在长期的社会化过程中形成的对自己本身的一种稳定的意识。但在青年期后，个体对自我的基本认识和基本态度会保持一致，表现为"主体我"和"客体我"同一的心理面貌。这种自我同一性是良好的自我意识的标志。

第五，自我意识的矛盾性。

个体自我意识的产生、发展、完善和成熟是一种连续不断发展变化的过程。在这个过程中充满了"主体我"和"客体我"之间的矛盾、"理想我"和"现实我"之间的矛盾。"主体我"用来表示"我是什么，我做什么"，是自我中积极主动的一面，代表的是社会的要求和理想状态；"客体我"用来表示"怎样看待我，给我什么"，是自我中被动的一面，代表的是现实生活中的真实状态，二者之间存在着一定的矛盾。个体为了摆脱由矛盾带来的不安和焦虑，就必须重新调整使"主体我"和"客体我"统一起来。自我意识的矛盾冲突可以被看作个体发展的动力。

三、形成正确的自我意识的意义

一个人的心理发展历程一般要经历从幼稚到成熟的过程。形成正确的自我意识是心理成熟的标志，对心理健康起着重要作用。

（一）促进社会适应，协调人际关系

大量的心理学实践证明，许多人社会适应不良及人际关系不协调是由于自我意识不健全造成的。如果一个人对生理的自我、心理的自我和社会的自我认知、体验不正确，尤其是在自我评价及自我概念上与客观的现实差距太大时，就会造成社会适应不良和人际关系不协调，从而影响人的心理健康。正确的自我意识通过正确的自我评价产生合理的理想自我，并且通过正确认识自己与他人、个体与群体双方不同的地位和需要，采取不同的策略，主动调节人际关系，从而保持良好的社会适应和人际关系状况以维持心理健康。

（二）促进自我实现

正确的自我意识通过合理的自我认知、良好的自我体验、自觉的自我调节和控制，正确促进自我实现，最大限度地挖掘自身心理潜力。按照心理学家马斯洛的观点，自我实现是心理最健康和心理质量最佳的标志。

（三）有助于自我教育和自我完善

当现实的自我和理想的自我不能统一，或在理想的自我实现过程中受到挫折时，有正确自我意识的人能够自省，自觉地寻找原因。一方面，他们通过自我控制调节，纠正心理偏差，努力缩小理想自我与现实自我的差距；另一方面重新调整认识，使自己的心理行为个体化与社会化协调、平衡完善发展。

（四）对心理健康有积极影响

自我意识是人类意识最本质的特征，也是人和动物在心理上的分界线。每个人的自我意识成了每个人人格的核心。自我意识使人的爱好、欲望、习惯、利益结合成统一的体系，在日常生活中构成个人的内心世界，对人格的发展起

着极为重要的作用。因此，我们完全可以用自我意识的发展程度来衡量一个人的心理成熟程度和心理水平，也可以从一个人自己对自己的认识、自己对自己的态度、自己对自己的控制这三个方面来衡量这个人的心理健康状况。

第二节　大学生自我意识的发展

一、大学生自我意识发展的特点及影响因素

（一）大学生自我意识发展的特点

大学阶段是个体自我意识迅速发展的阶段，也是自我意识确立的关键时期。在这个时期，自我意识趋于稳定、全面、丰富和深刻。在这一时期，自我认知、自我体验、自我控制三方面趋于协调发展，自我意识的核心，即世界观和人生观已基本确立。总的来说，大学生自我意识的发展随着年龄的增长而不断发展，并表现出以下三个方面的特点。

第一，大学生自我认知方面的主要特点。

①自我认知的广度和深度大大增加。大学为大学生打开了一个全新的世界。这个新世界使大学生的视野更开阔了、关心的社会问题也多了。社会对大学生期望水平也比较高。这时，其自我认知不只涉及自己的气质、风度和性格等一般问题，而且涉及自己的社会地位、社会责任、自我的价值等问题。通过对这些问题进行分析和思考，大学生自我意识达到新的广度和深度。

②自我认知更具自觉性和主动性。俗话说："迈入大学就等于迈入了半个社会。"大学是大学生走入社会的预热阶段。在这期间，他们面前摆着许多深刻的课题："我要做个什么样的人""我能为社会做些什么贡献"等。大学生总会急切地思考着这些问题，并且会付诸行动。相对于少年时期，大学生的自我认知更具主动性和自觉性。

③自我评价能力增强。通过大学生活的历练，大学生的知识增加了，社会经验也丰富了。大多数大学生能够通过自我观察、自我总结等手段全面客观地看待和评价自己，自我评价逐渐走向成熟，自我评价的能力也逐步增强。

第二，大学生自我体验方面的主要特点。

①丰富性。大学生活的丰富多彩和大学生自我认识水平的提高，使大学生的自我体验更加丰富。大学生自我体验的情感基调是积极的、健康的。大学生要注意增强自我意志的指向能力，提高自我认知水平，从而向健康方向发展。

②不稳定性。由于大学生自我认知还处在发展阶段，个性还不够成熟和稳定，也缺乏驾驭情感的意志力，因此其情绪情感体验表现出明显的不稳定性。大学生可能因一时的成功而产生积极的、愉快的情绪情感体验；也可能因一时的挫折、失败而低估自我或丧失自信心。到了高年级，当大学生的自我认知和自我控制发展比较成熟后，这种情绪和情感方面的自我体验才趋于稳定。

③深刻性。大学生的自我体验不仅与自己的个性特点相关，而且与自己的生活信念和人格倾向相关。当自我的生活信念和人格倾向为别人所接纳，或客观事物符合自己的生活信念和人格倾向时，他们就产生愉快的情绪情感体验，否则就产生消极、不愉快的体验。因此，大学生的自我体验是深刻的。

第三，大学生自我控制方面的主要特点。

①自觉性。大学生自我控制的自觉性体现在，随着知识的积累、生活阅历的增加，他们能够根据别人的评价和自己行动结果进行反省，及时调整自己的行为以实现目标。大学生自我评价的自觉性来源于社会责任感、生活价值定向和意志，而外部的直接诱因的作用则相对地减少了。这说明大学生行为的自觉性和自我控制能力明显增强，而盲目性和冲动性则逐渐减弱。

②独立性。大学生自我控制的独立性也在不断增强。在他们的心目中，"我"的形象已经改变，不再是"中学生娃娃"那样的自我形象，而是一个既肩负着历史使命，又有着一定知识才能和人格的大学生形象，成人感特别强烈。因而，在自我意识的发展中，他们强烈要求独立和自治，希望摆脱依赖和管束。

（二）大学生自我意识发展的影响因素

1. 主观方面的因素

影响大学生自我意识发展的主观因素主要有理想、价值观、思维模式、心理与人格等。

①理想的影响。进入大学后，随着知识的积累以及生活阅历的增加，理想对大学生的自我意识发展产生重要影响。但同时，大学生处于生理和心理还未完全成熟的时期，自我意识也处于发展之中。因此，理想的树立对他们来说是成长过程中一个重要的环节。在大学生自我意识形成和发展过程中，理想的影响首先表现为理想的感召力。理想是人的自觉的精神行为追求。一旦树立了理想，人就有了精神支柱，有了动力。大学生如果能够自觉地把个人理想和社会理想结合起来，就会正确认识自我和各种社会现象；反之，夸大个人理想，把个人理想和社会理想对立起来，则既不能正确认识自己，也不能正确认识社会。其次表现为理想的现实基础，理想总是有一定现实根据的。有许多大学生的自

我发展不顺利，理想得不到实现的原因，就是没有根据现实树立理想，使"理想我"与"现实我"之间的差距太大，甚至无法统一。

②价值观的影响。价值的本质就是主体的功能和作用对客体（社会）需要的满足。人的价值就是指个人作用对客体（社会）的需要的满足。在不同的价值观影响下，大学生会产生不同的自我意识。大学生自我意识的一个特点是"理想我"与"现实我"之间有冲突。个人利己主义的价值观念具体反映到大学生的自我意识里，就是认为社会只是为自我发展提供条件的。这样脱离社会的"理想我"构想和"现实我"之间发生冲突就是不可避免的了。我们鼓励学生在集体主义的价值观指导下树立"理想我"。这种"理想我"不是一切以自我为出发点的，而会考虑到社会现实、社会现实与自我之间的关系、社会现实背景对自我发展的约束。这样才能正确认识自我的地位、作用，正确地对待自我价值，从而形成符合国家和社会利益的自我意识，以便充分发挥自己的才华。

③思维模式的影响。大学生运用辩证的思维模式能全面地认识自我、评价自我，在"理想我"与"现实我"等自我的各种冲突和矛盾中，能进行辩证地思考，有机地整合和统一自我的矛盾冲突；而大学生运用偏颇的思维模式则不能全面认识自我、评价自我，在自我的冲突矛盾中，不能进行辩证地思考，很难整合和统一自我的矛盾冲突，而使自己陷入焦虑和痛苦。在思维模式中，不同的归因方式也会影响大学生个人的自我意识。如果大学生将个人的失败归因于运气、机遇等不可控制的外在客观因素，趋于自我保护和防御，缺乏正视现实和挫折的勇气，就不利于自我认识和反省；如果大学生将个人的失败归因于自身能力、水平等自身内在因素，就会容易丧失自信、自尊。大学生只有辩证地归因，才能不断奋起，化失败为成功之母。

④心理与人格的影响。大学生正处在青年末期向成年期的过渡时期，在心理上也相应地处于尚未成熟向成熟的发展阶段。尚未成熟的心理水平使一些难以克服的心理和人格弱点成为影响他们自我意识发展的又一制约因素。大学生有限的认识水平、不够强的心理承受力、性格上的缺陷等，都会制约他们自我意识的发展。

2.客观方面的因素

影响大学生自我意识发展的客观因素主要有社会环境、文化氛围、个人人际环境等。

①社会环境的影响。随着改革开放的不断深入、社会转型和变迁速度加快，当代大学生正处在一个社会快速发展变化的时代。这种活跃开放的社会环境的

确为大学生施展才华提供了更为广阔的天地，但也给他们带来了更多的选择、心理矛盾与心理压力。社会环境的竞争性既给了他们鼓舞，也将不确定性和不安全感带给了他们。这既可激发大学生努力去完善自我、超越自我，也可导致其心理失衡和自我的失落。另外，社会风气的影响，也会加剧大学生自我意识的矛盾冲突。大学生的心理、思想还不成熟，对社会风气还不能做出完全正确的分析和判断。因此社会风气对大学生的自我认识、自我评价，对大学生关于理想、前途的认识，都会产生关键性的影响。

②文化氛围的影响。当前，我国正处于历史转型时期，在这样一种特定的社会环境下，文化氛围的影响包括三个方面。一是社会主导文化的影响。我国的主导文化是社会主义思想价值体系，它影响和制约着整个社会生活。受这一社会主导文化的影响，当前大学生自我意识中投身改革、奋发向上、报效祖国、推动社会进步成为主流。二是社会亚文化的影响。"社会亚文化"是指在某一社会中处于次要、从属地位的文化。一般来说，亚文化与主文化的可融性较弱，并往往以反或逆主文化的面孔出现。大学生难免会受到社会亚文化的影响。在这种情况下，一部分大学生渐渐难以找到自己准确的定位，也就难以正确认知与评价自我。三是西方文化思潮的影响。随着我国改革开放越来越深入，西方文化也逐渐渗透到社会生活和社会文化的各个层面。因此，大学生的自我意识也受到影响。面对这种影响，一部分大学生能够正确分析对待，另一部分大学生则会丧失自己的原则过分追求个人利益。

③个人人际环境的影响。人际环境主要指个人成长过程中对自己有重要影响的他人及其人际氛围，如父母、家庭、教师、学校、朋友、团体等对自己的影响。大学中，对大学生自我意识的发展影响最大的个人人际环境应属学校和教师了。首先，学校是特殊的社会环境和个人人际环境。如果说前面提到的一些因素自发地、非系统地影响着大学生的自我意识，那么学校则应有计划、有目的地把各个因素统一起来影响大学生自我意识的形成和发展。教育内容最集中体现了一个社会对未来继承者的要求。学校通过教育内容安排和课程设置使大学生具有社会所希望的精神、理想和价值观。其次，教师在大学生自我意识的形成发展中有重要影响。教师的言行、品德、信仰、精神境界等，有意无意地影响着学生，并被学生效仿。所以，教师角色不同于学校环境外的其他角色，教师对学生的影响是独特的。

二、大学生自我意识在发展过程中存在的问题及矛盾冲突

（一）大学生自我意识在发展过程中存在的问题

自我意识作为隐藏于个体内心深处的心理结构，是人格的自我调控系统。大学阶段是个体自我意识迅速发展和趋于完善的重要时期，但同时由于大学生生活阅历有限，在自我意识发展的过程中难免有许多问题。这些问题会影响到大学生的心理健康、学业发展以及人际关系等。

1.过度的自我接纳和过度的自我拒绝

自我接纳又叫自我悦纳，它是指在对物质自我、社会自我，特别是心理自我正确认知的基础上，对自我的长处给予恰当的评价的一种积极的态度。自我拒绝是自己不喜欢自己，不能容忍自己的缺点和不足，对这些缺点和不足常常抱怨和自责的一种消极的态度。过度的自我接纳是大学生自我接受的极端表现，常常夸大自己的优点和长处，甚至把自己的缺点当成优点，却认为别人一无是处。过度的自我拒绝则在许多大学生中都不同程度地存在。比如，当受挫时，就会过度地自我拒绝，心情特别沮丧，认为自己一无是处，处处不如人。如果这种自我拒绝表现超过了一定的程度，就会导致严重后果。当一个人把自己的所有注意力都聚焦到自己的各种"缺点"上时，就会丧失对生活的全部兴趣。

虽然过度的自我接纳和过度的自我拒绝是两个绝对相反的命题，但二者相同的一点是二者对人的心理健康都会产生极为不利的影响。过度的自我接纳往往使个体扩大现实的自我，形成不切实际的理想自我，使自己不易被他人接受和认可，从而导致人际关系紧张；过度的自我拒绝会使自己厌恶自己，丧失自信，从而失去应有的进取心，甚至压抑自我的积极性。

2.过强的自尊心和自卑感

自尊心是自我意识的重要组成部分，是指一个人悦纳并尊重自己，对自己持肯定态度的一种情感体验。它是一种尊重自己的人格，尊重自己的荣誉，不向别人卑躬屈膝，不容许别人歧视侮辱，维护自我尊严的自我情感体验。自卑感是一种对自己不满，对自己持否定态度的情感体验。这是一种消极的自我体验，表现为对自己缺乏信心、对自己的能力评价过低、缺乏独立主见。

据调查，42%的大学生认为自己"有时很自信，有时很自卑"。著名心理学家阿德勒提出："人人都有自卑感，无论他是成功或是失败，伟大或是平凡。"适度的自尊心和自卑感是促使个体心理活动的动力，能够催人奋起。过强的自尊心和自卑感是自我体验的两个极端，对于心理健康的发展是有百害而无一利。

过强的自尊心会导致大学生虚伪、做作和装腔作势，即使受到轻微的伤害也无法忍受。有这种心态的大学生特别在意别人的评价和批评、顾全面子、爱慕虚荣；如果屡屡受挫，他们便羞愧无比，没脸见人，无地自容，走向另一个极端，即过度自卑，容易产生严重的自责、自怨等挫折反应。过度自卑的大学生在产生自卑心理后，往往怀疑自己的能力，怯于与人交往，甚至还会封闭自己。自卑感过强的大学生看不到生活的光明与希望，也不敢憧憬未来。

3. 自我中心观和从众的倾向

自我中心观是指个体在与他人或社会的关系上只从自我立场出发，而不能从他人或社会位置去思考问题或处理问题的一种认知方式。这种自我中心观是影响个体客观认识他人与正确把握社会规范的一个心理问题。自我中心观的对立面是从众倾向。所谓从众，就是在群体的影响和压力下，个体放弃自己的意见而做出与大多数人相一致的行为，即通常所说的"随大流"。婴幼儿由于认知发展不全面，会产生以自我为中心来观察周围事物和处理相关事情的现象。这是儿童心理发展过程的必经阶段。但对于大学生来说，其认知已发展得较为全面，如果再有以自我为中心的表现就说明他的自我意识存在缺陷。以自我为中心的大学生过度关注自己的感受，只会从自我的角度进行思考，只注重自己的心理需要，往往不能设身处地为他人着想，爱把个人意志强加于别人，使其按照自己的意愿行事，追名逐利，且自我感觉良好。因而，以自我为中心的大学生不易赢得他人的好感与信任，容易造成人际关系的不和谐。

大学生中还有一种心理倾向就是从众。他们有这样的心理定式——多数人的意见肯定是正确的。大学生不当的从众行为对自己的成长和发展是有危害的，会导致大学生的分析能力、判断能力得不到提高，从而导致成长较慢。当然，正确的从众行为则会产生积极的影响。例如，大学生从众行为中较为突出的表现有"宿舍效应"和"班级效应"，这两种效应是在良好群体中的积极行为。当一个宿舍或一个班级形成一种良好风气的时候，对宿舍或班级内的成员的影响是积极的。成员在不自觉中受到这种风气的熏陶。这种积极的从众倾向能够成为对宿舍、班级成员的鞭策力，使成员向着更好的方向发展。反之，不良的从众行为往往会导致班风、校风的消极落后。

4. 过分的独立意识和逆反心理

随着社会不断发展，多数大学生表现出了自立、自强、善于明辨是非、勇于决断等积极的心理品质。这是大学生独立意识发展和成熟的体现。独立意向可以算作大学生自我意识发展的重要内容和自我完善的标志之一。但少数大学生的自主独立意识趋于过分，要求独立的心理意识太强，甚至以孤立为荣，在人际交往中把自己置于别人的对立面，不辨是非地处处与学校、家长、同学作对，并以此为荣。其原因在于这部分大学生就混淆了独立和孤立两个概念，将积极的独立等同于消极的孤立。

朱智贤在《心理学大词典》中对逆反心理做了如此定义："逆反心理是客观环境与主体需要不相符时产生的一种心理活动，具有强烈的抵触情绪。"逆反的实质是表现个性、突出自我、寻求自我肯定。部分大学生为了抵抗和排除在他们看来压抑自己的那种外在力量，表现出符合年龄阶段的逆反心理，这是正常的。但有些逆反心理过分的大学生采取非理智的反应方式，不加分析地对一切事物都采取一种态度——排斥和抵制，最终只会使自己的健康成长过程受阻。

（二）大学生自我意识发展过程中的矛盾冲突

自我意识冲突是心理冲突的一种，是个体在对自我认知、自我体验、自我控制中所形成的自我分析和评价时出现的心理冲突。进入大学以后，自我意识发展进入"主观化时期"。在这一时期，大学生的自我意识迅速发展，其自我认知、自我体验、自我控制逐步协调一致，逐步意识到自己的内心世界，并关注自己的内在体验，用自己的眼光和观点去认识外部世界，开始有明确的人生追求。但是由于大学生的心理还没有完全发展成熟，其自我意识的发展过程中肯定会存在许多矛盾冲突，主要表现在以下六个方面。

1. 主体自我和客体自我之间的矛盾冲突

自我有主体自我和客体自我之分。主体自我是一个人对社会情景做出的反应，是自我中积极的一面，客体自我是主体自我在社会他人和自己眼中的反映。主体自我与客体自我应该是统一的。这种统一是个人对客体的认识与个人愿望的统一，更是良好自我意识的标志。但是由于个人所处的社会环境之间的差异，主体自我与客体自我并不总是统一的。大学生的主体自我与客体自我之间的矛盾冲突就表现得较为突出。大学生作为同龄人中接受高等教育的人，能够感知积极进取的主体自我，但是缺乏社会经验。现如今，"重理论轻实践、重专业轻基础、重科学轻人文"成了社会对大学生的评价，这也是社会对大学生"客我"的认识。当大学生也认识到自身的状况时，矛盾冲突就产生了。大学生回归本位，身上光环的消失导致其产生失落感，既承认自己又否定自己，从而使主体自我与客体自我之间发生矛盾冲突。

2. 理想自我和现实自我之间的矛盾冲突

理想自我是个人追求的目标，是个人想要达到的完美形象，它对个体实现理想过程中的自我起着引导作用。现实自我是对现实中自我的各种特征的认识，是个人从自己的立场出发得出的认识。理想自我和现实自我二者之间存在一定的差异。大学生怀揣着无数的美好梦想进入大学校门，每个人都渴望有一片属于自己的美丽天空。有理想就有动力，因此，大学生的成就动机特别强烈，有抱负、有追求、有理想，为自己设定了一个美丽的"理想自我"，也对大学生活进行了理想化的设定。然而现实往往是残酷的，现实与内心的理想会存在巨大的反差。大学生的现实自我在能力、知识、经验等方面与理想尚有很大差距。在对理想自我的追求追求中，现实给大学生带来更多的是失望。在这种情况下，大学生陷入趋避两难的冲突中，不知道自己是应该采取积极的行动使现实自我向理想自我靠近，还是应该承认自己"才疏学浅"而放弃理想自我。在理想自我与现实自我之间的矛盾冲突中，大学生失去了自己生活的方向。这时，积极的自我调适就显得极为重要。

3. 自尊与自卑之间的矛盾冲突

自尊与自卑之间的冲突是自我体验冲突的典型表现。当代大学生大多数是独生子女，父母都尽自己最大的努力让孩子吃最好的、穿最好的、一味表扬而不忍批评，让孩子认为自己是最优秀的，并且大学生是在社会认同、长辈赞誉、同龄人的羡慕中长大的，因此，大学生本人会产生强烈的优越感和自豪感，从而建立了强烈的自尊。自尊和自卑总是紧密联系在一起的，自尊表现强烈的人往往也是极度自卑的人。当大学生遭遇失败与挫折时，有时甚至是小小的失利，就会怀疑自己的能力，进而自我否定、自我怀疑甚而自暴自弃，陷入强烈的自卑之中。由于对自己的评价不够恰当，给自己设定的抱负水平较高，所以总满意自己的所作所为。这种从自尊到自卑的反差使大学生变得焦虑、忧郁和悲观。

4. 独立与依附之间的矛盾冲突

上大学后，大学生的生理和心理的成熟使大学生的独立意识迅速发展。大学生希望自己能在经济、生活、学习、思想等方面独立，希望摆脱成人的管束，以独立的姿态面对生活、学习与工作中遇到的问题，并希望能够自主地处理所遇到的一些问题。但由于长期的校园生活使大学生与社会脱节，社会阅历和经验相对匮乏。同时，大学生又希望得到别人的帮助，无论是在心理上还是在现实生活中都需要依赖他人，无法真正做到人格上的独立。因此，大学生一方面有着强烈的独立意识，另一方面却又事事要依赖别人。这就使得其在心理上出现了独立性与依附性之间的矛盾冲突。大学生在渴望独立的意向与摆脱不了的依附心理之间的冲突中徘徊。这种独立意向与依附心理之间的矛盾一直困扰着大学生。

5. 渴望交往与自我闭锁之间的矛盾冲突

大学生迫切需要友谊，渴望理解，向知心朋友倾吐对人生和生活的看法，寻求归属和爱，有强烈的交往需要，希望能有人与自己分担痛苦、分享欢乐。大学生渴望实现自我价值，渴望与人探讨人生的真谛，也希望自己能成为群体中受欢迎的人。但同时大学生又存在着自我闭锁的倾向，许多人往往不愿主动敞开自己的心扉，而把自己的心灵深藏起来，在公开场合很少发表个人的真实意见。有些大学生在与他人交往时存有较强的戒备心理，与同学有意无意保持一定的距离。还有一些大学生因为考虑问题不周全，交往心切，有时在不了解实际情况的时候就坦诚相交，往往受到伤害，在受到伤害后就将心灵闭锁起来。正是这种渴望交往与自我闭锁之间的矛盾冲突，使得不少大学生感觉十分孤独。

6. 激情与理智之间的矛盾冲突

这是自我意识的自我控制方面的冲突。自我控制是指个体摆脱监督和支配的一种自我意识倾向。随着身心的发展，大学生认知水平不断提高，理性思维日渐成熟，比起高中时代，大学生考虑的问题更加全面与客观，对人生、未来都有所思索。青年大学生最大的特点是感情易于冲动，表现出自我控制能力较弱，甚至有时被人利用，听到赞扬时容易忘乎所以，受到责难时立刻怒发冲冠，感性大于理性，从而会做出一些错事、蠢事；但在做过错事、蠢事后，又会后悔不已，马上变得一蹶不振，陷于懊悔和惆怅之中。这就是大学生激情与理智之间的矛盾冲突的具体表现。在激情与理智的矛盾冲突中，往往激情占上风。只有意志力强的大学生才能用理智控制激情。

第三节　大学生健康自我意识的培养

一、健康自我意识的标准

自我意识对人的心理健康起着非常重要的作用，它制约着人格的形成发展，在人格的优化中发挥着很大的作用。一个人的心理发展一般都要经历一个由稚嫩到成熟的过程。健康的自我意识是心理健康的重要标准，是人类自身内在的一种成功机制，在人的发展中发挥着重要作用。一个有健康的自我意识的人符合如下标准。

第一，一个有健康自我意识的人，应该是一个有自知之明的人，既知道自己的优势，又知道自己的劣势，能正确评价自我并引导自我健康发展，是一个能自我肯定、自我统合的人。

第二，一个有健康自我意识的人，应该是一个自我认知、自我体验和自我控制相协调统一的人。

第三，一个有健康自我意识的人，应该是一个独立，同时又与外界保持联系的人。

第四，一个有健康自我意识的人，应该是一个理想自我与现实自我统一的人，有积极的目标意识和内省意识，积极进取、永无止境。

第五，一个有健康自我意识的人，应该是一个心理健康的人，不仅自己心理能够健康发展，而且能促进周围的人共同进步。

二、大学生培养健康自我意识的途径

古希腊哲学家苏格拉底创办了一所学校。在这所学校的门口立着的牌子上写着这样一句话——"认识你自己"。短短一句话就道出了一个千百年来困扰着一代又一代人的命题。对年轻大学生来说，具有健康的自我意识是很重要的，正如科恩所说："对于青年来说，这种发现自我与哥白尼当时的革命同等重要。"培养健康的自我意识是大学生完善自我个性、实现自我价值的重要途径。

（一）正确认识自我

中国人常说："人贵有自知之明。"古希腊人也将"正确认识自己"当作人生的最高智慧。

全面而正确的自我认知是培养健康自我意识的基础。自我认知是由多方面组成的，既包括自己的认识与评价，又包括他人的评价。如果大学生能对自己的价值观及自己行为有一个正确的认识和评价，就能够取长补短，完善自我，提高自己参与社会的积极性，协调自己与他人的人际关系，处理好个人与社会、个人与他人之间的关系。

第一，在与他人的比较中认识自己。

唐太宗李世民曾说过："以铜为镜，可以正衣冠；以史为镜，可以知兴衰；以人为镜，可以知得失。"每一个人在认识自我的过程中，免不了要与别人进行比较。与他人进行比较是每个人客观、全面认识自我的重要方式。在与他人进行比较时，最重要的是要选定恰当的参照系，并用发展的眼光看待自己和他人。在比较中认清自己的优势和不足，从而取人之长、补己之短，缩短主观自我与客观自我之间的差距。

第二，在自省中认识自己。

自己对自己的观察与反思也是认识自我的一个重要途径。大学生要学会自省，认真进行自我分析，勇敢地进行自我解剖，经常俭省自己的行为和动机，以便有目的地进行自我调整，从而使自我意识更加客观和稳定，使自我更加完善。大学生通过自省的方法来认识自我，可以促进自身心理发展趋于成熟。

第三，在社会交往中认识自己。

社会如同一所大的学校。在与这所"学校"的其他人交往的过程中，人们可以逐渐认识自我。在社会交往中，大学生可以了解到他人对自己的看法，可以发现自己以往忽略的问题；在社会交往中，大学生可以通过分析他人对自己的态度、期望和评价等信息，重新认识自己，形成较为客观的自我概念，并以此来完善自己。不少大学生比较在意他人对自己的评价。值得注意的是，大学生在社会交往中对待他人的评价应有一个正确的态度。

第四，在社会实践活动中认识自己。

社会实践是人的自我意识产生和发展的重要条件。大学生可以参与到社会实践中去，通过不同形式的实践活动来认识自我，挖掘自己的潜能。心理学中有一种"自我意象"的说法，指一个人在某个方面没有取得好成绩，不是因为欠缺这方面的能力，而是因为认为自己在这方面不行。因此，大学生可以通过实践活动来确定自我的能力，发现自我的价值。

（二）积极悦纳自我

能否悦纳自我是衡量一个人的心理状态是否积极和健康的一项重要的指标。悦纳自我是指一个人相信自己存在的价值，认同自己的能力，并在行为上表现出一种与环境和他人积极互动的心理倾向。通俗地说，悦纳自我就是能够愉悦地接纳自己，包括自己的某些缺陷，并能不断地进行自我激励，使自己的人生过得充实而有意义。一个人必须有一个正确的自我认知，才能积极地悦纳自我。每个人都有自己的优点和不足。因此，大学生不应一味地追求理想自我，否定现实自我；也不能过度接纳自我，夸大自己的优点。

积极地悦纳自我是培养健康自我意识的关键和核心。大学生要积极悦纳自我，就需要增强自信心，走出自卑的泥潭。大学生可通过积极的自我暗示来培养自信心，也要明白人的价值是通过人的学识、能力、品行得以体现出来的。因此，大学生要摆正自己的位置。每个人对自己都有一定的期望。期望水平的不合理会导致愿望的落空，而合理的期望水平是建立在恰当的自我评价基础上的。大学生只要能恰当地评价自己，就能确定合理的期望水平。另外，大学生要知道，只有当自己的能力等被群体认可时才能在群体中获得一定的地位，才能体验到真正的尊重。

每个人身上都有闪光点。所以，大学生要接受、喜欢自己，保持自己的本真，保持独特的自我，要有乐观、开朗的性格，全面地看待自己、接纳自己。只有积极悦纳自我的大学生才能够寻找到属于自己的闪光点，并将其绘制成一幅美丽的风景画。

（三）积极有效地控制自我

从心理健康角度讲，自我控制是人主动定向地改变自己的心理品质、特征以及行为的心理过程，是自我心理结构中最重要的调节机制，也是心理成熟的最高标志。大学生情感丰富，但极易冲动，主要是由于大学生的自控能力还较弱，还不够稳定。一般刚入校的大学生自我控制能力较弱，比较冲动，容易意气用事。但随着年龄的增长、学识的增加、经验的累积，大学生的自我控制能力逐渐增强，他们能够及时根据别人的评价和自己行动的结果进行反省，并及时调整自己的行为和目标。大学生应注意从以下三个方面有效地控制自我。

第一，要树立明确的行动目标。

没有目标的人生，就像一叶无人驾驭的小舟，会漫无目标地随风飘荡。而明确的目标正是成功的基础。目标与行动是密切联系在一起的。没有行动的目标是虚无缥缈的。大学生要明白，并不是目标会导致自己成功，而是目标下的行动会促使自己向成功迈进。正确的行动目标能够激发人的动机，强化人的行为，并促使其走向预定的方向。对于大学生而言，由于其心智尚未完全成熟，有时缺乏足够的自制力和意志，因此，要树立明确的行动目标，并设计完善的行动计划和程序。这样就可以避免自己行为的盲目性。

第二，善于自我检查、自我监督。

在树立了明确的行动目标，并制订了合理的行动计划之后，大学生就应按照预定的计划有条不紊地执行计划。在行动过程中，大学生也要不断进行自我检查，及时调整行动。大学生还应该认真领会社会道德准则的实质，并将其内化为个人的品德，确立个人内在的行为准则，以此来监督自己的行为。

第三，提高自我控制的能力。

从某种程度上说，大学生正处在实现人生目标的旅途的起点，在这一旅途中会遇到来自本能和外部的各种诱惑。大学生要实现自己的人生目标就必须能够抵制住这些诱惑，能够调控自己的行动，因此需要有顽强的意志力。而人的意志力往往与自我控制能力密切相关。所以，大学生需要用较强的自我控制能力来理智地约束自己的行为，把握自己的情感。

（四）积极地提升、完善自我

积极地提升自我的一个十分有效的方法就是提高自我效能感。自我效能感是个体在一定情境下对自我完成某项工作的期望。当人们期望自己成功时，必然会尽自己最大的努力来完成具有挑战性的任务，也会更加坚持，从而增加成功的系数。自我效能感与成就动机正相关。大学生的自我效能感较强。这可以从大学生对学业成就的期望值较高上体现出来。大学生的高自我效能感能增强大学生的成就动机，从而促使大学生努力去取得学业上的成功。克服自我障碍也是提升自我的一个有效的方法。一个希望提升自我的大学生必须学会用积极的心态来对待问题，公正客观地看待事物，主动克服自我障碍，积极地进行自我尝试。

积极地完善自我则是指个体在认识自我、认可自我的基础上，自觉规划行为目标，主动调节自身行为，积极改造自己个性，使个性全面发展。大学生要积极探索人生、理解人生，树立正确的世界观、人生观和价值观，在个人与社会的联系中认识并实现人生的价值和意义，并通过实现这一目标而不断完善自我。

提升和完善自我是一个长期的过程。大学生必须坚持不懈、持之以恒，最终才能实现自己的人生目标。

第三章 大学生情绪管理与调适

第一节 认识情绪

一、情绪的心理学解读

（一）情绪的特征

世界上没有无缘无故的爱，也没有无缘无故的恨。情绪的产生从来都不是无缘无故的。"人非草木，孰能无情"，人对客观世界是有知觉的，人总会依据自己的知识、经验、需要、兴趣、价值观去评价人、事、物，由此对自己所处的环境，对自己的工作、学习、生活及行为，以及对他人的言语和行为等产生肯定或否定、赞同或反对、接纳或排斥的态度。这些评价和态度被人清晰地知觉到和体验着，就演变成某种情绪。

在心理学中，这样解释情绪：情绪是人对客观事物能否满足自己需要的一种态度和主观体验。情绪反映的是主体与客体之间的关系。情绪包含以下三种成分。

1. 主观体验

情绪的主观体验是个体对不同情绪状态的自我感受与体验。个体对不同情绪的主观体验不同。情绪的主观体验包括情绪体验的性质、强度、紧张度、复杂度等。

根据情绪对人的心理活动的效能产生的不同影响，可以将情绪分为两种不同性质的情绪体验：正向的情绪体验和负向的情绪体验。凡是人在符合自己需要的刺激下，所产生的能够引起人肯定的评价的情绪就是正向的情绪，如喜爱、快乐、满足、自豪等。凡是人在不符合自己的需要或者妨碍自己的需要得到满足的刺激下，所产生的能够引起人否定的评价的情绪就是负向的情绪，如厌倦、烦躁、愤恨、痛苦、害怕等。

情绪体验有强与弱之分。情绪体验的强度不仅与刺激本身的强度有关，而且取决于个人如何认识、评价刺激对自己的意义。每一种情绪体验在强度上会有不同的表现。例如，高兴可以表现为愉快、喜悦、欢乐、狂喜等，生气可以表现为不快、气愤、狂怒等。

情绪体验有紧张与轻松之分。紧张的情绪体验表现为神经系统的兴奋性增强，对目标高度关注，在精神上有压迫感，还掺杂了一些不安、担心和恐惧的感觉。它通常与活动的紧要关头以及最有决定性意义的时刻有关。人们往往在面临重大的、困难的、紧迫的任务时会产生紧张的情绪体验。轻松的情绪体验则与此相反，或者恰好是在上述任务完成之后产生，表现为紧张被解除，在精神上没有压迫感，内心感到安定、平和、宁静。

在日常生活中，我们较少体验单一的情绪，常常同时体验到几种情绪。情绪体验的复杂度，取决于快乐、悲哀、恐惧、愤怒等几种原始情绪的组合情况。

2. 生理变化

当不同性质、不同强度、不同紧张度的情绪产生时，人的一些生理活动会发生一些变化，如血压升高或降低、心跳加快或减慢、血管收缩或舒张、呼吸变快或变缓等。这些生理变化是情绪的表现，也可以作为观察、测量情绪变化的客观指标。

3. 行为反应

当情绪产生时，常常会伴随一些外在的行为表现，如面部表情、身体的姿势、言语活动等。这些行为表现可以从外部直接观察到，被称为表情。表情可以分为面部表情、身段表情、言语表情。它们是情绪表达的手段，也是观察一个人情绪的客观指标之一。需要注意的是，外在的表情与内在的情绪状态并不总是一致的。

（二）情绪产生的原因

情绪产生的原因主要包括以下三个。

1. 身体内外的刺激

有时候，人们会觉得情绪来得莫名其妙，其实是因为引起情绪的刺激不那么明显、具体，或者当事人没有意识到罢了。如果仔细寻找，我们可以发现每一种情绪的产生都是由或隐或显、或直接或间接的刺激诱发的。

外部刺激包括感觉器官接受的各种外界刺激（如视觉、听觉、嗅觉、味觉、皮肤感觉等刺激）、重要的生活事件、他人的言语和行为、自然环境等。例如：壮丽的河山、优美的音乐、整洁的环境会让人感到兴奋和愉快，拥挤的街头、嘈杂的声音、肮脏的环境则让人感到烦躁和压抑；即将面临考试、拖欠债务、失去恋人会让人感到焦虑和沮丧，而完成工作、职务晋升、与亲朋好友相聚则让人感到轻松和愉快。

内部刺激包括身体健康状况、生理需要的满足状况、激素的水平，以及内心对过去的回忆、对未来的想象等。例如：体弱多病容易使人感到压抑；有人在饿了的时候容易发火；甲状腺素分泌过多的人脾气暴躁，分泌不足的人则情绪低落；预计自己将实现某个愿望会令人产生兴奋、快乐的情绪；回忆一段痛苦的往事，会让人感到悲伤、烦恼。

2. 主体的认识活动

能够引发情绪的刺激必须是当事人认知的对象。面对某种刺激，个体必须根据自己的需要，通过自己的认识活动，对该刺激能否满足自己的需要、满足到何种程度，做出解释和评价，并形成一定的看法和态度，确定刺激对自己的意义。这样，个体才能产生不同的情绪体验。因此，情绪总与需要相关，需要是情绪产生的基础。

不同的人由于需要不同、对事物的看法和态度不同，所以在面对同样的刺激时可能会产生不同的情绪。例如，从邻居房间里传来的歌声，对一个在家休息、无所事事的人来说，可能是令人愉快的伴奏，但是对一个第二天要参加重要考试，正在紧张复习的学生来说，可能是无法忍受的噪声。

由此可见，情绪的产生不仅需要有刺激存在，还取决于个人的需要和认识活动，以及个人对刺激情境的认知与评价，所以情绪具有很强的主观性。情绪与理智并不是对立的，情绪本身就是以理智为中介的产物。

3. 生理激活水平

在面对刺激时，个体的生理激活水平也会影响情绪产生。这里所说的生理激活水平是指生理活动被激发的强烈程度、激素水平、高级神经系统活动的类型、遗传特点等。它们是情绪产生的生理影响因素。例如，一个人在喝了酒之后，其生理活动会被激发到较高水平（如心跳加快、血管扩张、全身发热等）。这时他如果听到赞扬或者挑衅的言语，会更容易产生高兴或者愤怒的情绪。又如，有些人因为疾病或天生的原因，身体的某些激素含量偏低或偏高，导致他对同一刺激产生比常人更弱或者更强的情绪反应。由人的高级神经系统活动的类型所决定的气质类型，是一种天生的较为稳定的心理特征，同样也会影响情绪的产生。例如：胆汁质者的高级神经系统活动强而不平衡，属于不可遏制型，其情绪的产生常常迅速而强烈；多血质者的高级神经系统活动平衡而灵活，其情绪丰富且容易变化；黏液质者的高级神经系统活动属于安静型，其情绪体验深刻而持久，但产生的速度较为缓慢；抑郁质者的高级神经系统活动属于抑制型，其情绪体验敏感、细腻而深刻，常常表现为多愁善感。此外，生理学和遗传学的研究表明，某些可遗传的体内生化特性、神经特性及染色体的结构，对人的情绪的产生也有一定的影响，比如，如果神经递质中的 5- 羟色胺减少，就会导致抑郁情绪的产生。

总之，情绪的产生是由身体内外的刺激引起的，以个人的需要和认识活动为中介，并且受到生理状态的制约。

二、情绪状态

在一段时间内，不同性质、强度、紧张度的情绪以一定的方式组合起来形成影响人的整个身心活动的心理状态就是情绪状态。情绪状态主要包括以下三种状态。

（一）心境

心境是一种微弱、持久、弥散性的情绪状态，它可以在一段时间内（短则几小时，长则几年），使人的所有活动带上同样的情绪色彩。造成心境的原因有很多种，涉及个人的生活处境、身体状况、气质、性格，以及天气、居住环境等。"人逢喜事精神爽"正是一种愉快心境的表现。

心境由于不强烈，又没有伴随强烈的生理和行为变化，因此容易被人忽视。实际上，心境持续时间长，弥散于整个心理活动中，它对人的活动效率、生活感受、身心健康都有很大的影响。积极、乐观的心境，可以提高人的活动效率，使人增强信心，对未来充满希望，有益于人的身心健康；消极、悲观的心境，会降低人的活动效率，使人丧失信心和希望，经常处于焦虑状态，对健康不利。人的世界观、理想和信念决定着心境的基本倾向，对心境有着重要的调节作用。因此，大学生应该积极关注并学会调整自己的心境。

（二）激情

激情是一种突然爆发的、持续时间短暂、表现剧烈、不受控制的情绪状态。这种情绪状态通常由对个人具有重大意义的事件引发。取得重大成功之后的欣喜若狂、惨遭失败后的绝望无助、亲人突然离世后的悲痛欲绝、身处危险境地时的极度恐惧等，都是激情状态。

激情状态往往伴随着明显的生理变化和外部行为表现。例如：人在盛怒时全身肌肉紧张、血压上升、心跳加快，同时，双目圆睁、咬牙切齿、紧握双拳；在狂喜时会放声大笑，手舞足蹈；在极度恐惧、悲痛时手脚冰凉。狂喜、暴怒、极度恐惧等激情状态可能使人发呆、晕厥，甚至出现所谓的激情休克现象，有时则表现为过度兴奋、言语紊乱、动作失调。这些生理变化既是激情的表现，也是对激情的宣泄。激情包含着巨大的能量。激情得不到适当的宣泄，或者激情过分强烈地爆发，都会对当事人的身心造成伤害。大学生情感丰富，情绪体验比较强烈，应该注意适当地宣泄自己的激情。

在激情状态下，人往往会出现"意识狭窄"现象，即认识活动范围缩小，表现为注意范围变窄，思维能力下降，分析问题的能力受到抑制，自我控制能力减弱。因此，在激情状态下，人容易对自己的行为失去控制，甚至会做出一些鲁莽、轻率的行为，对他人、自己和环境造成伤害。有人认为在激情状态下，人完全失去理智，无法控制自己。这种想法并不正确。在激情状态下，人不仅能够意识到自己的激情状态，也能够有意识地进行调节和控制。所以，任何人都要对自己在激情状态下的失控行为所造成的不良后果负责。因此，大学生应该学会疏导激情，控制不良激情的爆发。

激情并不都是消极的，激情也有积极的作用。我国运动员在奥运会比赛中奋力拼搏、勇夺金牌后喜极而泣。这种激情不仅体现了运动员获胜后的喜悦心情，也感染了许多中国观众，激起人们强烈的民族自豪感和崇高的爱国主义情怀。这样的激情会成为大学生成长、成才的强大动力。

（三）应激

应激是人对某种意外的环境刺激所做出的适应性反应，是一种非常强烈、紧张的情绪状态，它通常在人们遇到意外事故或重大挑战的时候出现。例如，当人们遭遇火灾，需要紧急逃生时，人们所出现的特殊的紧张情绪状态，就是应激状态。

当人处于应激状态时，他的生理、心理和外部行为会产生一系列的协同反应，集中自己的智慧和经验，迅速做出选择，采取有效的行动，此时，人的身心处于高度紧张状态，以应付紧张的局面，对抗外界的压力和威胁，直至消除应激事件、脱离困境为止。如果长时间无法消除应激事件、脱离困境，人的身心就会在压力的持续作用下逐渐崩溃。

应激状态的出现，与人所处的环境及人对自己能力的估计有关。当环境对一个人提出了克服困难的要求，而这个人意识到自己无力达到当前情境的过高要求时，就会感到非常紧张，从而处于应激状态。

大学生要避免长期处于严重的应激状态，对学习、生活中可能出现的压力和威胁，平时应该有足够强的预见性，还要注意增强体质，提高适应环境和处理突发事件的能力，提高心理承受能力，学会对应激事件做出合理的评价，对目标和环境做出恰当的选择，主动寻求社会的支持。

三、情绪的影响

情绪在个体的生存适应和人际交往中起着十分重要的作用，能激发人的动机，引导人的行为，影响人的活动效率和身心健康。

（一）情绪对认知的影响

一方面，情绪以认知为基础，另一方面，情绪会影响认知的程度和进程。情绪决定客观事物的某种属性能否被感知以及被感知的深度和结果。情绪能激发个体的想象活动，决定着个体对客观事物的记忆效果，制约着个体思维的灵敏性和选择性。积极的情绪会加速个体对与决策有关的材料的加工，使人能迅速提取有用的材料；不良情绪则会打断、干扰认知活动。

（二）情绪对行为的影响

耶克斯－多德森定律表明，行为效率与情绪之间存在着某种联系。活动任务越难，行为效率越容易受到较高激动水平的影响。对于简单的活动任务，个体在保持高度激动水平时的行为效率较高；对于一般难度的任务，个体在保持中等激动水平时的行为效率最高。

（三）情绪对身心健康的影响

现代科学研究已经证明，长期的紧张、焦虑、愤怒、忧郁等情绪易导致机体正常生理活动的紊乱，破坏内分泌系统、免疫系统的功能，降低机体对恶性刺激的抵抗力，导致消化性溃疡、冠心病、偏头痛、高血压、月经失调等疾病；而轻松、愉快、平和的情绪是保证身心健康的重要条件，不仅能够维持大脑和整个神经系统适宜的紧张度，提高活动效率，还能增强机体对疾病的免疫力，提高个体适应环境的能力。我国近年来少儿偏头痛、高血压、胃溃疡等疾病的发病率呈上升趋势，而且城市高于农村、教育发达地区高于教育相对落后地区。这与学生因长期处于学习竞争和升学压力所造成的不良情绪状态有关。

（四）情绪对人际关系的影响

恰当使用言语表情、面部表情、身段表情，如热情的话语、真诚的微笑、赞赏的目光等，可以促进人与人之间互相接近、互相了解、互相接纳，有助于建立和维持良好的人际关系。

（五）情绪对人格形成的影响

一个人的情绪特征本身就是人格的构成部分。良好而稳定的情绪对健全人格的形成起着积极的作用。消极的情绪如果持续发展就会对人格产生不良影响。

四、大学生情绪活动的特点

大学时期是人的心理走向成熟的重要时期。因为大学生面临着转换角色、适应社会、确立自我意识等成长的压力，所以大学时期也是情绪丰富、相对不稳定的时期。随着社会地位、知识素养的提高和自身所处特定年龄阶段的影响，大学生的情绪具有如下特点。

（一）情绪活动趋向丰富，高级社会情感逐渐成熟

在大学阶段，大学生最重要的心理变化是自我意识不断发展，各种高层次的需要不断出现而且强度逐渐增加。这表现为自我体验增多，自我尊重需要强烈，自卑、自负情绪明显。

在大学阶段，比较突出的感情活动之一是恋爱。恋爱及其伴随的各种情绪，是许多大学生在校期间印象最深的情感体验。大学时期的恋爱，一方面是性生理和性心理成熟的表现，另一方面也是大学生寻求和确立自我同一性过程的一部分。研究表明，大学生较早或频繁的恋情可能对其社交产生消极影响。对大学生进行的一项调查结果显示，恋爱中的大学生所列举出的朋友的人数比未卷入恋情的大学生所列举出的朋友的人数要少一些，而那些已婚的大学生列举得更少。一对大学生的恋情越深，他们就越少听取别人的意见，也越少暴露私人事务，即使对亲人也是如此。

道德观、羞耻感、集体感、利他主义、理智感、美感等高级情感活动在大学时期开始对个人的生活产生明显的影响，并影响其情绪反应。部分大学生确立了道德、正义的观念，当出现与之不符的观念与行为时，他们通常会感到自己犯了错误，情绪体验极端痛苦。大学生社会情感的发展决定了大学时期情感教育的重要性。学校、家庭及全社会都应关注大学生情感教育的内容、方式与意义，采取有针对性的措施培养大学生良好的高级社会情感。

（二）情绪活动具有冲动性的特点

"血气方刚""初生牛犊不怕虎"所描述的正是年轻人情绪活动冲动的特点。大学生的情绪体验比较强烈，富有激情。大学生对新事物比较敏感，精力旺盛，虽然具有一定的理智和自我控制能力，但情绪活动一旦失控，往往造成可怕的后果。例如，集体斗殴、离校出走、因感情挫折而自杀等都与大学生情绪活动的冲动性有关。

强烈的情绪也容易随着大学生认知评价的改变而改变。有些大学生可能今天对某个人物崇拜得五体投地，明天又可能不屑一顾。其情绪具有明显的两极性、摇摆性的特点。

（三）情绪活动易心境化

大学生的情绪一旦被刺激引发，即使刺激已经消失，情绪状态有所缓和，情绪持续影响的时间也会很长，会转化为心境，对今后的活动产生广泛、持久的影响。大学生的许多不良情绪，如焦虑、抑郁、自卑等，都具有这种心境化的特点。大学生情绪活动的心境化还与大学生想象力丰富的特点有关。大学生通常会陷入某种想象性的情绪状态，而难以进入另外一种情绪状态。

（四）外显性与内隐性并存

大学生对外界刺激反应迅速、敏感，喜、怒、哀、乐常形于色。比起成年人，大学生的情绪活动更加外露和直接。但比起中小学生，大学生更加会隐藏或抑制自己的真实情感，表现出内隐、含蓄的特点。一般而言，大学生的很多情绪是一眼就能被看出来的，例如，在考试得了第一名或赢了一场球赛后，他们马上会喜形于色。随着自制力的逐渐增强，以及思维的独立性和自尊心的发展，他们情绪的外在表现和内心体验并不总是一致的，在某些场合和特定问题上，有些大学生会隐藏或抑制自己的真实情感，表现出内隐、含蓄的特点。另外，随着社会化的深入发展与心理的逐渐成熟，有些大学生能够根据特有的条件、规范或目标来表达自己的情绪，使自己的外部表情与内部体验不一致。

第二节　积极情绪

一、认识积极情绪

（一）积极情绪的含义

积极情绪也称正向情绪。英国著名的哲学家罗素曾将积极情绪定义为，人在事情顺利发展的过程中所产生的那种美好的感受。积极心理学家认为，积极情绪指的是当对个体有意义的事情发生时，个体所产生的一种美好、愉悦的体验。拥有积极情绪的人，通常会具有较高水平的积极性和活动能力。从分立情绪理论的观点来看，积极情绪通常包括快乐、满意、自豪、感激等。

在积极心理学中，快乐指的是当个体所处的情境被个体认为是安全的和个体所熟悉的时候，或者当事件被理解成有助于实现其个人目标的时候，个体所产生的感受。满意是指个体通过努力完成某项任务或者被他人接纳、关爱时所产生的感受。兴趣是指当个体的技能与情境挑战相匹配时个体所产生的愉悦感与趋近感。当个体认为情境具有安全性、新奇性和可改变性的时候，就会对这个情境产生兴趣。自豪是指当目标成功实现的时候或者当个体受到外界肯定、赞扬的时候，个体所产生的积极体验。

总之，积极情绪就是指个体在一定的情境中，在相应的内部和外部刺激的作用下所产生的愉悦感受。这种愉悦的感受可以促使个体采取某种行动。

（二）积极情绪的功能

积极情绪可以提高个体行为活动的效率。在积极的情绪状态下，个体会主动对环境和相关事物保持较为持久的兴趣，并主动根据自身的情况融入环境中。在积极的情绪体验中，个体通常会产生打破常规、创造新事物的愿望，在兴趣的指引下，不断产生探索的动机，并掌握新的信息和经验。在探索的过程中，自我发展的愿望和与他人分享的愿望会在积极的情绪体验中不断得到强化。拥有积极情绪的人，能够发现生活中更多的可能性，与环境融为一体，不断扩大自己的注意和认知范围。拥有消极情绪的人则会因为沮丧、愤怒、失望等主观感受而降低自身应对挑战的能力和削弱认知的灵活性，缩小自己的注意范围。因此，与消极情绪状态相比，在积极的情绪状态下，个体的思维更开放、更灵活，能够想出更多的解决问题的策略。

积极情绪可以帮助人们积极建设各项资源，其中包括身体资源（如健康等）、智力资源（如知识等）、人际资源（如友谊、社会支持网络等）和心理资源（如心理恢复力、创造性等）。这些资源既包括个体内的资源，如心理恢复力等，又包括个体间的资源，如社会支持网络等，有助于个体积极主动地参加各种社会活动。

积极情绪还能够促进人际交往。积极情绪能够为人际交往创造友好的氛围。同时，由于在积极的情绪状态下，人们认知的灵活性会增强。所以，人们在交往过程中可以想出更多的解决问题的策略。

（三）积极情绪的表现形式

积极情绪有10种表现形式，即喜悦、感激、宁静、兴趣、希望、自豪、逗趣、激励、敬佩和爱。

二、积极情绪与健康

（一）积极情绪与生理健康

积极情绪对于身体健康的重要意义受到了很多人的关注。在疾病的预防和治疗中，积极情绪起着重大的作用。

研究表明，乐观对于身体健康非常重要。在遭遇重大疾病的时候，与悲观者相比，乐观者的身体恢复得更快。这是因为积极情绪是一种认知现象，在积极情绪的引导下，个体可以通过改变认知来提高自身的健康水平。

积极情绪有助于促进生理健康，主要是因为积极情绪可以改善人的免疫系统的功能。这主要体现在对主观幸福感、笑和幽默行为的研究中。人的主观幸福感能够通过影响人的免疫系统来影响其身体健康。与那些缺乏主观幸福感的人相比，主观幸福感强的人的免疫系统的工作更高效，更能确保其身体健康。关于笑的研究表明，笑能增加人的积极情绪，改善免疫系统的功能。这表明通过笑这种行为产生的积极情绪有助于促进生理健康。有关幽默行为的研究表明，人们常用幽默行为来应对生活中的压力，那些经常使用幽默行为来应对压力的人更容易拥有积极的心境。

（二）积极情绪与心理健康

积极情绪能够提升主观幸福感。积极情绪能够扩展个体的心理活动空间，促进其提高对生活中各种事件的接受度，进而增加体验积极情绪的机会和可能性。积极情绪不仅能促进个体应对生活、工作和学习中的各种挑战，还有助于个体缓解自身的压力和消极情绪。如果在日常生活中能够经常体验到积极情绪，个体的心理弹性会大大增强，社会关系会得到改善，主观幸福感也会得到提升。大量与压力有关的研究表明，积极情绪能够促进人们积极运用以问题为中心的应对策略，有效缓解人的压力，进而提高人的积极情绪的水平，提升人的主观幸福感。

积极心理学研究成果表明，所有积极情绪共享一种被叫作杜兴微笑的表情符号，即嘴角上翘并伴有眼周肌肉的收缩。杜兴微笑能够减少人的痛苦，并且能够帮助人们更好地调整自己的心理状态。

三、积极情绪的培养

对于大学生而言，培养积极情绪，提高情绪管理能力，是通向快乐之路的必要条件。积极情绪主要有喜悦、感激、自豪、宁静、兴趣、希望、敬佩、爱等多种表现形式。积极情绪并不是自然生成的，而是需要人们在日常生活中去培养的。下面几种方法可以帮助大学生培养积极情绪，并提升积极情绪的水平。

（一）对自己和他人宽容

每个人都有不完美的地方，都会有犯错和莽撞的时候。大学生要学会正确看待自己所犯的错误，理性分析利弊，吸取经验和教训。大学生要相信，犯错是成长的必经之路，不要过分苛责自己，让自己身处内疚的消极情绪中无法自拔。当别人不小心伤害了你，你也要提醒自己要推己及人，以理解和宽容的态度来对待别人所犯的错误。宽容是体现大学生良好心理素质的一个方面。

（二）做一个阳光积极的"向日葵族"

向日葵永远朝着太阳的方向微笑。我们生活里有一群视平淡生活中的小快乐为幸福源泉的人。这样的人被称为"向日葵族"。他们即使面对风吹雨打，也同样积极乐观，保持微笑。他们相信只要朝着太阳的方向，就能感受到幸福。在生活中，学会看到所有事物积极、阳光的一面，是一种重要的心理调适方法。另外，大学生通过学习掌握一些幽默的技巧和方法，也能成为快乐的"向日葵族"。幽默是一种处事智慧。在生活中，幽默的人更善于调节自己的心态，结交更多的朋友。因此，大学生可以有意识地学习一些有助于使自己变得幽默的方法，例如，平时多看一些笑话来提高自己的幽默水平，并和同学分享。

（三）珍惜友谊

友谊是大学期间所能收获的珍贵的情谊之一，这种情谊往往会伴随人的一生，成为一个人一生中宝贵的财富。在大学生活中，朋友的理解和陪伴是大学生获得情感支持的重要源泉。大学生活的不同经历会带给我们各种不同的体验，与朋友分享自己的心情，不管是快乐还是悲伤，都会在一定程度上带给我们心灵上的慰藉和力量。与朋友建立稳固的情感联系，可以在很大程度上满足人的归属的需要。因此，大学生应格外珍惜友谊福。

（四）坚持锻炼身体

体育锻炼不仅可以锻炼身体，增强体质，还可以使人产生积极的情绪。定期进行体育锻炼，能够提高人们心血管的机能，增强人们的免疫力。有规律的体育锻炼可以降低心脏病和一些癌症的发病率，有益于身体健康。大学生要面对学习、择业、社交等多方面的压力。因此，适当地参加户外活动，有利于保持身心健康。大学生可以根据自己的兴趣，多参加远足、踏青、骑行等能够与大自然接触的户外活动，在大自然中放松自己的身心，强化自己积极的情感体验。

（五）适当地将积极情绪与消极情绪结合起来

我们需要积极情绪，并不意味着我们要驱赶所有的消极情绪。生活给了我们足够的理由去感到害怕、愤怒、悲伤。如果没有消极情绪，一个人就会成为一个盲目乐观的人，他的脸上始终会挂着小丑般的微笑，与现实失去联系。这样的人是不真实的，总有一天，所有的人都会远离这样的人。

我们可以把积极情绪与消极情绪看作浮力与重力。浮力是一种把人举向天空的力量，而重力则是把人拉向地面的力量。不被抑制的浮力会让人轻狂、不踏实，而不被抑制的重力则会让人在巨大的痛苦中崩溃。如果一个人能够适当地将积极情绪与消极情绪结合起来，就会振作起来、脚踏实地，并做好准备。

总之，培养积极情绪的方法有很多，除了上面提到的以外，大学生还可以通过做自己感兴趣的事情、听美妙的音乐、学会感恩等让自己体验到积极的情绪和幸福的感觉。

第三节　大学生情绪管理与调适

情绪管理能力包括辨识自己的情绪、妥善管理情绪、自我激励、辨识他人的情绪、人际关系管理 5 种能力。大学生只有拥有了良好的情绪管理能力，才能在学习、工作、生活中应对自如，保持健康的情绪。

一、大学生情绪管理的基本出发点

大学生在对情绪进行管理时首先要明确以下几点。

（一）从种类来说，情绪无绝对的好坏之分

我们将情绪分为正向情绪和负向情绪，每个人都会不可避免地产生各种正向情绪和负向情绪。正向情绪不一定都是健康的，负向情绪也不一定都是不健康的。健康的情绪与不健康的情绪之间不存在种类差异，而存在程度差异。例如，适度的焦虑能提高学习、工作的效率，但过度的焦虑、长时间的焦虑则不利于身心健康。又如，过度高兴则会使人癫狂，我国文学中范进中举之后的表现便是如此。所以从种类来说，情绪并无绝对的好坏之分，每一种情绪都有意义与价值。情绪可以提供一种信号，告诉我们生活中出现了某些事情，需要我们去处理。

当然，如果某种情绪强度过大、持续时间过长，大学生则要注意对其进行调控。

（二）不要强行压抑情绪，特别是负向情绪

心理健康的人并不会否定负向情绪，而是去了解、接纳自己的负向情绪，学会与其和谐相处。这比单纯地否定、压抑负向情绪有效得多。

二、大学生情绪管理与调适的内容

大学生情绪管理与调适包括以下几个方面的内容。

第一，识别情绪：及时觉察自己的情绪，敏锐地发现他人的情绪，接受情绪的多样性，承认和接纳不良情绪。大学生可以通过具体的技术来觉察、感受自己的情绪，也可以通过观察、谈话来了解他人的情绪。心理测验也是常常被用到的一种方法，如抑郁量表、焦虑量表等。

第二，理解情绪：弄清导致情绪产生的原因是生理因素（如疾病、生理期等）、情境因素（如物理刺激、压力、应激事件等）还是认知因素。

第三，调控情绪：恰当地表达、合理地排解、有效地控制情绪。

第四，培养情绪：积极培养健康的情绪。

三、大学生情绪管理与调适的途径

大学生可以从影响情绪的各种因素入手，自我管理与调适情绪。

（一）改变客观刺激与主观认识

客观刺激是情绪产生的诱因，主观认识是情绪产生的决定性因素，两者缺一不可。大学生可以从以上两方面入手改变一种情绪，要么改变客观刺激的性质，要么改变自己的认识。改变客观事物需要一定的能力、机遇和环境条件；改变自己的认识，需要有关的知识、合理的思维方式和自我认知的能力。

（二）调控内部的生理活动与外部的表情动作

情绪在产生的时候，一般会伴随着内部的生理活动和外部的表情动作。反过来，有意识地控制内部的生理活动和外部的表情动作，在一定程度上可以影响情绪的变化。例如：放松训练法就是通过放松全身的肌肉来对抗紧张情绪；在临床上，医生会用一些药物通过作用于患者身体，来缓解患者抑郁情绪；我国传统的气功就是通过一定的身体动作和心理意念来达到调节情绪、增强体质的目的；有时候重复做一种表情，可以增强相应的情绪体验，对抗相反的情绪体验。

（三）合理满足基本需要，学会学习

人类有一些基本的生理需要和感官需要。这些需要一旦得到满足，人就会感到愉快、轻松或平静；如果没有得到满足，就会感到痛苦、烦恼或不安。因此，设法采用丰富多样、新鲜有趣的方式，让人的基本的生理需要和感官需要得到充分的满足，可以在一定程度上增强快感，改善人的情绪状态。例如，大学生可以用明快的色调打扮自己、观赏美丽的景色、倾听悦耳的音乐、品尝美味佳肴等，都是调整情绪的有效方法。

人在刚出生时仅有几种基本的情绪。其他复杂的情绪是在后天的生活环境中通过学习逐渐产生的。人在成长、成熟的过程中，心理性、社会性需要越来越强。基本需要能否得到满足、满足的程度如何，都会对情绪的发展、变化产生影响。屡战屡败、一味苦涩的经历，与屡败屡战、初尝成功的经历，会造成截然相反的情绪体验和行为模式：消极退缩和积极进取。因此，大学生最好设法让自己多品尝一点成功的喜悦，通过正面的、积极的学习过程，培养自己良好的情绪品质。

情绪的自我管理与调适需要大学生用心学习、积极实践，还需要一定的时间来巩固成效。希望每一个大学生从自己的生活与心理的实际出发，找到适合自己的管理与调适情绪的方法。

四、大学生情绪管理与调适的具体方法

（一）合理宣泄

不舒服、不愉快、心情烦闷时该怎么办？有人说心里难受时，别憋在心里，该哭的时候就哭，过度压抑自己的情绪，不能及时将负向情绪发泄出来，会导致疾病。的确如此，一个人如果长时间压抑自己的情绪，就会在其体内形成一种有危害性的能量，损害其身心健康，引起胃病、心脏病、高血压等身体上的疾病，以及抑郁等心理上的疾病，甚至会使其出现不合作、不合群的行为。所以当不良情绪产生时，大学生不要强行压抑自己的感情，应该通过合理宣泄，将心中的烦恼、郁闷和痛苦释放出来，从而尽快恢复正常情绪。

不愉快的情绪是不可避免的。大学生采取适当的方式进行宣泄、释放心中的烦恼和痛苦，有利于身心健康。但要注意，宣泄的对象、地点、方法要合理，不要伤害别人，也不要伤害自己。有些学生不分时间、场合，对着引起自己不快的人大发雷霆，甚至大打出手，还有些学生为了宣泄自己的情绪，会摔东西、破坏公物，这些宣泄情绪的方法都是不可取的。当不良情绪产生时，大学生应当将其宣泄出去。但宣泄应以合理为原则。宣泄主要有以下两种方式。

第一，直接宣泄。直接宣泄是指直接针对引发情绪的刺激表达、宣泄情绪。例如，当与同学闹了矛盾心里不痛快时，应直接找对方开诚布公地交换意见，在消除误会、解开心结之后，难受的情绪就会被释放出来。

第二，间接宣泄。这种宣泄方式不是针对引发情绪的人或事物进行宣泄，而是通过其他间接的途径使不良情绪得到释放。向知心朋友诉说、写日记、痛哭一场、大声喊叫等，都是常用的间接宣泄的方法。例如，有些学生被教师误解后，会把苦闷和痛苦写在纸上，写完后不管会不会拿给教师看，都会感到内心轻松了许多。

（二）转移注意力

有时候，大学生产生的不良情绪不太强烈，也找不到其明确的诱发原因，但它却像雾一样弥漫在几乎所有的活动中，表现为一种焦虑的心境，使人感到难以忍受。面对这种情况，最好的方法是不去关注自己的心情，而把注意力放在自己该做或喜欢做的事情上，如学习、工作、娱乐、社交、运动等。这样做的目的是转移自己的注意力，让自己没有时间去想那些不愉快的事情。

（三）适当地运用心理防御机制

心理防御机制是人在面对挫折时自发产生的反应，能帮助人们暂时缓解消极情绪。每个人都会有自我防御反应。但在很多时候，人们是意识不到的。心理防御机制并不会改变原先的事实，只是简单地改变人们对事实的看法和观点。但认识的改变会使事件沿着不同的轨迹发展而得到不同的结果。因此，适当地、有意识地运用心理防御机制，是一种积极调适自我的有效方法。

以下是一些常见的心理防御机制。

第一，文饰。文饰也称合理化，是指个体寻找各种合理的理由来解释自己的情感、行为、动机，以使自己可以被接受，从而减少焦虑反应。

第二，退行。退行是个体在遇到挫折后，表现出与其年龄不相符合的幼稚行为反应以使自己感到舒服的一种心理防御方法。暂时性的退行可以帮助人们缓解焦虑、紧张的情绪。但是如果一个人经常使用幼稚的退行方法来应对现实问题，或利用自己的退行来获取他人的同情和照顾，就说明这个人有心理问题了。

第三，幽默。幽默是一种积极的心理防御机制。有些人在遇到尴尬的状况时，会用幽默的方式来化解。以维持自己的心理平稳状态。人格发展较为成熟的人，常常懂得在适当的场合，采用幽默的方式来化解尴尬。

第四，认同。个体一般会向比自己地位高或成就高的人表示认同，以消除自己在现实生活中无法实现愿望、获得成功时产生的焦虑。

第五，幻想。幻想是指面对现实生活中的困扰，采用在幻想世界里遨游的方式得到内心的平静。幻想虽然可以使人暂时脱离现实，使不良情绪得到缓和，但幻想并不能解决现实问题。人最终要勇敢地面对现实。

第六，反向。反向是指个体用与内在动机与愿望相反的态度或行为来表现。为那些不能被意识和不被社会接受的欲望与冲动所采用的防御手段。反向方法如果使用得当，不仅无害，而且有助于提高人们适应社会的能力。

第七，否认。人们常用"这不是真的"来否定发生的不幸事件，从而使自己免受伤害，稳定情绪，增强自信心。

第八，压抑。压抑是指把某些不良动机、情感和欲望从意识层面压制到潜意识层面。压抑的积极作用在于它能帮助人们控制冲动和违背道德伦理的念头，并通过暂时的"遗忘"来保护受伤的心灵。压抑是一种消极的逃避行为，并不能从根本上解决问题。

第九，升华。升华是指把原始的、不符合社会要求的冲动、欲望或不能实现的目的转换成社会认可的、可以实现的活动。升华不仅能使原来的动机冲突得到解决，使原来具有破坏作用的本能冲动变成具有价值的行动，帮助个体消除焦虑情绪，维持心理安定与平衡，还能满足个人创作的需要。

（四）自我暗示

积极的自我暗示常常具有神奇的效果。自我暗示的方法有很多种，常用的方法有利用语言进行自我暗示、利用环境进行自我暗示、利用动作进行自我暗示、利用"包装"进行自我暗示、利用心理图像进行自我暗示等。

1. 利用语言进行自我暗示

大学生可以通过抄录、朗诵自我激励的句子，来调节和控制自己的情绪。例如：如果大学生对某一情境感到害怕，就不断地对自己说"我是很棒的""我能做好这件事""我一定能成功"；容易急躁、发怒的大学生，可以在显眼的地方写上"制怒"或"静"，在愤怒时可以在心里告诫自己"一定要忍住"。用于自我激励的话，要有积极、肯定的意义，如"我是独一无二的""大家都喜欢我""我很善良""我身体健康，精力旺盛"等。

2. 利用环境进行自我暗示

环境可以是人、物、光、声等。在心情烦躁时，大学生可以听听舒缓的音乐；在消极悲观时，可以利用穿衣镜来观察自己的仪表、神态，不断赞美自己，鼓励自己。

3. 利用动作进行自我暗示

在紧张不安时，大学生可以深呼吸，以安定情绪；在烦闷时，可以外出散步；在胆怯时，可以提高嗓门，握紧拳头，给自己壮胆；在愤怒时，可以咬紧牙关，握紧拳头，压制心中的怒火。

4. 利用"包装"进行自我暗示

穿衣戴帽、装饰打扮对人的心理与行为有一定的影响。例如：剪短头发可以使人显得精神、干练；长发披肩使人显得潇洒、美丽；通过化妆美化容貌，可以增强自信心，吸引别人的注意；着装时尚，可以保持心态年轻；较少改变服装样式，可以表明自己保持个性，不随波逐流。

5. 利用心理图像进行自我暗示

在消极、悲观、不如意时，大学生可以回忆过去那些开心的场景，还可以根据自己的需要，创造一些有激励作用的心理图像，并在内心反复"观看"。

（五）表情调节

大学生可以通过改变外部的表情来改变内部的情绪。情绪的产生，一方面能够引起一系列生理过程的变化，另一方面也能引起面部表情和体态等外部表情的变化。例如：当你兴高采烈时，你会手舞足蹈，满面笑容；当你心情沉重时，你会垂头丧气，肌肉松弛无力。既然内部情绪与外部表情有着如此密切的联系，那么有意识地改变外部表情，就能够起到调节情绪的作用。

在焦虑、紧张时，大学生可以有意识地放松自己的面部肌肉，舒展眉头，咧开嘴，不要咬牙，也不要握拳，还可以用双手轻搓面部，来放松面部肌肉。在心情沉重或情绪低落时，可以对着镜子强迫自己微笑，如果实在做不到，就去看看别人的笑脸，或者想一想高兴的事。这样可以使自己从郁闷、不安中解脱出来。

（六）自我放松

自我放松是指个体按一定的练习程序，学习有意识地控制或调节自身的心理、生理活动，使身心放松，从而缓解焦虑的一种方法。

1. 呼吸放松

呼吸放松是处理情绪波动的有效方法。深呼吸可以使血液中的氧气含量更充足，使肺部更彻底地呼出二氧化碳，还可以扩大胸廓，减少心脏和肺所承受的压力，从而有助于使波动的情绪及时稳定下来。

从生物学的观点来看，快速呼吸会使体内吸入大量氧气，呼出大量二氧化碳。如果二氧化碳呼出过多，会使血液中的二氧化碳含量过少，时间一长，会使中枢神经迅速做出抑制的保护性反应。这时如果大学生采用深呼吸的方法，一段时间后，就会使情绪安定。人在紧张、激动时，呼吸会变得很急促。这时可采用缓慢呼气与吸气的方法来达到放松自我的目的。在情绪低落时，大学生也可以采用长吸气与有力呼气的方法提高情绪的兴奋性。在考试之前、表演之前、演讲之前、面试之前、参加体育竞赛之前，大学生都可以用深呼吸的方法来调整身心状态，缓解紧张的情绪。

呼吸放松方法的具体操作步骤如下：以放松的姿势坐着或站着，抬头挺胸，双肩放平，身体放松，从丹田处往上吸气，注意腰部也要用力，尽量吸得深一些，稍事屏息后，再慢慢地把气呼出去，直到把肺部的残留气体差不多呼尽为止，在这个过程中，尽量用鼻子呼吸。

采用呼吸放松方法时，要注意四点：一是必须分阶段一次一次地做下去；

二是吸足气后，不要立即将气呼出，要尽量使这口气沉到腹部；三是绝对不要勉强用劲或用劲过大，否则便达不到应有的效果；四是让呼吸与脉搏同步，如果以脉搏的跳动次数为标准，参照脉搏跳动次数吸、止、呼的比例应为 1 ： 4 ： 2。

2. 肌肉放松

肌肉放松经常用于对抗紧张、恐惧、焦虑等情绪。它既可以作为一种措施缓解已经产生的紧张情绪，也可以作为一种自我训练的方法，逐步增强抵抗和控制紧张情绪的能力。

肌肉放松技术的原理是基于这样一个事实：身体肌肉的深度放松状态与情绪的紧张状态是两种互相抑制的状态，即在一个人身上，这两种状态不可能同时存在，一种状态的出现或加强必然导致另一种状态的消除或减弱。因此，肌肉放松技术就是一种使全身肌肉深度放松的技术，以放松的肌肉状态去对抗紧张的情绪状态，从而达到缓解、消除紧张情绪的目的。

肌肉放松的程序有多种，但基本上大同小异。在实际操作中，一般由教师或咨询师先教会当事人放松的步骤，然后让当事人自己练习。由于放松的程序比较简单，要求比较明确，所以当事人可以通过自学来掌握。当事人学会之后，可以根据自己的实际情况灵活运用。

肌肉放松的基本程序详述如下。

第一，准备工作。找一间安静的房间，要求室内整洁，光线柔和，身处其中令人舒适、愉快。房间里必须有床、沙发或比较舒适的靠背椅。当事人在练习时，应坐在靠背椅或沙发上，或躺在床上，尽量让自己舒服一些，然后闭上眼睛。

第二，实施放松。分别针对身体的每个肌肉群，先集中注意力，然后使肌肉绷紧，仔细感受并保持肌肉的紧张状态，5 ～ 10 秒钟之后，解除肌肉的紧张状态，注意体会肌肉放松时松软、温暖的感觉。之后，用同样的方法逐一收紧并放松全身的肌肉群。放松的顺序一般是手臂、头部、躯干、腿部、脚部。根据需要，当事人可以对这个顺序进行调整。

在练习时，当事人在使肌肉由紧张到放松的过程中要保持适当的节奏，要与呼吸相协调。每次练习时，都应从头至尾完整地进行练习。刚开始练习时，当事人可能并不容易使肌肉达到深度放松的状态，需要持之以恒，才会见效。一般可以每天练习 1 ～ 2 次，每次大约 15 分钟。

3. 想象放松

想象可以帮助人放松身心。具体来说，当事人先想一想自己最喜欢的，最能让自己心旷神怡、无拘无束、轻松、愉悦的情境是怎样的，然后以舒服的姿势坐下或躺下，轻轻地闭上眼睛，集中注意力，在脑海中想象自己正置身于以上情境中，仔细体验身体和心情的轻松、舒适、愉快、平静。

假设当事人喜欢风景优美的自然环境，就可以这样想象：自己正躺在湖边柔软的草地上，清澈、宁静的湖水恰似自己此刻轻松、平静、无牵无挂的心情；湖的四周绿树环绕，青草遍地；辽阔的水面尽头有浅浅的绿色的远山；空气清新，阳光柔和，微风拂面，鼻孔里有一丝淡淡的青草的芳香；周围静悄悄的，没有任何东西打扰这里的宁静；尽情地舒展身体，全身没有一个地方用力，各处都非常放松；自己的心情格外平静、轻松，除了眼前的景物，你的心里几乎是空荡荡的，很轻，很轻……注意，在进行这种放松练习时，要尽量想象得优美、生动一些，犹如身临其境一般。此外，应该把呼吸的节奏放得慢一些。喜爱音乐的朋友还可以挑选轻柔、舒缓的乐曲，一边听音乐一边放松，让音乐的旋律引导和协助想象。这样，效果可能会更好。

4. 自主训练

自主训练是指个体在指导语的暗示下，自己去体验温暖感、舒适感等的一种训练方法。

自主训练的步骤详述如下。

第一，坐在椅子上，使背部轻轻地靠在椅背上，两眼正视前方，头稍稍前倾，两手平放在大腿上，两脚与肩同宽，全脚掌着地，脚心紧贴地面。

第二，两眼轻轻闭合，深呼吸三次，静下心来，排除杂念，把注意力放在两手和大腿边缘，然后把注意力集中到手心，这时心里默念"静下心来，静下心来，两手暖和起来了"。

第三，在手心有温暖的感觉后，逐渐将注意力转移到脚心，重复上述动作，脚心也会感到暖和。一旦两只手、两只脚都产生温暖的感觉后，身体就会有一种飘然的感觉，此时头部也会感到很轻松。

这种方法简单易学，既可以调节情绪，又能消除心理压力，减少烦恼。当事人坚持使用这种方法一段时间后，就能尝到其中的甜头，但关键是要做到持之以恒。等熟练掌握这种方法之后，当事人就可以随时随地使用这种方法，进而就能够随时随地缓解不良情绪，保持心情舒畅。

（七）系统脱敏

系统脱敏是利用条件反射原理，在放松的基础上，循序渐进地使人对某种事物或活动的过敏性反应逐渐减弱，直至消失的一种行为治疗方法。

采用系统脱敏法克服焦虑情绪的具体操作步骤如下。

第一步，列出引起焦虑反应的具体刺激情境。

第二步，将各种焦虑情境按程度由轻到重排列成焦虑等级。

第三步，按照放松训练的方法，学会一种与焦虑反应相对立的松弛反应。

第四步，将松弛反应逐步与焦虑反应匹配起来（按照焦虑等级由弱到强的顺序），通过两种反应的对抗作用，最终使松弛反应彻底抑制焦虑反应，达到脱敏的目的。

系统脱敏的具体实施方法如下：在处于放松状态后，当事人按焦虑等级的第一种情境进行想象，看自己是否会感到焦虑。假如不会感到焦虑，肌肉呈松弛状态，可转入下一种情境。假如感到有点焦虑，或者有些部位的肌肉没有完全放松，就在肌肉紧张的部位再做几次肌肉放松练习，直到想象结束以后，感觉所有的肌肉完全放松为止。这说明当事人对焦虑等级的第一种情境的脱敏成功了，松弛反应已经抑制了相应的焦虑反应，接下来可以对第二种情境进行脱敏。继续采取以上方法，直到肌肉完全放松为止。接着转入第三种情境……依此类推。应当注意的是，每次脱敏的焦虑情境的种数不宜过多，一般每天可进行 1 次脱敏，每次脱敏所包括的焦虑情境不应超过 3 种。此外，还应注意，在每次进行新的脱敏之前，一定要先进行放松训练，只有在全身都处于松弛的状态下，才可进行脱敏，否则，是达不到脱敏的目的的。

（八）改变认知

1. 理性情绪疗法

理性情绪疗法是一种认知改变与行为重建相结合的方法，被广泛用于情绪的自我调适与情绪治疗上，是一种效果明显、适用性强的方法。

情绪的产生不是无缘无故的，客观刺激、主观认识、生理状态等都会导致情绪的产生，其中，人的认识活动起着关键性的作用，不仅决定了在某一种情境中某种情绪产生的可能性，而且决定了这种情绪的强烈程度。理性情绪疗法的创立者艾利斯就抓住了这一根本因素，提出从转变人的不合理的认识、观念出发，去调节人的不良情绪的观点。他认为，每一个人既有合理的思维，又有不合理的思维，人的情绪是建立在认知的基础上的；由思维产生的认识和信念可以决定情绪的性质。人们大部分的情绪困扰都来自于非理性的、不合理的信念。当人们长期坚持在内心重复这些不合理的信念时，就会导致各种不良情绪和不适应行为的产生，最终导致心理障碍。人们可以通过学习运用理性情绪疗法，有效地达到控制、消除紧张情绪的目的。

艾利斯用情绪 ABC 理论来解释人的情绪困扰和不适应行为的产生原理。其中，A 指诱发性事件；B 指个人在遇到诱发性事件后产生的相应的信念，也就是对这件事的看法、解释与评价；C 指在特定情境下个人的情绪体验及行为结果。艾利斯指出，情绪（C）不是由某一诱发性事件本身（A）直接引起的，而是由经历了这一事件的人对事件的解释和评价（B）引起的，因此，A 只是 C 产生的间接原因，B 才是 C 产生的直接原因，B 决定了 C 的性质；如果想要改变 C，就必须改变 B。

在情绪 ABC 理论的基础上，艾利斯提出了通过改变信念来消除不良情绪与行为的方法，即理性情绪疗法。理性情绪疗法也被称为理性情绪训练 ABCDE 模式。具体来说，当一个人要摆脱不良的情绪、纠正不适应的行为时，首先，他要找出情绪困扰和行为不适应的具体表现（C），以及与每一种表现相对应的诱发性事件（A），然后分析将 C 与 A 联系起来的认知活动，找出与之相关的信念（B）。然后，他要领悟到自己的这些信念是不合理的，知道自己的思维方式有缺陷。在这个模式中，最关键的是当事人要从思想上动摇并最终放弃不合理的信念。要做到这点，当事人可用的方法是与自己的不合理信念进行辩论，用合理的信念驳斥、对抗这些不合理信念，也可以与别人进行讨论。艾利斯用 D 来表示这个过程。最后，当事人用合理的信念代替不合理的信念，用合理的思维方式代替不合理的思维方式，并且通过模仿学习、强化学习等方法改变以往的行为方式，从而巩固合理的信念。这样做，当事人就能够解除情绪困扰，并形成积极的行为方式，即达到治疗的效果（E）。

2. 三栏目技术

（1）基本原理

人的不良情绪来源于失真的认知，特别是内心的自责。当事人通过训练，可以认识到并记录下内心的自责想法，弄清造成认知失真的根本原因，从理智上对失真的认知进行反击，从而形成一个更加现实的、恰当的自我评价系统。

（2）具体做法

将一张白纸一分为三，在左边一栏写上"随想（自责）"，在中间一栏写上"认知失真"，在右边一栏写上"合理反应（自卫）"，如表 3-1 所示。

表 3-1 三栏目技术

随想（自责）	认知失真	合理反应（自卫）
我什么事都做不好	以偏概全	不对，我有许多事做得很好
我总是考不好	以偏概全	我有很多时候都可以考好
每个人都瞧不起我	以偏概全	有许多人都很尊重我

根据认知失真的形式，看能否在自己的消极随想中找出思想方式上的错误，例如，"我什么事都做不好"是以偏概全的一个实例，把它们分别写在相应的栏目内，并设法找出理由来驳斥这个想法。

需要注意的是，在"随想（自责）"栏里，不要描写自己的情绪反应，而要写下当时产生这种情绪时的想法。比如，针对在上学的路上，自行车的轮胎破了这件事，就不应该在"随想（自责）"栏里写下"我感到懊恼"，这时应写下的是看到轮胎破了之后在脑海里自然而然地闪过的念头，如"我真傻，上周就应该换新轮胎的"，接着用合理的反应取代这个念头，如"换新轮胎固然好，但是我不傻，天有不测风云，谁都想不到将来会发生什么事"。在使用三栏目技术之前和之后，当事人可以进行"情绪计算"，以确定心情得到改善的程度。例如，在看到自行车轮胎破了时，烦恼程度为 80%，写下合理反应后，烦恼程度会降低到 10%。

（九）寻求社会支持

上述几种方法主要是自助策略。当这些方法都不能很好地帮助当事人处理情绪问题时，一定要去寻求社会支持和帮助，如向好友倾诉、看心理医生等。情绪问题犹如心理上的感冒，因此，去看心理医生是一件极其平常的事，绝不是什么丢人的事情。

第四节 大学生常见情绪障碍的调适

一、如何缓解和克服焦虑

焦虑是一种综合的负向情绪，是人们在主观预测会给自己带来挫折、威胁等事物和情境将要来临，而自己感到缺乏有效的应对措施时产生的一种不愉快的情绪体验。它既可以是一种正常的、具有适应意义的情绪，也可以是强度较弱的消极心境，还可以发展到一定程度而成为焦虑症。

一定的焦虑或紧张情绪是我们每天正常生活所必需的。它可以使人们的身心处于比较积极的状态，有利于人们完成每天必需的活动。在一般情况下，当造成人情绪紧张的外部刺激消失后，紧张感就会被消除，机体就会恢复到正常状态。但是如果某些刺激相当强烈，而且长时间地作用于机体，个体又缺乏有效的措施调节自己的心理，他就会长期处于焦虑状态，最终会对他的身心造成伤害。因此，对于焦虑，大学生应该设法及时予以缓解。经常保持轻松的心情有利于身心健康。但是，轻松与消极、无聊、麻木、松懈有本质的区别。情绪应该有张有弛，保持平衡和一定的弹性，这才是理想的状态。

大学生的焦虑以轻度焦虑为主，也有个别焦虑扩散、程度加重的情况。有些焦虑可以被直接观察到，能够被大学生清晰地意识到，即显性焦虑；有些焦虑不容易被直接观察到，潜伏在内心深处，即隐性焦虑。

大学生常见的焦虑有以下几种。

第一，考试焦虑：大学生由于担心考试失败或渴望取得更好的成绩等而产生忧虑、紧张的情绪。

第二，社交焦虑：大学生由于害怕被拒绝、缺乏自信、担心得到消极评价、不知如何与人交往等原因，害怕、回避社交而产生紧张的情绪。

第三，就业焦虑：大学生由于担心毕业后找不到合适的工作等而产生恐惧、紧张的情绪。

第四，性焦虑：大学生由于心理冲突或缺乏性知识而对自己的性需要、性行为、性心理产生迷惘、恐惧、紧张的情绪。

大学生可以选择适合自己的自我调适、自我训练的方法来缓解焦虑。

（一）大学生缓解焦虑心境的自我调适方法

原因不太明确、强度不大的焦虑情绪，容易造成持续的、弥散性的焦虑心境。焦虑心境常见的表现如下：平时不知道为什么总觉得心慌意乱，坐立不安；浑身无力，爱静怕动，情绪消沉；食欲不振，吃东西没味道，肠胃功能紊乱，经常腹泻；稍微活动一下就会觉得心跳加快、胸闷气急；遇到不称心的事，郁郁寡欢，沉默寡言；对他人的疾病非常关心，到处打听，唯恐自己身患同样的病；在身处拥挤的环境时，容易思维混乱；在做任何事情时都不能专心致志，往往弄不清自己心中的想法；做事讲话，操之过急，言辞激烈；经常和同学、朋友或家人发生争吵；明明知道是愚蠢的事情，但是非做不可，事后又感到后悔。

要想缓解焦虑心境，大学生可以采用以下方法。

1. 找人倾诉

大学生可以将自己遇到的刺激、产生的感受讲给朋友、家人听。这样做，既可以将心中的烦恼、郁闷发泄出来，又可以从朋友、家人那里获得安慰。

2. 暂时放下

当大学生被某些事件或情境困扰时，不要钻牛角尖，可以先做一些别的事或暂时离开，等心平气和后再设法解决问题。这样做，既可以避免意气用事，又可以减轻紧张的情绪。

3. 按部就班

大学生在做任何事情时，都要有计划，要量力而行，要按部就班。这样做，会让自己觉得轻松、愉快。盲目急躁，好大喜功，急于求成，会加重心理负担。

4. 行为宣泄

大学生采用适当的方式进行行为宣泄，可以使心情恢复平静。例如，在遇到伤心的事时，可以痛哭一场；在感到愤怒时，可以对着沙袋痛击一阵。

5. 转移注意力

参加社会活动、体育活动、娱乐活动等趣味性较强的活动，可以转移对引发焦虑的事件的注意力，达到缓解焦虑心境的目的。

6. 助人与求助

帮助他人能使自己感到快乐，增强自信心，形成良好的人际关系。自私、人际关系恶劣的人，戒备心特别强，时时提防别人，心理长期处于应激状态，心理容易变态。大学生在感到焦躁、烦恼、紧张时，也可以向他人求助。我们经常会看到这样一些现象：一个人处于陌生的环境中，通常会感到紧张、恐惧，如果见到一个熟人，就会喜出望外，心情顿时就会变得轻松起来；当一个人感到恐惧、胆怯时，有人在他的肩上拍一拍，他顿时会觉得有了勇气。当一个人陷入焦虑的情绪中不能自拔时，向他人求助，不仅可以在心理上得到安慰，还有助于找到解决问题的方法。

7. 改变价值观

引起焦虑的主要原因是个人主观预期中的威胁即将来临。这种威胁并不是客观存在的，而存在于个人的想象中。受到威胁的感觉的产生与价值观密切相关。大学生如果改变自己的价值观，那么，各种事物在心目中的价值、重要性、迫切性也会随之改变，原来让自己感到非常焦虑的事物，可能会变得无足轻重，焦虑情绪自然会随之消失。

（二）克服焦虑情绪的自我训练方法

1. 放松训练

身体肌肉的深度放松状态与情绪的紧张状态是一对互相抑制的状态，即在一个人身上，这两种状态不可能同时存在，一种状态的出现或加强必然导致另一种状态的消除或减弱。因此，使全身肌肉深度放松，可以有效地缓解焦虑的情绪。

2. 系统脱敏训练

系统脱敏训练是一种采用循序渐进的方式，使个体对原来感到紧张、害怕的事物逐渐失去敏感性，最终达到处之泰然的效果的方法。对于运用系统脱敏法克服焦虑情绪的具体步骤在前面已经介绍过，这里不再赘述。

3. 理性情绪训练

人的认识活动在情绪的产生中起着关键性作用。人的不良情绪来源于头脑中不合理的观念和对事物不恰当的认识。要消除不良情绪，就要从改变不合理的观念入手。如果当事人能彻底清除不合理的观念，转变思维方式，走出认识的误区，就可以克服焦虑情绪。

二、如何消除抑郁情绪

每个人在生活中都难免会遇到各种各样的困难、挫折、打击，甚至灾难。这些不幸遭遇会使当事人产生消极的情绪体验，其中最突出的就是抑郁。伴随抑郁的往往还有焦虑、恐惧等情绪。一般来说，不愉快的事情导致人产生抑郁情绪是正常的，当事情过去之后，抑郁的情绪就会逐渐减弱直至消失。但是如果在一件不愉快的事情发生之后的很长一段时间里，当事人的抑郁情绪丝毫没有减轻，或者强烈的抑郁情绪间歇性地反复产生，那么，这种情绪状态就是一种不利于身心健康的不良情绪状态。当事人应该设法控制和消除抑郁情绪。

抑郁的典型表现如下：缺乏活动的愿望，精力明显减退，容易感到疲乏；饮食与睡眠不好（过多或过少）；行动特别缓慢；身体容易感到不舒服；心境极为压抑，对自己评价过低，对未来感到悲观；在回忆过去时，总会沉浸在痛苦、消极的记忆中；不愿意与他人交往；有时容易被激怒。轻度的抑郁会使人精力减退，活动效率下降，闷闷不乐，对事物缺乏兴趣；严重的抑郁会导致生理功能紊乱，生活自理出现困难，甚至自我否定，对未来不抱有希望。

抑郁情绪产生的原因包括生理、心理和社会三个方面的原因。其中，由于遗传因素以及神经系统某些生化物质的缺乏所导致的抑郁可以通过药物来进行治疗。各种社会刺激要通过人的心理活动才能对情绪产生影响，所以心理因素是抑郁产生的主要原因，心理调适与训练也就成了消除抑郁情绪的重要途径。

使大学生产生抑郁情绪的刺激事件多种多样，可以分为以下几类：①令人不愉快的、长期以来无法摆脱的事件，如身材欠佳、家庭经济状况不好等；②突发的不愉快事件，如生病、失去亲人等；③学习压力过大；④人际交往受阻，长期感到孤单。大学生应该根据具体情况选择消除抑郁情绪的方法。

一般来说，消除抑郁情绪的过程主要包括以下三个环节。

第一，彻底释放抑郁情绪。之所以首先要彻底地释放抑郁情绪，是因为抑郁是一种指向个人内部的消极、压抑的情绪。抑郁的人对外人没有或很少有激烈的言行，甚至连表情、动作都非常少，他们给外人的印象是十分安静。其实，抑郁的无形之火在他们的内心燃烧，他们觉得悲伤、无助、失望、苦闷、烦躁，有时候他们会发脾气，但是大多数时候他们会有意或无意地把糟糕的情绪埋在心里，默默地忍受煎熬。这可能是由于抑郁情绪削弱了他们自我表达的精力与兴趣，另一方面，许多人习惯于从道德、理性的角度去贬斥抑郁者，于是，绝大多数抑郁者都会远离人群，在平静的外表下独自忍受抑郁对心灵的吞噬。为了使自己恢复精力，更好地同抑郁对抗，抑郁者必须首先将不愉快的情绪尽量宣泄出来。一般而言，抑郁者可以通过哭泣、倾诉等方式，充分表露自己的心情，并在适当的时候进行放松训练。这样做能够使原来生理上的紧张状态暂时得到解除，也可以使心理上的抑郁情绪得到缓解。

第二，转变不合理的思维方式。抑郁者通常会在不愉快的事情发生之后，沉浸于对痛苦往事的回忆中，并据此在想象中把未来描绘成毫无希望、毫无乐趣的样子，于是，认为一切愿望都必将落空，从而放弃这些愿望。不难发现，在抑郁情绪产生与发展的过程中，抑郁者如何评价已发生的事情、如何解释自己目前的状况、如何看待未来，是非常重要的制约因素。可以说，不合理的思维方式是严重抑郁产生的重要原因。既然不愉快的事情已经发生，不良的环境已经存在，那么与其哀叹自己的遭遇，不如改变那些使自己不愉快的想法与信念，况且有些抑郁情绪本身就直接来自于不合理的信念（如自我评价过低等）。因此，转变不合理的思维方式十分必要。一旦抑郁情绪赖以产生的信念基础发生了动摇，那么，减轻与消除抑郁情绪就成功了一半。

第三，采取实际行动走出困境。这是最关键的一步。由于长期处于抑郁状态，抑郁者丧失了行动的动力与精力，在学习、工作、生活、社交等方面都处于相当困顿、低沉的状态。这种状态会不断加重抑郁，从而形成恶性循环。要彻底打破这个循环，抑郁者单单从理智上消除不合理的信念还不够，还必须在行为上下功夫，要制定具体的目标和可行的策略，切切实实地在学习、工作、生活、社交等方面取得成效，并解决困扰自己的有关问题。只有做到了这一点，才能从根本上消除抑郁情绪，才能遏止抑郁情绪与不良的生存状态之间的恶性循环，并形成良性循环。

在以上三个环节中，释放抑郁情绪是准备，转变不合理的思维方式是基础，采取实际行动是取得成效的关键。实际上，采取实际行动走出困境，类似于一个解决问题的过程。我们可以把如何采取实际行动这个问题分解成下面几个问题。抑郁者只有解决了这几个问题，才能成功地采取积极、有效的行动。

第一，"我需要改变什么？"针对这个问题，抑郁者需要想一想自己期望在哪些方面变得更好，通常需要找出亟须改善的方面。

第二，"我想要达到什么目标？"针对这个问题，抑郁者需要想一想自己在以上几个方面想要达到的状态是怎样的，要开动脑筋，想象出各种可能达到的理想状态。

第三，"我现在拥有什么？"针对这个问题，抑郁者需要找出自己现在拥有的、可以利用的资源，如身体素质、知识、经验、物质条件、社会关系、信息、资料、地域环境、时间、机遇等，还需要开动脑筋，找出各种能够支持自己走出困境的资源。

第四，"我能实现什么目标？"针对这个问题，抑郁者需要在第二个问题与第三个问题之间反复对照、权衡，探索实现各种目标的途径，最终选定一个可实现的目标，并下决心实现这个目标。

第五，"我应该怎样做？"针对这个问题，抑郁者需要根据选定的目标制订行动计划，然后按行动计划进行操作。在操作过程中，应该注意随时调整策略，以求最大限度地接近目标。

三、如何疏导激情

激情是一种突然爆发的、强烈的、短暂的情绪状态。激情在爆发时常伴有剧烈的表情、动作、生理变化，心理上也会受到很大的震动，会消耗大量身体与心理的能量，因此，过多的激情对人的身心无益。有些激情在特定的情境下可以激发人的斗志，但是大部分激情具有明显的消极作用。例如：突然产生的恐惧容易使人产生异常紧张的情绪；强烈爆发的愤怒，不仅会对他人造成伤害，对自己的身心也会造成伤害。消极的激情常常将事情弄得更糟。因此，对于有消极作用的激情，大学生不应该放纵，而应该加以控制。这里所说的控制，并不是指阻止激情的产生与表达，而是对激情进行疏导，使其以安全的、适当的形式表达出来。激情是在人受到强烈刺激后迅速爆发出来的，伴随而来的生理变化、表情、动作与言语起着释放能量、缓解紧张情绪的作用。如果勉强压抑激情，不将它表达出来，能量与紧张的情绪就会在身体内部积累，从而影响人的身心健康。另外，压抑只是让激情暂时不表现出来，并不意味着它就此消失了，说不定在其他的时间与场合，它会以更可怕的力量爆发出来，那样危害将更大。因此，大学生应当对激情进行疏导，将激情的一部分能量以不具有破坏性的方式释放出来，使剩余的能量保持在能够自我消解的限度以内。

虽然激情是在一瞬间爆发的，但是大学生要具备疏导激情的能力却不是在短时间内可以实现的，必须经过一个学习、训练的过程。只有平时积累了深厚的功力，才有可能在激情即将爆发的一瞬间，迅速、有效地疏导激情。

疏导激情自我训练的程序如下：①找出引发激情的事件；②思考激情产生的原因，区分其中哪些是合理的需求与信念，哪些是不合理的需求与信念；③找出激情爆发时自己的哪些情绪与行为是有害的、不适当的；④采用辩论等方法与不合理的信念对抗，转变思维方式；⑤为自己设计新的、适当的表情、动作、言语，学习在遇到诱发事件时用它们来表达自己的情感。实际上，这个程序主要包括了理性情绪训练和行为训练。对于理性情绪训练，前面已经介绍过了，这里不再赘述。对于行为训练，这里介绍以下三种方法。

（一）模仿法

大学生在生活中，要注意观察那些在激情状态下言行得体、情绪表达既充分又适度的人，并向他们学习。这些人可以是日常生活中的人，也可以是新闻报道中的人，还可以是电影、戏剧、文学作品中刻画的人物。大学生要学习他们在面对巨大的悲痛或令人极端愤怒的事件时，是如何表达情绪的。

（二）角色扮演法

角色扮演法是指先针对某种不良激情，设计出适当的言语、动作、表情，然后进行角色扮演。

大学生可以自己在家里进行角色扮演：先设想自己正在以新的行为方式处理诱发激情的事件，设计好言语、表情、手势等，再找一面镜子，对着它表演。

为了提升效果，可以先将以前不适当的行为方式表演一遍，再将新设计的行为方式表演一遍。

大学生还可以交互扮演的方式进行角色扮演：寻找一位了解并愿意帮助自己的朋友，先自己扮演主角（激情爆发者），让朋友扮演配角（激情指向的对象或旁观者），再将以前不适当的行为方式与新设计的行为方式分别表演一遍，之后，主角与配角互换将两种行为方式再分别表演一遍，表演完后，自己体会两种行为方式有何不同，接下来，自己再重新扮演主角，在配角的协助下反复练习，直至非常熟练为止。

（三）自我强化法

实行自我强化法主要是为了进行自我监督、自我激励，促使自己表现出新的行为方式，巩固行为训练的效果。大学生可以精心选择一些自己喜欢做的事情、喜爱的东西，当自己成功地用新的行为方式处理了一次诱发激情的事件后，就给自己一次机会去做自己喜欢做的事情，或者允许自己添置一件自己喜爱的东西，如旅游、观看体育比赛、看电影、看电视、购买自己平时舍不得买的东西等。相反，如果不良的激情再一次爆发，就立即取消以上各种自我享受的机会。其实，实行自我强化法本身就起着考验人的决心、磨炼人的意志的作用，最终使得新的信念与新的行为方式成为发自内心的、稳定的、持久的个性倾向。

四、如何应对压力

（一）大学生的心理压力

在现实生活中，压力普遍存在，几乎无人可以避免。在各种压力的作用下，人们会在主观上产生压力感。压力感常常会使人情绪低落、精神压抑、疲惫、厌倦。但是这并不意味着所有的心理压力都会对人的身心造成伤害。心理学研究表明，只有过度的心理压力才对人的身心有害，即在心理压力非常严重并且长期得不到缓解的情况下，当事人的身心健康才会受到损害。适当的心理压力，不但对人无害，反而有利于提高人的活动效率。因此，正常的压力是行为动力的组成部分，是推动人成长的力量之一。

大学生主要面对的压力事件如下。

第一，人际交往方面：孤独；发生人际关系冲突；被误解；受骗；好朋友处于困境中；对寝室氛围不满意；等等。

第二，自身方面：自卑；不能正确地认识自己；对自己的外貌不满意；生病；失眠或睡眠不足；等等。

第三，家庭方面：家庭不和睦；亲人去世、生病或失业；家人对自己不关心；与父母有隔阂；家境贫寒；等等。

第四，学习方面：学习成绩不理想；学习任务繁重；采用的学习方法不合适；学习效率低；语言表达能力差；写作能力差；不会查资料；知识面窄；写字难看；等等。

第五，财物被盗。

第六，在各种活动（如班集体活动、社团活动、竞赛活动等）中遇到挫折。

第七，恋爱的烦恼：与男朋友或女朋友吵架；单恋；失恋；被不喜欢的人纠缠。

第八，环境方面：对学校的物质条件、自然环境、课程内容与安排等感到不适应；对学校或专业不满意；等等。

第九，动机冲突：学习与学生工作、恋爱之间的冲突；课程选择之间的冲突；考研与就业之间的冲突；假期安排之间的冲突；等等。

第十，担心自己的前途。

（二）影响心理压力感的因素

1. 认知评价

不同的人对同样的压力事件有不同的理解和评价，对自己的能力与个性、对环境、对他人也有不同的认识和看法，从而导致对同样的压力事件会产生不同强度的生理反应和心理反应。

2. 社会支持

拥有充足的社会支持资源，如家庭、朋友、同学等，可以使人在面对压力事件时获得情感的温暖、精神的鼓舞、有用的信息、合理的建议和具体的帮助，有利于人们缓解压力并尽快找到应对压力的办法。

3. 个性特点

个性健全的人，具有良好的自我概念、稳定的情绪、坚强的意志、融洽的人际关系、合理的行为方式和较强的情绪调控能力，因此能够较好地应对压力。个性不健全的人，应对压力的能力较弱，面对压力事件时，其身心更容易受到损害。

4. 身体素质

受遗传、营养、锻炼、生活习惯等的影响，不同的人在体力、速度、耐力、爆发力、对环境的适应能力、对疾病的抵抗力等方面均不同。身体素质好的人，有更充沛的精力来应对压力；身体素质差的人，更容易体验到强烈的压力感，其身心更容易受到损害。

5. 生活经验

如果一个人在日常生活中积累了许多解决具体问题的技能和策略，学会了一些应对压力的方法，就能很快摆脱压力。

（三）应对压力的方法

1. 脱离压力情境

对于严重影响身心健康和正常学习、生活的压力，当事人必须尽快离开给自己带来压力的情境，哪怕需要暂时放弃一些目标。毕竟个人的身心健康在一切人生目标中应该是最重要的。

2. 选择适合自己的目标

在选择目标时，当事人需要综合考虑以下因素：目标的价值、已经具备和尚未具备的条件、可能需要承担的风险、可能需要付出的代价、预期将来目标实现时自己的实际满足感的强弱。另外，在面对多种选择时，要处理好动机冲突，在各种对立的动机中，仔细地权衡利弊，正确地进行取舍，并做好承担一切后果的心理准备。

3. 及时寻求帮助

当面对的困难靠个人无法解决时，当事人必须及时向亲人、朋友、教师、同学、专业人士或专业机构寻求帮助，以便获得有助于自己克服困难的信息、方法、物质条件、心理支持等。

4. 调整动机水平

研究证明，在一般情况下，中等程度的动机水平最有利于发挥行为的效能；人在面对难度低的任务时，其动机水平偏高，行为效果较好；而在面对难度高的任务，动机水平偏低，行为效果较好。

5. 转变思维方式

抛弃不合理的思维方式，对压力事件及自身的能力做出客观的、合理的评价，有助于缓解压力。

6. 学会调控情绪

一个人如果掌握了一些调节、控制情绪（如减轻焦虑、消除抑郁情绪、疏导激情、保持愉快等）的方法，就可以更好地应对压力。

7. 学习有效的行为方式

从他人身上、书本上和自己的实践中寻找有效的解决问题的途径和方法，耐心地模仿、练习，逐渐改变自己原来无效的行为方式，确立有效的行为方式，有助于当事人更好地应对压力。

8. 坚定信念

一个人如果有明确的信念、理想，那么他的意志就比较坚定。对于下定决心要做到的事，不论遇到什么困难，大学生都不能轻言放弃，而要想方设法找到解决问题的办法，不达目的不罢休。这时，压力已经不再是大学生心理上的负担，已经转化成大学生克服困难的动力。

9. 正确地认识自己，增强自信心

大学生应当全面了解自己的身体、需要、态度、行为、情绪、情感、能力水平、能力倾向、价值观、信念等，全面接纳自己所有的长处与短处。一个人只有做真实的自己，才能够有安全感和自信心，才能更好地应对压力。

10. 锻炼身体，增强体质

适当地进行体育锻炼，使营养均衡，作息规律，有助于增强体质，从而提高对压力的承受能力。

五、如何承受挫折

人的一生不可能总是一帆风顺的。大学生在积累知识、学习技能、适应社会的过程中，经常会遇到各种各样的困难和挫折，只有勇于和善于直面人生的挫折，才能逐步成熟。

（一）挫折承受力的含义

挫折承受力是指个体抵抗、应对、适应挫折的能力，是个体在遇到挫折情境时，经受打击和压力，摆脱困境而使自己避免心理与行为失常的一种能力。挫折承受力是维护个体心理健康的一道防线，是个体适应环境必不可少的能力之一。挫折承受力是经过学习而获得的，不同的人对同一挫折情境的承受力不同，同一个人对不同挫折情境的承受力也不同。

（二）影响挫折承受力的因素

一个人的挫折承受力和健康状况、生活经历、期望水平、对挫折的态度、性格特点、心理准备状态、社会支持等有密切的关系。

从个体自身来说，影响挫折承受力的因素主要包括以下几个方面。

1. 生理因素

身体健康、发育正常的人比体弱多病、有生理缺陷的人的挫折承受力更强。

2. 心理因素

第一，性格特点。性格开朗、意志坚强、乐观向上的人比意志消沉、性格内向的人能更好地应对挫折。

第二，自我认知。具有积极自我认知的人在面对挫折时，更容易客观、正确地看待挫折，合理地运用心理防御机制承受挫折，并将压力转化为动力；而具有消极自我认知的人在遭遇挫折时容易走极端。

第三，心理预期。如果个体对自我的心理预期水平过高，对学习、工作的期望过高，一旦失败，就很容易受到挫折的打击。

第四，目标理解。行为所指向的目标对个体越重要，个体遭受挫折后的反应就越强烈。

第五，心理准备状态。如果个体事先预估了可能出现的困难，在心理上有所准备，就会有较强的挫折承受力。

第六，生活经历。人生道路坎坷、有过挫折经历的人会在挫折中成长，他们的挫折承受力比处境安逸、一帆风顺的人更强。

3. 社会因素

从社会角度来说，一个人拥有的社会资源越多，社会支持体系越完备，获得的心理援助越多，就越容易走出困境。

（三）大学生挫折承受力的培养

大学生自我意识发展没有完全成熟，社会经验不够丰富，意志不够坚强，因此，在遭遇挫折后很容易走极端，出现异常行为，造成不良后果。能够承受挫折的打击，保持正常的心理活动，既是大学生社会适应能力良好和心理健康的标志，也是大学生成才的关键。无论是学校还是家庭，都应该加强对大学生挫折承受力的培养，通过提供适度的挫折情境，采取恰当的方法来增强大学生的挫折承受力。大学生自己也要学会应对日常生活中遇到的挫折的方法，从失败中吸取经验教训，增强克服困难的信心，不断地走向成熟。

1.加强体育锻炼，增强体质

加强体育锻炼是增强挫折承受力的有效方法。实践证明，身体健康、意志坚强的人比体弱多病、意志薄弱的人更能抵抗挫折。各种体育活动不仅能发展大学生的运动机能、增强其体质，还能磨炼其意志。长跑、游泳、体操、投掷、球类运动等项目，对增强大学生的坚持性、自制性、独立性有重要的作用。而这些正是大学生应对挫折时所需要的心理能力。

2.改变自我认知，确立合适的目标

大学生应该在正确认识自己的前提下，确立切实可行的行动目标，既不轻易地否定自己，又不过高地估计自己，保持适中的期望水平。

第一，合理调整自我抱负水平。

自我抱负水平是指人们对未来可能达到的成功标准的心理需求，是指人们在从事某种实际活动之前，对自己所要达到的目标设定的标准。自我抱负水平会直接影响个人的学习和生活。自我抱负水平的确立必须建立在正确认识自己的实际能力的基础上。如果一个人确立的自我抱负水平总是高于自己的实际能力，那么，这个人很难达到预期的目标，很容易遭受挫折。在现实生活中，不少大学生在学习等方面遭受的挫折都与自我抱负水平确立不当有关。因此，大学生必须学会根据自己的实际能力和所能达到的水平，结合客观条件，调整自我抱负水平，确立学习、生活、就业目标，在实施过程中，一旦发现自己设定的目标不切实际，就要及时调整目标。对于那些远大的目标，大学生要把它分解成中期目标、近期目标和当前目标，以便在成功中体验到愉快和满足之感，逐步增强自信心，同时能在失败中总结经验教训，最终战胜困难，获得最后的成功。

第二，学会正确地进行归因。

在生活中，人们对行为的成功与失败进行归因是一件很平常的事。在这一过程中，形成的归因倾向对人的心理承受力有很大的影响。研究表明，有些人倾向于情境归因，即认为外部复杂且难以预料的力量是主宰行为的原因，例如，有些学生认为自己成绩不好主要是由于教师水平太差或试卷难度太大造成的。而有些人倾向于本性归因，即认为自身的努力、能力是影响事情的发展与行为结果的主要原因，例如，有些学生认为自己成绩不好是由于自己不够努力造成的。一般来说，进行本性归因的学生对自己的行为有更多的自我责任定向，但是从对失败的归因方面来看，由于他们倾向于把失败的原因归于主观因素，所以容易自我埋怨、自我责备。如果过度自责，就会产生挫折感。因此，大学生

首先要学会多方面收集关于事件的信息；其次要学会合理地进行归因，注意避免片面归因，学会实事求是地承担责任，克服过分承担责任或完全推诿责任的倾向；再次要积极采取措施主动改变挫折情境因素，从而有效地应对挫折。例如，在学习过程中发现最近学习效率不高，在分析原因之后，可以在解决内在问题的同时，尝试改变学习地点、学习时间，从而避免学习效率不高给自己带来压力和困扰的情况出现。

第三，提高对挫折的认识水平。

研究表明，一个人越是能够获得与挫折事件相关的信息，就越能够有效地处理它，越能够有效地应对这种情境。个体对挫折的反应和承受能力不仅取决于挫折情境本身，也取决于其对挫折的认知。挫折是社会生活的组成部分，是不可避免的人生经历，大学生应该正确地认识挫折、战胜挫折，并把挫折作为成功的阶梯。

要正确地认识挫折，首先，大学生应该认识到挫折的两面性：一方面，挫折对人有消极的影响，例如，挫折会影响个体实现目标的积极性，降低个体的创造性思维水平，损害个体的身心健康；另一方面，挫折也有积极的作用，例如，挫折能增强个体的挫折承受力，提高个体对挫折的认识水平。辩证地看待挫折的两面性，可以变不利因素为有利因素，变消极因素为积极因素，促使挫折向积极方面转化。其次，大学生应学会正确认识客观事物和挫折情境。有的学生因为一次考试不及格就感到失望，甚至自暴自弃。这种表现是由于错误认知导致的。大学生应明白，人生的道路总是崎岖不平的，一次失败并不能够代表全部，只要自己努力，就会有一个崭新的未来。

3. 创设挫折情境

一项实验表明，幼时受过电击等挫折刺激的白鼠长大后能很好地应对由挫折引起的紧张情绪，而没有受过挫折刺激的白鼠长大后在遭受痛苦刺激时就显得非常怯懦。人生同样如此，对挫折情境的真实体验，有助于增强人的挫折承受力，使其更好地应对挫折；而那些极少遭遇挫折、总是一帆风顺的人，因为没有机会学习怎样应对挫折，所以挫折承受力很弱，一旦遭受挫折，便反应强烈，不知所措。大学生可以在学习或生活中创设一些自己经过努力可以应对的挫折情境，从而形成从容面对挫折的良好心态，掌握克服困难的一般技能。大学生在创设挫折情境时要把握好度。如果挫折频率过高或者程度过重，不仅不能提高自己的挫折承受力，反而容易使自己变得自卑、消沉、怯懦等，影响人格的健康发展。

对于已经处于挫折情境中的大学生来说，采用下列方法能够有效降低大学生对挫折反应的强度，增强其适应能力。

第一，冷静、客观地分析当前的挫折情境。个体受挫时会有一些比较激烈的、消极的行为表现。所以，受挫者应首先设法使自己冷静下来，然后对挫折情境进行全面、客观的分析，预测了解挫折可能造成的影响和损失。有些挫折看上去好像很严重。但是，受挫者仔细分析后会发现事实并非如此，一旦发现挫折并不会造成自己想象中那么大的损失时，其心理负担就会大大减轻。

第二，合理释放和宣泄情绪。受挫者可以通过写日记、向心理咨询师倾诉、大声唱歌等合理的方式释放和宣泄心中的烦恼、郁闷、痛苦，从而尽快地恢复正常的情绪。

第三，适当地运用心理防御机制。心理防御机制是挫折发生后，人在内部心理活动中所具备的有意或无意地摆脱挫折所造成的心理压力、减少精神痛苦、维持正常情绪、平衡心理的各种自我保护方式。适当地运用心理防御机制有助于抵御外来伤害，暂时减少挫折所带来的心理压力。有意识地运用升华、补偿、幽默等积极的防御方式可以把挫折变为前进的动力。有时候，"酸葡萄"心理或"甜柠檬"心理，也可以帮助人们重新获得心理平衡，找回自尊与自信。

第四，改善周围的环境。挫折的发生离不开外部环境的影响。在必要的时候，大学生可以通过改善周围的环境，如换寝室、换专业、异地求职等来应对挫折。改善周围的环境不同于逃避，前者表示个体积极主动地去寻求一个更有利于自己发展的环境，而后者表示个体消极地避开挫折情境，而不去主动寻求更好的发展机会。此外，良好的人际关系有利于营造温暖、真诚、接纳、支持的心理氛围，有助于受挫者走出情绪低谷。因此，大学生还应学会与他人交往，提高自己应对挫折的能力。

第四章　大学生人际交往

第一节　大学生人际交往概述

一、人际交往的含义

人际交往主要是指人与人之间通过交往与相互作用而形成直接的心理关系的一种互动方式。人从一出生就不可避免地要与他人交往。如果没有他人的关怀、照顾，人就无法生存。如果不和他人交往，人就无法成长。因此，交往是人赖以生存和发展的条件之一。交往是人的社会性需要。人的社会性需要的满足也是在与他人交往的过程中实现的。由于每个人的需要又不完全相同，所以在与他人交往时，会产生各种各样的心理倾向与行为，与他人的心理距离有远有近。心理距离的远近反映了个体与他人心理关系亲密、融洽和协调的程度。

从心理联结的性质来看，两人（或多人）间的人际交往可以分为以下三类。

（一）以感情为基础的人际交往

这类人际交往的特征是存在于人与人之间的心理联结依靠感情来维持。根据感情性质的不同，这类人际交往又可以分为两种：一种是亲情交往，指亲人间的人际交往；另一种是友爱交往，指朋友间与爱人间的人际交往。

（二）以利害为基础的人际交往

这类人际交往的特征是存在于人与人之间的心理联结依靠认知来维持。当事人对利害的认知不仅包括对经济方面的认知，还包括对社会、权力、政治等方面的认知。社会上一切"交易"式的活动，都是以利害为基础的。

（三）缺乏任何基础的陌路交往

这种人际交往存在于路人之间，彼此间不存在心理联结。

人际交往是人的社会性需要是否得到满足的心理状态的反映，人际交往的疏密程度是以人的社会性需要是否能够得到满足为依据的，其发展变化也取决于交往双方社会性需要的满足程度。不同的人的社会性需要是不一样的，即使是相同的需要，也可能有程度上的差异。因此，人与人在交往过程中会相互选择。相互选择的结果就是在人际交往过程中，既有友好、信赖、喜欢、亲近等积极关系，又有冷淡、疏远、反感、厌恶等消极关系，甚至是敌对关系。

二、人际交往的过程

相互交往是人际交往建立和发展的重要条件。没有人际交往，人与人之间的心理关系就不可能建立起来。人际关系建立之后，还需要人与人之间通过不断交往加以巩固和发展。交往范围的大小，决定了人际交往的广度和宽度。因此，建立、巩固和发展良好的人际关系需要人们积极地进行交往。人际关系的外延很广，包括朋友关系、夫妻关系、亲子关系、同伴关系、师生关系、同事关系等。社会心理学家认为，任何人际交往都离不开认知、情感和行为因素。其中，认知因素是人际知觉的结果，反映个体对人际交往状况的认知和理解，是人际交往的前提条件；情感因素是交往双方在情感上的态度体验，反映了交往双方对交往过程中亲疏关系和满意程度的评价，是人际交往的调节因素；行为因素是双方实际交往的一切行为，是人际交往的外在结果和具体表现。人际交往的发生、发展和变化都是这三种因素相互作用的结果。

人际交往的过程大致可以分为五个阶段。

在第一个阶段，双方互不相识，甚至未注意到对方的存在。

在第二个阶段，其中一方（或双方）注意到对方的存在，也可能知道对方是谁，但从未有过接触。

在第三个阶段，其中一方（或双方）受对方的吸引，与之（或彼此）接近，实现表面接触。在表面接触时，作为他们之间的媒介的往往是学业或工作。在这一阶段，其中一方（或双方）所获得的第一印象对于人际关系的发展很重要，如果其中一方（或双方）对对方的第一印象不深，可能他们之间的人际交往就会到此为止。

在第四个阶段，双方在心理上有一个重要的改变，开始将对方视为知己。愿意与对方分享信息、意见和感情。这种对他人放开自我的心理历程被称为自我表露。如果交往双方彼此都能表露自我，人际交往过程就会进入建立友谊的阶段。个体在日常生活中，能使他自我表露的对象并不多。

就朋友间自我表露的程度而言，一些朋友间注重信息与意见的交换，而在感情上则表露得较少。这种友谊一般是以事业为基础的。一些朋友间除了交换信息与意见之外，更重视感情的表露，在感情上达到相互依赖的地步，特别是当自己处在痛苦、快乐等激动的情绪状态时，会特别渴望朋友在自己身边。在人际交往的第五个阶段，同性之间通常会成为莫逆之交，而异性之间，如果在感情上又有性的需求、奉献与满足的心理成分，就会成为爱人。

三、大学生的交际圈

在今天的大学校园里，大学生根据自己的兴趣、爱好、性格等，形成了一个个或松散或紧密的交际圈。在一个个或明或暗的交际圈中，同学之间有亲疏之分，有好朋友与一般朋友之分。大学生的交际圈大致可以分为学习圈、娱乐圈、社团圈、生活圈和网络社交圈等。

（一）学习圈

这个圈子里的大学生有一个共同的理想，那就是学习。但大学生真正为了学习学校开设的课程而形成的学习圈并不多。大部分学习圈都是大学生为了通过某种公共考试（如考研等）而形成的。

（二）娱乐圈

这个圈子里的大学生都爱好某种娱乐活动，如体育运动、文艺活动、休闲活动等。喜欢体育运动的大学生在课余时间经常在一起活动，不仅内部"操练"，还经常主动"出击"，找别人比赛。喜欢打牌、下棋等休闲活动的学生，总要抽空玩几把，甚至不到深夜不罢休。

（三）社团圈

学生社团是大学校园里一道亮丽的风景线，是校园文化的重要组成部分。社团可以分为理论类社团、实践类社团、文艺类社团、体育类社团等，涉及文、史、哲、音、体、美等各个方面。许多大学生通过社团走出校园，使自己和社会、自然融为一体，培养能力、增长才干。有的大学生说："通过社团活动，我的人际交往能力、公关能力、合作能力、表达能力等都有了很大的提高。"

（四）生活圈

近年来，很多大学生都在校外租房子住，形成了一个个生活圈。其中，有的学生是网迷，因为学校的供电时间有限，不能想上网就上网，所以到学校外面租房子住；有的学生是为了打工方便；还有的学生是因为与寝室的同学关系紧张，所以一走了之，与关系好的同学形成新的生活圈。

（五）网络社交圈

网络社交圈是以采用数字技术建构的虚拟时空为基本的交往平台，使人们置身于网络空间，以计算机为中介、以互联网为基础、以数字化语言符号为载体的一种新型的人际互动方式。在网络上，人们可以分享信息，交流情感，并建立独特的基于网络的人际关系。现在的大学生喜欢通过 QQ 空间、微信、微博等分享个人信息，他们往往会将自己的照片和各种身份信息放入网络空间，对个人网络形象进行塑造，并通过网络媒介发表自己的意见。同时，其他人也可以通过访问 QQ 空间等参与网络交流。因此，大学生可以在网络上形成一个特殊的社交圈。

四、大学生人际交往的特征

大学生人际交往主要是指大学生通过与有关个体或群体相处及交往而形成心理关系的一种活动。这种心理关系的建立，对大学生的成长与发展具有很大的影响。在大学生人际交往中，最主要的是同学关系和师生关系。

国内对大学生人际交往的心理学研究主要涉及两个方面。

第一，对交往对象的要求。在选择朋友方面，大学生一般要求对方与自己志同道合，可以互相帮助、互相尊重，彼此真诚相待等。至于教师，大学生通常喜欢与负责任、有修养、亲切的教师交往。

第二，对交往方式的选择。大学生的交往方式有主动和被动之分。

（一）大学生人际交往的一般特征

大学生人际相处和人际交往是大学生日常生活、学习的背景和条件。人际相处是指大学生在较长时间内和周围他人共同生活的行为，有相处融洽和相处紧张之分。人际交往是大学生在日常生活中和周围他人的相互交流和往来，有交往适应和交往障碍之分。当然，大学生的相处过程离不开交往过程，交往过程也离不开相处过程。在相处与交往的交互作用中，大学生的人际关系形成了。大学生人际交往呈现出以下特点。

1. 交往意愿强烈，交往方式开放

在中学阶段，由高考带来的学习压力使很多学生没有时间和精力进行人际交往。进入大学后，学生的学习压力突然得到释放，学生压抑的交往需求爆发出来。他们迫切需要在大学这个更为广阔的空间里结识更多的朋友，交流更多的信息，接受更多的新思想、新观念，交往意愿异常强烈，交往方式更加多样，交往频率增加，交往手段多样。面对新鲜的大学生活，大学生积极、主动地进行人际交往，频繁地参加社团活动及娱乐活动，充分利用互联网和现代通信工具交流信息，倾诉情感。QQ、短信、微信、微博已经渗入到大学生的生活中，成为他们交流感受与体验的主要手段。

2. 追求平等，交往范围扩大

大学生喜欢与同龄人交往，尤其喜欢与个人阅历、社会经验、认知能力、思想观念、行为方式等大致相似的同龄人交往，在心理上追求平等和宽松。即使与教师等成年人交往，也要求人格平等、心理相容。交往范围已跨越专业和学校，扩大到所有可以认识的同学。当然这种交往更多的是只有广度而缺乏深度，人际交往呈现出"广泛交友，谨慎交心"的特点。许多大学生都有这样的心理体验：同学交往正常，人际交往也不错，但是总感觉缺少能够互诉衷肠、同甘共苦的知心朋友，较深层次的交往需要得不到满足，内心有时感到孤独和无奈。

3. 注重情感交流，情感与功利并存

大学校园文化是丰富多彩的，大学生活是浪漫而轻松的，大学生又处于情感丰富的年龄阶段，他们在交往时追求志同道合。男同学更强调兴趣的一致性，女同学则更注重性情的相合性。但是市场经济的发展也给大学生的交往动机注入了某种功利性色彩。大学生人际交往在注重情感交流的同时，也注重自身可以获得的利益，呈现出情感与功利并存的趋势。虽然大学生对一切从个人利益出发、过分强调实惠的庸俗化交往倾向持明显的批评态度，但学习上互助、生活中互惠等目的性交往具有一定的普遍性。

4. 交往期望较高，交往感觉不好

许多大学生对大学里的人际交往有着较高的期望，充满了理想主义色彩，希望找到志趣相投、思想一致、情意相通的朋友，希望朋友之间无话不谈，一旦在交往过程中遇到障碍，出现不协调，就会感到极度痛苦与失望。如果发现对方有什么事没有告诉自己，就会觉得对方不够朋友，甚至有被欺骗的感觉。

不少大学生对自己的人际交往感到不满意，认为现实的人际交往与自己理想中的人际交往还有较大差距。

（二）大学生网络人际交往的特征

网络人际交往是在网络空间里形成的一种新型的人际互动方式。大学生作为易感人群，网络人际交往给他们的生活方式、价值观念带来的挑战和改变是前所未有的。张锦涛等人的研究表明，大学新生每周上网时间为 13.58 ± 8.94 小时，网络社交时间占全部上网时间的比重为 $27.18\% \pm 18.15\%$。

网络空间好比一个很大的城市，里面有图书馆、大学、博物馆、娱乐场所等，还有各种各样的人。无论什么人，都可以到这个"城市"去逛逛。人们在在网络空间里，不仅可以获取和发布信息，还可以通过QQ、微信、微博等社交软件进行聊天、交友、娱乐活动。大学生网络人际交往具有以下特征。

1. 交往角色的虚拟性

大学生只需要在QQ、微信、微博等社交软件上注册，就可以获得一个相应的身份，并以这个身份在网络上进行人际交往。这种虚拟的角色使交往双方都没有任何心理负担。

2. 交往主体的平等性

网络是一个自由、平等的世界。无论你在现实生活中的地位多么显赫，在网络空间中，你只不过是一个网民而已，同其他人一样，没有任何特权。在网络世界里，所有人都是平等的。

3. 交往心理的隐秘性

网络人际交往虽然可以通过文字来传达情意。但是这种文字大多是经过刻意加工的，交往心理也是经过包装的。无论这种交往持续多长时间，交往双方都很难明白对方的真实想法。

4. 交往过程的弱社会性和弱规范性

在现实生活中，人们在进行人际交往时，十分看重对方的身份、职业、容貌等社会特征和社会地位，但是在网络人际交往中，人们不太注重对方的社会特征和社会地位。在现实生活中，人们在进行人际交往时需要遵守一些社会规范，在网络人际交往中却不必遵守，只要按照网络技术要求去操作，就可以顺利地实现网络人际交往。这种弱社会性、弱规范性的网络人际交往，容易使一些大学生暂时摆脱社会规范的束缚，甚至放纵自己的行为。

5. 交往动机的多样性

异性间的情感交往是大学生网络人际交往的"主旋律"。异性效应在网络人际交往中不仅存在，而且表现得很明显。不少大学生上网聊天的潜在动机就是寻找异性。很多大学生在追求休闲娱乐和心理享受的同时，带有调情的目的。

6. 交往需要的复杂性

大学生通过网络社交与朋友进行互动，在一定程度上能够满足自己交往的需要。网络社交在一定程度上是面对面交往方式的有效补充。但是网络人际交往中交往需要的满足，还与个体在网络中的互动方式和个体的人际交往能力息息相关。

五、大学生人际关系的类型

大学生人际交往类型的划分有助于人们充分描述和正确认识大学生的人际交往。根据不同的标准，大学生人际交往可以划分为不同的类型。

根据大学生人际交往的对象，大学生人际关系可分为同学关系和师生关系。这两种关系是大学生在大学生活中最为普遍的人际关系。在同学关系中，最容易出现障碍的是同室关系。住在一个寝室里的几个同学，成长背景不同，价值取向各异，生活习惯多样，个性特征鲜明。同一个寝室的同学如何和睦相处是建立良好的同室关系的核心内容。师生关系主要是指大学生与任课教师、辅导员和班主任之间的关系。大学生与任课教师的关系有可能直接影响大学生的学习情况，例如，有些学生会因为喜欢某个教师而喜欢某门课程，因为讨厌某个教师而不喜欢某门课程。大学生与辅导员之间的关系可能会影响大学生的个性发展。

根据大学生人际交往的需求，大学生人际关系可分为情感性关系和工具性关系。情感性关系是大学生为了满足相互间情感交流的需要，营造良好的心理气氛而与他人建立起来的一种融洽的关系。工具性关系是大学生为了达到某一种目的而与他人建立起来的相互依托的关系。

根据大学生人际交往的类似性媒介，大学生人际交往可分为地缘关系和趣缘关系。地缘关系是大学生因为曾经在同一个地方居住、生活或学习而与他人建立起来的一种人际关系，例如，老乡关系、校友关系等都属于地缘关系。交往双方相似的文化背景，使这种关系带有文化趋同和乡土色彩。趣缘关系是大学生因为兴趣爱好相同而与他人建立起来的一种人际关系。共同的兴趣是维持这种关系的纽带。在大学生的课余生活中，由趣缘关系引发的人际交往最为常见。

根据大学生交往双方对彼此的喜欢程度，大学生人际关系可分为吸引性关系和排斥性关系。如果大学生互相喜欢、亲近，彼此之间就容易形成吸引性关系。几乎每个大学生都渴望和异性同学交往。但是如何正确地交往，特别是如何处理恋人关系，常常是令大学生非常困惑的问题。如果大学生互相厌恶、疏远，彼此之间则容易形成排斥性关系。这种关系在大学生中虽然不一定以公开的形式表现出来，但交往的双方都心知肚明。这种关系一旦形成，就很难消失。恋人关系如果处理得不好，就很容易演变成这种关系。

当然，依据其他划分标准，还能将大学生人际交往分为其他类型。在大学生的各种人际关系中，有些是自然形成的，如同学关系和师生关系等；有些是能够选择的，如朋友关系和恋人关系等。

第二节　影响大学生人际交往的因素

人际交往是具有选择性的，在生活中我们总是愿意与自己喜欢的人交往。在大学生人际交往中，决定他们相互选择和相互吸引的因素很多。这些因素涉及信念、价值观、心理特征、能力、时空距离、交往频率等，这些因素会影响大学生人际交往的效果。下面，笔者详细介绍一下情境因素、个人特质因素，以及相似性、互补性与对等性因素。

一、大学生人际交往中的情境因素

人际交往都是在一定的情境下展开的。情境因素主要包括时空距离、交往体验、社交网络等。

（一）时空距离

时空接近是大学生认识和了解彼此的前提，也是相互吸引的基础。如果其他条件不变，个体与个体之间距离越近，接触和交往的机会就越多，交往的频率就会越高，也就越容易产生好感和建立友谊。接触和交往促进了学生之间感情上的交流，也为相互了解提供了机会，促进交往双方积累共同的经验，使交往双方有共同的话题和共同的兴趣，从而促进良好的人际关系的形成。大学生也有离自己较远的好友，但是他们之间的友谊大多是在距离很近的时候建立起来的。大学生因为接触机会多而相识，因为相识而相互吸引，最终建立友谊，甚至彼此相爱，是非常寻常的事。这种因为空间上的接近而影响人际吸引的现象被称为接近性吸引。在大学里有一种情况很常见：很多学生因为同住一个寝室，或同在一个学习小组，或同属于某个社团，或是老乡等，而经常接触、交往频繁，容易具有共同的经验、共同的话题，从而建立起较为密切的人际关系。

当然，人与人在空间上接近导致的最终结果不一定是相互吸引，也有可能是日久生厌。就大学生而言，时空接近主要是在大学新生中起作用。进入大学后，很多大学生最初的好友大多是同寝室的。这一现象说明时空接近导致相互吸引。对于原本素不相识的刚入校的大学生来说，时空接近和交往频率在他们人际交往形成的初期起着重要的作用。当然，时空接近可能成为形成良好人际关系的必要条件，也可能成为产生人际交往障碍的客观原因。有时候因为空间距离小，接触频繁，大学生之间也容易发生摩擦和冲突。有时候因为接触次数过多，大学生之间也可能产生腻烦现象，使好感逐渐消失。相关研究表明，相似性吸引和补偿性吸引在年级上没有太大差别，而接近性吸引则与年级有着密切的关系。低年级的小团体的形成以接近性吸引为主，随着年级的升高，接近性吸引的小团体明显减少。在时空接近的条件下，能否进一步与他人建立良好的人际关系取决于彼此能否相互接纳。所谓接纳，是指接纳对方的态度与意见，接纳对方的观念与思想，对对方的为人处世方式不但感兴趣，而且表示适度的赞许。交往双方只有在时空接近的条件上相互接纳，才会继续交往、沟通；只有不断沟通，彼此才有可能相知；彼此只有相知，才有可能成为好朋友。

利用时空距离因素增强人际吸引力时也是需要技巧的。当你希望被一个人喜欢时，应想方设法接近他（她），尽可能多出现在他（她）能够看到你的地方。当你与对方之间的关系不和谐时，最好暂时拉开距离。此时，距离越近，越容易让对方讨厌你。另外，对于那些距离本来就特别近的人来说，适当地拉开距离也是有好处的。

（二）交往体验

在人际交往中，交往体验是影响人际吸引的重要因素。人们一般喜欢那些喜欢自己的人，以及能给自己带来愉快、惬意体验的人。良好的情绪体验有助于交往双方形成相互喜欢的关系，不良的情绪体验则会使交往双方之间形成相互厌恶的关系。在日常生活中，如果一个人的存在能让别人感到快乐、轻松，大家就会喜欢这个人；如果让别人感到生气、焦虑和厌恶，大家就会不喜欢他。

大学生人际交往体验影响着他们对交往对象的评价。这种评价受知识、经验和个性等因素的影响，带有浓厚的主观色彩。这种根据交往体验而做出的评价又影响着大学生对交往对象的选择，并决定着交往效果。大学生要想不断增强自己的吸引力，就需要在交往中以乐观的情绪去感染交往对象，引起交往对象的情感共鸣，让他（她）感到轻松、愉快，强化积极的交往体验。一个整天垂头丧气、无精打采的人，是无法产生人际吸引力的。

（三）社交网络

社交网络的出现将现实生活中的人际交往搬移至虚拟网络中，可以使人们跨越空间距离等障碍。因此，人们在社交网络中的人际沟通范围非常广。社交网络不仅具有信息共享的特点，更重要的是具有信息共建的特征。在社交网站上，个体不仅是信息的受众和传播者，也是信息的提供者与创造者。

大学生喜欢在许多大型社交网站上注册。除了希望结识更多的人以外，他们使用社交网站非常重要的一个目的是与远方的朋友和同学保持联系。这样，他们的社交范围就不会受到时空的限制，并且可以在一定程度上扩大他们的社交圈。

二、大学生人际交往中的个人特质因素

个人特质也是影响人际交往的重要因素。一个人的外貌、才华和能力及个性等因素，都会影响人际交往。

（一）外貌

人际吸引最初的动力就是外貌相悦性。美貌总是给人带来心理上的愉悦感。在生活中，那些外貌英俊、漂亮的人，比较容易引起别人的注意力，在素昧平生的情况下尤其如此。外貌在很大程度上影响着人们对交往的兴趣。外貌对初次交往的人来说，是一个重要的吸引因素，在与异性交往时表现得尤为显著。人们在交往之前，往往会根据外貌特征来评价交往对象，形成肯定或否定的印象，而这种肯定或否定的印象会影响以后相互之间关系的发展。

例如，在一次实验中，实验者首先让大学生们看了3个人的照片，分别是外貌有吸引力、外貌一般和外貌无吸引力的人的照片，然后让大学生们在27种个性特征上做出评价，并要求他们预测这3个人未来是否能获得幸福。结果表明，外貌有吸引力的人得到了最合人心意的评价、最幸福的预言。无论是男性评价男性、男性评价女性、女性评价男性，还是女性评价女性，结果都是如此。这说明人们喜欢漂亮、英俊的人胜过外貌不好看的人，并且倾向于把一切好的特性都安在外貌有吸引力的人身上。

相关心理学研究表明，人们会不由自主地以貌取人，在其他条件相同的情况下，外貌美的人更容易获得正面评价。但是，心理学实验也证明，人们在选

择朋友时，常觉得外貌与自己相差不太大的人对自己有较大的吸引力；另外，与选择朋友相比，人们在选择终身伴侣时，对外貌的要求明显降低。这说明外貌美虽然对人会有一种天然的吸引力，但在交往过程中吸引力的维持与加强，取决于交往双方的人品和能力。

（二）才华和能力

在其他条件相同的情况下，人们通常喜欢与有才华、能干的人交往。尽管外貌产生的吸引力在最初的交往中作用明显，但才华和能力最终很可能更能影响双方的交往。日常生活经验告诉我们，大学生在交际活动中展露出的才华和能力越多，就越能产生吸引力。每一位大学生都应该在学习和活动中，努力使自己的潜力得到最大限度的发挥，表现出最佳的精神状态，以增强人际吸引力。

心理学研究表明，能力非凡的人富有吸引力，而如果他犯过错误就会让其他人觉得他也是普通人，从而使其吸引力进一步加强。所以人们最喜欢的是能力强但偶尔会犯点小错的人，最不喜欢的是能力差又经常出错的人。能力强的人固然让人喜欢，但是太完美的人就会让人觉得高不可攀，而犯点小错则会显出他也有平凡的一面，让人感觉更容易接近。

（三）个性

个性是一个人对现实的比较稳定的态度和习惯化了的行为方式。一般来说，在人际交往中，一个人如果具有诚恳、坦率、幽默等性格，是比较能够吸引别人的注意力、获得别人的赞赏的。比起外貌、才华和能力，个性产生的吸引力更强，而且这种吸引力持久而稳定。有些大学生相貌不一定出众，但善良、坦率，给人的感觉很好。人们很愿意与其交往，就是因为他们的个性非常具有吸引力。心理学家总结了一系列增强人际吸引力的个性品质。男性吸引人的个性品质有勇敢、坚韧、宽宏大量、襟怀坦荡、不拘小节、理智、正直、忠诚、可靠、有思想、思维灵活、事业心强等，而女性吸引人的个性品质有温柔、体贴、善解人意、富有同情心、为人随和、有正义感、待人真诚、善良、开朗、活泼、可靠等。在诸多个性品质中，最具有吸引力的是真诚，最具有排斥力的是虚伪。

一般来说，大学生个性中具有吸引力的特质越多，其人际关系就越好。有这样一个说法：外貌美是一时的，而心灵美是经久不衰的。实际上，心灵美的内涵包括良好的个性品质。所以，良好的个性品质具有无穷的魅力。

三、大学生人际交往中的相似性、互补性与对等性因素

（一）相似性

如果大学生对某种事物或某件事情持相同或相似的态度，具有共同的理想、信念和价值观，在感情上就容易产生共鸣，形成密切的人际关系。纽科姆曾用实验法研究过这个问题。他向自愿参加实验的大学新生免费提供住宿16周。在住进宿舍前，他先对这些彼此不认识的大学新生实施态度、价值观和个性特征三个方面的测验，将态度、价值观和个性特征相似或不相似的大学生安排在一间宿舍，然后定期测验他们对一些事情的态度、看法，以及他们对室友的喜欢程度。在住宿初期，空间距离是影响人际交往的重要因素，但是到了后期，彼此间态度、价值观和个性特征的相似性超过空间距离，成为人际交往的主要影响因素。在研究的最后阶段，在让这些大学生自由选择宿舍时，态度相似的大学生倾向于选择同一间宿舍。态度相似性之所以能使人际关系更加密切，可能是由于彼此观点一致，争辩次数较少，从而使友谊得到发展。正如有些大学生在评价自己的这种友谊时所说的那样："我们有共同语言，在情感和信仰上没有隔阂和矛盾。"

相似性可以影响人际吸引力。人们大多喜欢与那些跟自己兴趣和爱好相似、地位和经历相似、态度和观点相似的人交往。相似点多的人在心理上会比较容易接近，容易产生亲近感，进一步交往的兴趣也容易被激发。相似性包括许多方面，既包括态度、信念、兴趣、爱好、价值观的相似性，也包括年龄、性别、学历和经历的相似性，还包括行为动机、处事态度的相似。其中，态度、价值观的相似性会成为影响人际交往的重要因素。研究表明，相似的价值体系和社会背景是决定个人喜爱或选择他人的重要因素。无论是在友谊中还是在爱情中，相似性吸引都扮演着重要的角色。在上述因素中，态度的相似性最受关注。伯恩曾对此做过详尽的研究。他先对大学生进行态度调查，然后让他们阅读别人回答的有关问卷，要求他们说明自己对此人的感觉如何。实际上，这些大学生看到的问卷是经过他处理的。这样，他就可以控制态度的相似性。

还有一些研究表明，在其他条件不太相似的情况下，态度的相似性也会产生强烈的吸引力。人们喜欢与自己的态度相似的人。因为这样做可以增强人们的安全感和自信心。

（二）互补性

除两性之间男刚女柔的自然互补之外，在个人兴趣、专业、特殊技能等方

面，大多数人都会有期望他人弥补自身缺陷的心理倾向。因为人在成长的过程中，不可能发展得非常全面，难免会有顾此失彼的遗憾，所以在遇到具备自己所不具备的某种技能的人时，就会自然而然地对其产生好感。

制约人际交往的基本因素是彼此间需求的满足状况。交往双方的需求互补，有利于双方在交往过程中形成彼此需求互相得到满足的心理状态。需求互补往往是大学生交往的动机，也为他们友好相处提供了保障。有人认为，两个人相处，对双方都有裨益，或者在某些方面互补时，两个人之间的人际交往才能得以维持。

由于相似性因素与互补性因素而产生的人际吸引是在不同的情况下发挥作用的。在人际交往中，相似性因素是基础，而互补性因素起补充的作用。相似性侧重于价值观和态度两个方面，互补性则会在某些性格特点不同时起作用。对于大学生来说，彼此间的需求相同有助于协同互助的人际关系的形成，当然也可能导致彼此相互竞争的关系的形成；需求互补，则有助于合作关系的形成。

相关研究表明，在人们交往的初期，距离因素、外貌因素及社会因素（如经济地位、文化背景等）是影响人际吸引的重要因素。在初步交往后，交往双方的态度、信仰、价值观、人生观等方面的相似性显得更为重要。

（三）对等性

对等性吸引是指人们一般都会喜欢那些同样喜欢自己的人，而且更喜欢那些对自己的好感不断增加的人，不喜欢那些对自己的好感不断减少的人。在人际交往中，如果有一个人对你的好感不断增加，对你的正面评价不断增多，或许你喜欢他的程度可能会超过一直对你做出正面评价的人。

一般来说，大学生都喜欢那些同样喜欢自己的人。但是对于自尊和自信水平不同的大学生而言，他人的喜恶态度所引起其的反应是不同的。自尊心和自信心强的大学生，他人的喜恶态度一般不会影响他们的自我评价，而不自信和挫折感强的大学生对他人喜恶态度的反应敏感而强烈。不自信和挫折感强的大学生非常想得到他人的尊重，时常会因为这种需求是否得到了满足而十分强烈地喜欢或厌恶对方。这告诉我们在人际交往中，如果以热情、信任、尊重的态度对待那些受过挫折或犯过错误的人，会引起他们比常人更为强烈的感情共鸣。

第三节 大学生人际交往适应不良的表现

一、人际认知方面

人际认知反映的是个体对自己及自己的人际交往状况的了解程度，是人际知觉的结果，是人际关系形成的理性条件。个体通过知觉了解他人与他人之间的关系、他人与自己之间的关系，以及他人对自己的态度。个体只有客观、正确地了解自己的人际交往状况，才能更好地调节自己与他人之间的人际关系。在人际认知方面，大学生常见的适应不良主要有以下几个方面的表现。

1.理想化

大学生在进入大学之前，心里充满了对大学生活的憧憬，其中包括对大学里和谐的人际关系的憧憬，赋予大学人际交往以理想的色彩。这使得大学生对校园里人际交往的复杂性和多样性缺乏足够的心理准备。许多大学生认为朋友之间应该无话不谈，因此，一旦发现对方有什么事没有告诉自己，就会觉得对方不够朋友，甚至有被欺骗的感觉。大学生人际交往中确实存在着某些不足之处，因此，与同龄人相比，大学生对人际交往的满意度更低。相关资料表明，有大约 70% 的大学生不同程度地对自己的人际交往感到不满意。之所以会出现这样的现象主要是因为理想与现实不吻合而使他们感到失望。

2.归因偏差

大学生在认识自己的人际交往，处理人际交往中的一些事情时，容易出现一定的偏差。调查表明，有一些女大学生将自己不敢与异性同学打招呼归因于自己来自农村、长得不漂亮等，还有一些学生将自己的交往范围小归因于对方考虑地位、家庭背景、利益等因素过多，而不是归因于自己没有主动与他人交流、自己的兴趣爱好不够广泛等。正是由于对自己的认知偏差和对他人的消极认识、评价，许多大学生在人际交往中产生嫉妒、自卑、猜疑、报复等不良心理，阻碍了人际关系的发展，也严重损害了心理健康。

3.以自我为中心

很多大学生都是独生子女，他们在中小学时期是表现出色的好学生，已习惯接受别人的表扬和肯定，进入大学后，想问题、处理事情时往往以自我为中心，过分关注自我，过分追求自身需要的满足，而忽略或否认他人的需要。有些大学生不太注意了解他人的性格、爱好、生活习惯、思维方式等的差异，缺乏宽容精神，有些人认为好朋友就是和自己观点一致、处处维护自己利益的人，只要别人的思想和自己的思想产生了分歧，就把这些人视为"异己"，将他们排斥在交际圈之外。一项调查结果显示，有 26.21% 的大学生要求自己的朋友要全心全意地对自己好，如果朋友达不到这个要求，往往会疏远朋友。

4. 过分苛求

由于大学生的生理、心理还不够成熟，生活经验也不丰富，所以他们在认知方面往往存在着绝对化、概括化的误区，即过分苛求自己和他人，追求完美，缺乏辩证的弹性思维。在人际交往过程中，这种不全面的认知能力首先表现为大学生从自己的心理出发认识和理解问题，缺乏对对方性格和心理的客观了解，从而大学生很容易产生误会和矛盾。

（二）人际情感方面

人际情感反映的是交往双方在情感上的满足程度。人际交往的发展取决于交往双方在情感等需要上从对方身上获得满足的程度。情感往往被当作判断人际交往状态的主要指标。情感也是人际交往的基础。没有情感的人际交往是无法继续下去的。大学生在人际情感方面的适应不良主要有以下几个方面的表现。

1. 期望值过高

大学生缺乏生活经验，缺乏对事物本质的把握能力，对人际交往的期望值较高，常用理想化的尺度来衡量现实。不少调查都表明，大学生对自己的人际交往的满意度偏低，主要原因是在情感上对人际交往的期望值过高，而现实情况又常常不能使他们如意。

2. 缺乏交流技巧

处于青春期的大学生都渴望友谊，都想建立和谐、融洽的人际关系，但是一部分大学生因为缺乏人际交往的相关知识及交流技巧，在人际交往中常常会产生挫折感。

3. 缺乏人际信任

中国正处于社会转型期。由于社会、经济、政治、文化等格局不断变化，人与人之间普遍缺乏人际信任，"邻居形同陌路""杀熟"等现象和社会事件频发。大学生作为社会的一个群体，也同样受到影响。

4. 交友的动机和目的不单纯

与其他人一样，大学生交友的动机主要有三种：①寻求帮助，主要寻求精神上的帮助；②要寻求社会支持；③寻求有共同兴趣爱好的人。大学生交友的动机一般比较单纯。但是有些大学生出于自己的某种欲望或某种目的，运用一些手段去结交朋友，这样就不能与他人建立真正意义上的朋友关系。还有一些大学生只与那些对自己有用、能给自己带来好处的人交往，而且常常"过河拆桥"。这种沾别人的光的不良心理，会使他们交不到真正的朋友，长此以往，肯定会影响其心理健康。

（三）人际交往方面

人际交往可以说是人际关系最明显的外在表现。在一般情况下，人际关系越好，在行为上就越有亲近的表现。人际交往是建立良好人际关系的基础。通过交往，大学生可以得到更多的社会支持，获得更强的安全感和信任感。大量事实表明，大学生人际交往的时间越多、空间越大，精神生活往往越丰富。而人际交往不良的大学生常常有更多的烦恼和难以排除的苦闷。大学生在人际交往方面的适应不良主要有以下几个方面的表现。

1. 以自我为中心导致不懂交往

部分大学生以自我为中心，不懂得怎样尊重别人，总是希望别人主动关心自己，被动地等待他人与自己交往，而且一旦对方因感到在物质和精神上都无法使自己受益而终止交往时，便怨天尤人。

2. 表达不清导致不善交往

部分大学生在交往过程中表现木讷，心存感激却不知道如何表达，或者词不达意容易让同学误会，或者过于耿直使同学难以接受，有时还会因为言行不当使交往陷入尴尬的局面。这些大学生的苦恼来自不知道该如何让人接纳、信任、喜欢自己。

3. 人格有缺陷导致不敢交往

部分大学生非常胆怯、害羞、自卑，害怕被人看不起，对交往有恐惧心理，害怕交往失败，行为往往与内心的愿望不符。有些大学生渴望得到别人的肯定，渴望获得友谊，但是在行为上却极力避免与他人接触，在不得不与他人交往时，则表现得相当紧张。这些大学生常常陷入焦虑、痛苦、自卑、自责之中，其身心健康和日常生活都受到了严重影响。

4. 行为不妥导致不当交往

部分大学生在刚开始与别人交往时比较主动、积极，给别人的印象不错，但交往时间长了之后，会出现一些不妥当的行为方式，如固执己见、把自己的意见强加给别人、不尊重别人、伤害别人的自尊心、说话不注意场合、不懂装懂等。这些都是不利于交往的行为方式。

5. 缺乏技巧导致不会交往

部分大学生人际交往能力有限，交往方法欠妥，缺乏人际交往的基本技能，不会与别人交往。他们在与别人交往时，往往以失败告终。在失败了几次之后，他们便把人际交往看成一种负担，不愿意与别人交往。

6. 个性怪异导致不愿交往

有些大学生性格内向，行为怪异，防御心重，戒备心强，长期封闭自己，不愿意与他人交往，也害怕交往会打破心理平衡。还有一些大学生清高自傲，看不起周围的人，因此不屑于与别人交往，在一般情况下，他们既不会主动接近别人，关心别人，也不会侵犯别人。

7. 动机不纯导致不良交往

部分大学生的交往动机不纯，交往的目的是利用别人或者是满足自己某种不正常的心理需求。在交往过程中，有些大学生不懂得尊重对方，一切从自己的利益出发，以自我为中心，总会苛求别人；还有一些大学生嫉妒心和报复心极强。这样的人很难得到别人的信任，最终会被所有人排斥。

（四）人际相处方面

人际相处的特点是双方在一起的时间较长，空间较近且固定，交往互动频繁，交往活动的种类繁多，其侧重于人际心理过程。提到大学生的人际交往，人们更倾向于强调人际交往方面，而忽略人际相处方面。其实，大学生在人际相处方面出现的心理问题比人际交往方面出现的心理问题更复杂、更微妙，对大学生的不良影响也更严重、更持久。就大学生而言，最重要的人际相处是寝室人际相处。寝室作为大学生生活，以及在学习、思想、情感等方面相互交流的重要场所，一方面创造了彼此相处的条件，是大学生信息交流的重要场所，是各种价值观形成的重要条件；另一方面，寝室成员来自四面八方，个性、脾气、习惯、爱好可能千差万别，难免会发生矛盾和冲突，对新生而言更是如此。

在人际相处方面，大学生一般存在以下问题。

1. 缺乏公德意识，与室友相处困难

在大学生群体中，存在以下两种常见的与室友相处困难常的情况：一是在寝室里没有归宿感，寝室成了不敢回、不愿回、不想回的令人痛苦的地方；二是与寝室中的某个人合不来，看到他的每个动作、听到他的每句话，心里都会觉得不舒服。其实，同学之间没有什么根本的利益冲突，矛盾大多源于一些鸡毛蒜皮的小事或不一样的生活习惯。例如：有的同学喜欢早起，可能在别人睡意正浓的时候他就起床了，洗漱的声音吵醒别人，让别人心烦；有的同学比较懒，用完公用的东西后懒得将之放回原位，让大家很不舒服，自己却悠然自得；有的人不爱整洁，乱扔乱放自己的东西，不仅让自己的空间非常凌乱，也严重影响"室容"。长期住在一间寝室，彼此发现对方的缺点会愈来愈多，从而会发生一些不愉快的事情。如果与室友相处不好，会影响心情，进而影响学习。

2. 缺少尊重，容易与室友之间发生冲突

人际冲突，是指以认知失调、情感冲突和行为对抗为特征的人际障碍。大学生在学校里一起生活、学习和工作，相互之间难免会发生矛盾。当矛盾激化到一定程度时，便有可能互相排斥，以冲突的形式出现。大学生的人际冲突是多种多样的，冲突的内容也各不相同，造成冲突的原因也是多种多样的。例如，某高校王同学，性格外向、直率，但是讲话不注意场合，在寝室里经常为一些小事与室友争执；而且他还将自己的女朋友带到寝室里过夜，弄得其他同学十分尴尬。一天早晨，他以命令的口气要求在其桌子上洗脸的同学离开，最后两人扭打起来。

3. 自我呈现方式不当，导致室友误会

恰当地呈现自我是让其他同学了解自己和消除误会的有效举措。不少心理学家研究发现，人际交往是随着自我呈现的深入而不断向前推进的。列文格研究发现，人际交往有单向注意、表面接触和共同关系三种状态。单向注意只是一方注意到另一方，没有自我呈现和人际互动。在表面接触状态下，双方有了初步的自我呈现，只有很少的人际互动。在共同关系状态下，双方的自我呈现越来越深入，人际互动越来越频繁，甚至一方会对另一方产生强烈的依赖感。大学寝室是同学之间近距离接触最多的场所，也是相互之间自我呈现最频繁的场所。一间小小的寝室，汇集了来自四面八方的同学。其中，有的同学来自大城市，有的同学来自农村；有的同学家庭经济条件优越，有的同学家庭经济条件很差。极少数来自大城市的家庭经济条件比较优越的同学丝毫不顾及贫困同学的情绪，穿名牌衣服，吃饭讲排场，结果，导致室友误会，伤害了同学之间的感情。

4. 沉溺于网络社交，忽视现实同学关系

在网络人际交往中，大学生在某种程度上实现了自己的价值。这容易使大学生沉溺于网络社交，而忽视现实同学关系。网络社交毕竟是虚拟交往，而我们是活在现实世界中的人，最终要回归现实。大学生要意识到，网络人际交往只是现实人际交往的补充和延伸，它并不等同于现实人际交往，更不能取代现实人际交往；只有现实人际交往才是交往主体适应环境，适应社会，形成健康、积极的个性的基本途径。面对面的人际交往是大学生踏入社会的必修课，也是大学生正常生活的需要。

第四节　常见的大学生人际交往心理缺陷及其克服方法

大学生迫切需要友谊，有强烈的交往需要。但是，大学生自尊心强，社会经验不足，人际交往能力欠缺，一些大学生还存在人际交往心理缺陷。这使得不少大学生不能处理好人际关系。调查显示，大学生人际冲突的发生率高达44.8%，人际冲突的对象主要是同学（44.8%），其次是朋友（23.9%）和家人（22.7%），人际冲突的后果是95.1%的同学感到不愉快。因此，大学生需要努力去克服这些缺陷。

（一）自卑心理及其克服方法

自卑是指个体由于一些条件上的限制和认识上的偏差，认为自己在某个方面或某些方面不如别人，从而产生的轻视自己、失去自信的一种情绪体验。无论这种自卑心理是否客观存在，一个人只要有这种思维方式，就会认为自己不行。产生自卑心理的原因有很多，如认为自己不够漂亮、学习成绩差等。自卑感强的学生的共同点是对自己不满意，不相信自己，即使目前很顺利、很成功，还是处在担心、忧虑的状态中。这样的学生在人际交往中，常常处于被动的地位，即使别人主动与其交往，他们也会表现出对交往的焦虑。

阿德勒认为人人都有自卑感，自卑感是每个人在追求更加优越的地位和完美的人生的过程中必然会出现的心理反应，并不是坏的情感。每一个人只有看到自己的不足之处，才会产生弥补缺陷的想法，达到新的目标后又会发现自己新的不足之处，于是再向新的更高的目标前进，在自卑与优越的距离不断缩小而又被拉大的过程中，人们不断地完善了自己。

据调查，有52.43%的大学生认为自己曾经因为自卑而不愿与别人交往。自卑有多种表现方式，退缩或过分地争强好胜是其中最明显的两种，都会妨碍一个人正常地与他人交往。大量调查结果表明，自卑心理一般多见于新入学的大学生的寝室人际交往中。由于学习、生活环境的变化，在学习上，中学时期名列前茅的同学在进入大学后可能排在了后面；在生活上，也由中学时期的父母包办变成了自理。家庭经济状况、社会地位及自身的某些生理缺陷等主观和客观原因，都会使大学生感到自卑。自卑感一旦形成，就具有很强的感染性，会给大学生的人际交往带来不良的影响。在大学生中还存在另一种自卑心理，即掩盖于"自傲""清高"等表面现象之下的自卑心理。有这种自卑心理的大学生十分渴望与别人交往，渴望得到别人的关心和帮助，但是由于其在某一方面具有优势，所以他们不肯放下所谓的"架子"主动与别人交往，最后使别人产生一种"拒人于千里之外"的错觉。

一般来说，自卑的人容易消极地、过低地评价自己，总觉得自己在容貌、身材、知识、能力、口才，甚至衣着等方面不如别人，低人一等，害怕与别人交往。大学生应从认识、情绪、行为三个方面同时入手来克服自卑心理。

第一，从思想上树立"天生我材必有用"的信念。心理学研究表明，成功者与失意者在智力上并没有显著差别，并不是智商高的人就一定能成功，他们之间最主要的差别在于自我评价。

第二，采用心理暗示、自我激励等方法调节自己的情绪，可以在心里对自己说"我能行""我对未来充满信心""再试试"等鼓励自己的话语。

第三，增强自信心，马上采取行动。大学生应正确认识自己，善于根据自己各方面的条件、特长，发挥自己的优势，增强自己的自信心；积极参加集体活动，在活动中发现、发展自己的能力，树立自信心，在积极的心理状态下不断克服自己的自卑心理。

（二）嫉妒心理及其克服方法

嫉妒是指憎恨他人，仇视他人的成就，并带有自怨自艾的情绪体验。嫉妒心强的人一般都以自我为中心，占有欲强烈，且自我感觉良好。这类人自私、虚荣、爱面子、敏感，而且心胸狭隘。嫉妒导致了人际交往中的互不信任。交往对象也会因为厌恶这种行为而使两人之间的关系渐渐疏远。

嫉妒的产生常常与可比性有关。当身边的同学在学习成绩、活动能力、生活条件、外貌等方面优于自己时，个体就可能产生嫉妒心理。调查表明，大约有58.25%的大学生承认自己在与别人交往的过程中产生过嫉妒心理。

从心理学角度来看，嫉妒是对超过自己的人感到恐惧和愤怒的混合心理，是自私自利、唯我独尊的一种异常心理表现。嫉妒者其实比其他人更痛苦。别人的幸福和自己的不幸都会使他们痛苦万分。他们因为某种缺陷而不敢与强者竞争，或者因为怕吃苦而不想与别人竞争，但是又害怕别人超过自己，在心理上失去平衡，于是自觉或不自觉地贬损别人以求得心理上的平衡。嫉妒者时时刻刻都在寻找对他人实施"报复"行为的机会，经常处于精神紧张的状态。嫉妒心理同自卑心理一样，是建立良好人际关系的"大敌"。

培根说："每一个埋头沉入自己事业的人是没有工夫去嫉妒别人的。"大学生可以采用以下几种方法来克服自己的嫉妒心理。

第一，提升思想品德修养，树立正确的人生观。嫉妒心理受人的理想、信念等个性倾向性的影响。大学生只有通过培养高尚的道德品质，树立献身于社会的崇高理想和正确的人生观，才能克服自私自利、唯我独尊的个性缺陷。

第二，解放狭隘的"自我"。嫉妒的根源在于自私。如果大学生能摒除私心杂念，严于律己，宽以待人，把别人的进步看作自己的进步，那么嫉妒心理就无法滋生。

第三，积极克服自己性格上的弱点。一般而言，虚荣心强、心胸狭窄、敏感多疑的人容易产生嫉妒心理。加强自己的性格塑造，逐渐形成心胸开阔、坚强、自信的性格特征，对消除嫉妒心理至关重要。

第四，正确评价自己，增强竞争意识。大学生要勇于承认自己在某些方面与别人存在差距，积极参与竞争，努力实现自己的潜在价值。

（三）害羞心理及其克服方法

害羞是指面对新环境中的交往活动，羞于同别人交往的一种心理反应，主要表现为腼腆、胆怯、拘谨、动作不自然、说话的声音小等。害羞是造成大学生人际交往出现障碍的主要原因之一。有些大学生在许多交往活动中会习惯性地出现紧张反应，如脸红、结巴、心慌、心跳加快，甚至颤抖、出汗，特别是在面对权威人士、教师、暗恋的人等重要人物时更是如此。这类大学生总觉得自己做错了什么，给人缺乏自信的感觉。

害羞束缚了大学生的言行，使大学生无法充分表达自己的愿望和情感，在人际交往中失去主动性，也使得他们不能充分利用交往机会发展自己和满足自己的需要。害羞具有情境性，脱离了交往情境，害羞反应会自动消失。

害羞是人际交往中普遍存在的心理现象，常常发生在与异性的交往中。害羞心理的产生主要是由于个体对安全感的过分追求。相关调查结果显示，承认自己因为害羞而不敢与别人交往的大学生占 49.7%。而另一项调查结果显示，在大学生的人际交往中，首要的阻碍因素就是害羞心理，且在大多数情况下，男女害羞心理差异不显著。根据害羞心理产生的原因，可将害羞分为以下三类。

一是气质性害羞。例如，有些人性格内向，遇到人或事时思前想后，举棋不定。

二是认知性害羞。例如，有些人非常注重自己的表现，患得患失，所以易受他人支配，羞于与他人交往，缺乏交往的主动性。

三是创伤性害羞。例如，有些人由于在生活上、学习上、工作上遭受过挫折而变得小心谨慎，消极被动地接受周围的一切。

大学生的害羞心理往往是大学生在家庭、学校等环境中，在接触朋友、同学等人时逐步形成的。易害羞的大学生真正缺少的是自信心，他们不相信自己能给别人留下好印象，担心自己说错话，索性就不说话。大学生可以采用以下几种方法来克服自己的害羞心理。

第一，树立自信心。大学生要相信自己有能力以恰当的方式处理任何事，并能给别人留下良好的印象，相信自己能在交友方面比现在做得更好。

第二，多参加交往活动。害羞的人如果从事教育、行政等需要经常与别人打交道的职业，其害羞心理会逐步消失。有害羞心理的大学生可以通过多与他人交谈，多参加自己感兴趣的集体活动，来让自己的害羞心理在不知不觉中消失。

第三，加强自律性训练。积极的自我暗示，如在心里对自己说"没什么可怕的""勇敢一点，没什么大不了的"，可以使自己沉住气，大大方方、不卑不亢地走向交往场合。大学生在平时的生活与学习中可以加强这一方面的训练。

第四，注意观察与模仿。大学生要注意观察与模仿一些善于交际、活泼、开朗的人的言行举止，从而掌握更多的人际交往的技巧，以帮助自己克服害羞心理。

（四）猜疑心理及其克服方法

猜疑是指没有事实依据，仅凭主观想象进行判断推测，只相信自己，总是怀疑他人的一种不良心理。疑心过重的人，常常会无端地怀疑别人在威胁自己的名誉、声望、形象，把别人的一举一动都与自己联系起来。当他们遇到不顺心的事时，首先不是从自身上找原因，而是怀疑别人在背后做了手脚。猜疑心理产生的主要原因是个体受到不恰当的他人暗示或自我暗示。猜疑者给人的印象是心胸狭窄，过分注意自己的得失，希望别人相信自己，又怀疑别人看不起自己、不相信自己。猜疑者自身也常常体验到巨大的心理压力。在这种心理状态下，他们很难与别人进行正常的人际交往，既影响个人潜能的发挥，又影响人际关系的建立和发展。

当一个人疑心重，并形成了稳定的这种心理状态时，就会令人厌恶，从而导致人际关系紧张，甚至会使同学间亲密的关系产生裂痕。大学生要想克服猜疑心理，就要努力做到以下几点。

第一，培养良好的性格。猜疑者的一般表现是与别人相处时不坦率，唯恐自己的真实动机被别人察觉。这种人要想克服猜疑心理，就要培养良好的性格，养成根据客观事实来进行推理、判断的思维习惯，克服武断地下结论、轻易怀疑别人的习惯。

第二，提高抱负水平。猜疑往往和一个人抱负水平低、过分拘泥于琐事有关。如果大学生提高自己的抱负水平，在追求远大目标的过程中开阔自己的胸襟，就不会拘泥于人际交往中的琐事了。

（五）孤独心理及其克服方法

孤独是个体因为缺乏人际交往而产生的寂寞感与失落感，是一种主观上的心理感受，不一定与外在的行为表现相一致。相关调查结果表明，由于在学习、生活中遇到的困难以及所关心的问题没有及时得到解决，65.85%的大学生有某种程度的孤独感，4.19%的大学生有较强的孤独感。孤独是大学新生中普遍存在的心理问题。大学生在满怀愁绪，无处倾诉时，会感到寂寞；在生活困难，求助无门时，会感到寂寞；在失业、失恋后缺少关怀时，也会感到寂寞。在这些情况下，一个人出现寂寞心态是难免的，也可以说是正常的。若在多人参与的生活环境中，或在非常热闹的场合里，一个人仍然感到寂寞，那就说明这个人是孤独的。孤独与独处不同，孤独是一种心理上的寂寞感与失落感，孤独的人是不快乐的；独处只是指个体在身体上离开别人，而在心理上却未必不快乐，甚至有人甘愿独处，享受宁静中的快乐。高傲、孤僻的大学生容易产生孤独感，他们看不上别人，感觉别人很庸俗，所以不愿与别人交往，不想依靠别人，也不想别人求助于他们。孤独会使他们失去活力，丧失健全的人格。有些孤独过甚者会试图到神那里去寻求精神寄托，有的酗酒，甚至轻生。

孤独产生的原因大致包括以下几个：缺乏社交技巧，不能在与别人接触时适当地表现自己；以自我为中心，忽略别人的需求；缺乏同情心与同理心，无法获得别人的感情回应；在与别人交往时过分患得患失，因害怕失败而逃避社交活动；在与别人交往时不能坦诚相见，因此无法获得别人的欣赏与尊重。孤独的人一般缺乏人际交往。大学生要克服人际交往中的孤独心理，可以从以下几个方面去努力。

第一，积极融入集体中。大学生只有在心中包容整个世界，融入集体中，才能正确处理好个人与社会之间的关系，发挥个人的聪明才智。这也是克服孤独心理的根本。

第二，多参与社交活动。大学生应多学习和掌握社交技巧，并借这个机会让别人认识、了解自己。

第三，改变不良性格。大学生高傲、孤僻等不良性格往往会使别人疏远自己。因此，大学生应该改变自己的不良性格。

第四，修炼慎独的功夫。失意与独处是不可避免的。大学生应注意修炼慎独的功夫，使自己在独处时不会感到孤独、寂寞。

（六）社交焦虑心理及其克服方法

社交焦虑是指个体在与他人交往的过程中表现出的不自然、非常害羞的心理，主要的行为表现是脸红、动作不自然、出汗等。大学生可以采用以下几种方法克服社交焦虑心理。

第一，学会放松，缓解焦虑。参加体育活动、洗热水澡等方法有助于放松身心，缓解焦虑。

第二，建立良好的自我意象。大学生要积极地看待自己，想一想自己有哪些长处可以发挥，再确立一些能反映这些长处的目标。另外，在进行自我评价时，大学生应注意强调积极的一面。这样，就能逐渐建立起良好的自我意象来。

第三，增强社交吸引力。首先，大学生要注意自己的外在形象，如留一个好看的发型、穿合适的衣服等。其次，要勇于参加各种社交活动。一开始的时候，可以去自己比较熟悉的地方，然后可以试着去其他的自己比较感兴趣的地方，逐步扩大活动范围。再次，要敢于和不同类型的人交往，扩大自己的社交接触面。最后，必须要有耐心，还要付出努力。没有人天生就具有社交吸引力。大学生只要肯努力，持之以恒，就一定会取得成功。

（七）社交恐惧心理及其克服方法

社交恐惧是指个体在交往活动中经常出现惊慌失措、局促不安、无所适从等现象。这是比害羞更严重的一种交往障碍。这类人害怕与别人交往，总觉得别人不会喜欢自己，讨厌自己，但交往的愿望强烈。

社交恐惧使大学生对交往极其敏感，总担心自己会在别人面前出丑。具有社交恐惧心理的大学生在参加任何活动之前，都会感到极度焦虑，甚至会想象自己如何在别人面前出丑；在参加活动时，会感到更加不自然，甚至说不出一句话；在活动结束以后，会一遍一遍地回忆自己是如何处理每一个细节的，并思考自己应该怎么做才正确。

缺乏自信心或过于自卑是导致大学生产生社交恐惧心理的主要原因。在与别人交往时会产生恐惧心理的大学生表现出强烈的自我贬低倾向，即使在行为上没出什么差错，也会觉得自己表现得不好，害怕给别人留下不好的印象，从而加重了交往过程中的恐惧情绪。这类大学生具有完美主义倾向，一旦有表现得不好的地方，就会寝食难安，觉得没脸见人。同时，这类大学生大多性格内向，缺乏社交训练，对不熟悉的事物特别容易产生恐惧心理。

第五节　大学生人际交往策略

一、注重人际沟通

人际沟通是指人与人相互交流思想、感情、意见等信息的过程。人们通过沟通来表达感情以使对方理解自己。人际沟通不仅是维护和发展人与人之间的关系的纽带，而且是个体正常发展的基础和必要条件。生活中的很多矛盾刚出现时其实是很轻微的。但双方因为要面子而在彼此间展开"冷战"造成了不必要的误会，进而导致了矛盾的升级，甚至是关系的破裂。大学生在遇到矛盾时，一定要利用各种条件促进相互间的意见、情感沟通。只有消除了误会，才能使人际交往朝健康、和谐的方向发展。

二、把握交往尺度

大学生在人际交往中还要注意把握交往的尺度，包括交往的广度、深度、频率等。交往的广度要适当，既不能太广，也不能太窄。大学生的交往范围太广，既会影响交往质量，又会浪费自己太多精力，影响自己学习；交往范围太窄，则可能使自己错过许多可交的朋友，使自己陷于狭小的人际圈子不能自拔。交往的深度也要适当。有的人可以深交，有的人则不需要深交。大学生在在决定交往深度时，主要应看交往双方是否有共同的理想、追求、兴趣等。交往的频率也要适当。即使是好朋友，也不能天天在一起。因为这样既影响彼此的正常生活，也会减弱彼此的新鲜感，从而引发矛盾，从而阻碍友谊的进一步发展。当然也不能长时间不来往。因为这样会使原本亲密的关系慢慢变淡。

三、学会解决冲突

尽管每个人都期望朋友之间能够和睦相处，但是往往事与愿违，朋友之间会发生一些冲突。学会解决冲突是大学生成长的必要环节。对于冲突的解决，大学生一定要意识到，冲突是不能通过暴力得到解决的。在文明社会，解决冲突的最好办法是协商。首先，双方要保持冷静，并对冲突进行全面、客观的分析，找出发生冲突的原因，然后，双方共同讨论解决问题的办法，并选出对双方都有利的办法。在寻求解决办法的过程中，互惠是有效解决冲突的首要原则。也就是说，双方应找到能将对双方的伤害降到最低，对双方的利益有最大保障的方法。除此之外，还要顾及双方的主观感受。尊重、宽容、理解是有效解决冲突的重要原则。特别是在暂时无法找到双赢的解决方法时，一笑却能泯恩仇。另外，相关研究也表明，沟通双方不应该过分关注沟通的结果。总之，协商是解决冲突的一个好方法。在协商的过程中，双方不仅要冷静地沟通，还要顾及双方的感受，从而将问题解决。

四、培养良好的品质

在人际交往中，良好的品质包括真诚、互助、热情、自信、谦虚、谨慎、不卑不亢、理解、宽容等。从大学生的实际情况来看，在人际交往中，做到以下几点对大学生来说特别重要。

（一）学会宽容待人

宽容是不计较而不是软弱，是理解而不是迁就。宽容体现的是情操、修养。宽容地对待他人，可以帮助大学生赢得好人缘，以及可以促进大学生身心健康。要学会宽容待人，大学生就要从身边的小事做起。朋友之间相处难免会发生矛盾。关系再好的朋友也不可能在各个方面完全一致。如果大学生不能以宽容的心去对待矛盾和性格差异，就会阻碍朋友关系的发展。倾听别人的解释是宽容待人的开始，心理换位是宽容待人的根本，理解是宽容待人的核心。

（二）诚信对人

朋友之间相处要诚实、坦率、守信。只有这样，朋友之间才能顺利地进行心灵上的沟通，才能了解彼此的真实感情。友谊也只有在这种气氛中才能健康发展。否则，朋友关系只能在短期内得以维持，不可能长期发展。因此，诚信对人的交友态度在巩固和发展朋友关系的过程中起着非常重要的作用。

（四）学会换位思考

换位思考是指在与人交往的过程中，把自己置于对方的位置上去思考问题，设身处地为对方着想。在人际交往中，换位思考不仅是一种思考方式，也是一种心理品质。大学生之间的矛盾，往往是由于交往双方彼此没有注意到对方对自己行为的感受和反应而被引发的。大学生在人际交往中，要学会换位思考，以促进人际关系的发展。

　　人际交往关系到大学生一生的成败、甘苦，因此，大学生不能不重视。处理人与人之间的关系是一门学问，是一门艺术。有许多具体的原则、警言可供我们参考、借鉴。但是，掌握这种艺术的关键是我们对人性的了解和掌握，是我们对自身的了解和把握。大学生只要了解他人需要什么，并满足这些需要，就能赢得他人的尊重；只要了解自己的长处和不足之处，并不断地完善自己，就能更坦然地走向他人，更自信地与他人交往。

第五章　大学生学习心理

第一节　学习心理概述

学习是人类生存和发展的根本性活动，是教育学、心理学等领域研究的热点话题。

一、中国古代学者对学习的理解

我国古人在一些文献很早就阐释"学习"一词，而且是分开来阐释"学"和"习"的含义的。在《辞源》中，"学"意味着"仿效"，"习"意味着"练习""复习"等。也就是说，学习是通过观察、模仿学得知识，并在不断的练习中巩固知识的过程。

《论语·学而》中写道："学而时习之，不亦说乎？"这句话体现了孔子对"学习"的理解：以学习为乐、主动提升修养、实践仁德。这种思想也体现了我国传统文化中的精华。荀子在《劝学》中提出"学不可以已。青，取之于蓝，而青于蓝；冰，水为之，而寒于水"，表达了人经过学习或教育之后可以提高自己，通过学习也可以超过老师或者前人等思想，说明了学习不只是单纯的复制，而是不断地内化，进行自我超越，需要不断地创新来超越前人；同时还表达了"活到老，学到老"和学习需要不断坚持的思想。

二、心理学家对学习的理解

（一）行为主义学习理论

在心理学界，对于学习的概念没有统一的观点，每个流派对于"学习"都有自己的观点。行为主义的学习理论主要认为学习是思维与外界相互作用的结果，个体的学习受环境的制约。

1. 早期行为主义的学习理论

著名生理学家巴甫洛夫的经典性条件反射理论认为学习是中性刺激和无条件刺激反复结合形成条件反射的过程。美国教育心理学家桑代克认为学习的本质是刺激和反应之间的联结，学习的过程是不断尝试错误、形成联结的过程，学习需遵循"准备律""练习律"和"效果律"三大规律。

2. 现代行为主义的学习理论

美国心理学家斯金纳认为学习的本质是操作性条件反射，是个体某种自发行为因得到强化（例如，当学生认真完成作业时会得到父母或者老师的表扬，表扬就是一种强化）而提高了这种行为出现的频率。班杜拉提出了社会学习的概念，认为个体的学习有两种形式：①通过自身直接经验习得行为的过程，即直接经验学习；②通过观察别人的行为习得行为的过程，即间接经验学习（例如，一个学生如果看到别人因为认真写作业而受到表扬，那么该学生下次很可能也会认真写作业）。

（二）认知主义学习理论

与行为主义学习理论相对立的是认知主义的学习理论。认知主义侧重于个体在学习过程中的内在心理过程，强调个体内在心理结构，认为学习是在面对问题情境时，内在心理结构通过积极主动地组织、调整等被改变，强调刺激和反应之间应该是以内在意识为中介的。

1. 早期的认知主义学习理论

德国心理学家苛勒认为学习是对知觉的重新组织，学习的过程是一个学习者不断尝试错误，从而对问题情境突然理解，达到顿悟状态的过程，非常强调个体的能动性。新行为主义学派的托尔曼认为学习是有目的的行为，刺激之所以能引起个体的反应，是因为个体带着某种目的在对这个刺激进行试误，从而在脑内对外界事物的各类属性形成一幅地图——认知地图。认知地图将改变个体后期的行为。

2. 现代认知学习理论

美国教育心理学家布鲁纳认为，学习是一个学习者主动形成认知结构的过程，知识的学习过程包括新知识的获得、旧知识的改造、知识的评价三个几乎同时发生的过程，强调学习者独立学习、独立思考和自行发现知识等的重要性。

美国教育心理学家奥苏贝尔认为学习是一个有意义的过程，是学习者将获得的信息与脑内原有的认知结构发生联系的过程，而不是机械地接受外界信息的过程，认为人类最佳的学习方式是有意义接受学习。

（三）建构主义学习理论

建构主义学习理论不仅吸收了传统认知学派的观点，同时也吸收行为主义的一些观点，以及人本主义强调的"以人为中心"的思想。建构主义认为学习者在一定的情境之下，利用个体已有的知识经验，主动地将外界信息进行重新认识、理解和编码，从而不断更新个人网络知识结构。外界信息本来没有什么意义，意义是学习者在新旧知识经验间反复、双向的作用过程中建构出来的。学习也不是知识的累加，而是各类知识结构的重新组合。

现在，我们一般认为学习的概念有狭义和广义之分。狭义的概念是指通过各种方式获得知识或技能的过程，日常生活中的"拜师学艺""学习文化课知识"等都是狭义上的学习。广义的概念是指人和动物在生活过程中通过实践训练而获得了由经验引起的相对持久的适应性的心理变化。在广义的学习概念中，有以下四个论点。

第一，学习不是人类特有的现象，动物也会学习，它是人和动物所共有的心理现象。动物和人的学习存在本质的差异：动物学习是简单被动的学习，主要是直接经验学习；人类的学习包括直接经验学习和间接经验学习。

第二，学习来源于个体与环境的相互作用，它不是先天的本能活动，而是个体后天通过自身的观察、亲身经历等逐渐获得技能和技巧的过程。婴儿吃奶、蜜蜂酿蜜等行为是进化过程中固定下来的本能行为，而婴儿学习说话、猴子学习骑自行车等都属于学习行为。本能行为一般符合以下两个特征：该行为模式是其所在物种中所有个体都具备的；是在个体与其物种隔离的情况下，个体仍能产生的行为模式。众所周知，"狼孩""猴孩"等因为出生后不久就脱离了人类的生存环境，他们往往丧失了人类的语言能力，不懂得如何与人进行交流，因此，语言并非与生俱来的能力，而是人类后天通过学习得到的。

第三，任何水平的学习所引起的行为变化都是持久的。所以，我们不能把有机体的一切变化都归为学习，如疲劳、药物损伤等。学习引起的变化主要是指个体形成了一种新的知识结构或者获得了一种新的行为技能。运动员通过某种药物使得自己的竞技水平提升。但是这种提升只是暂时的，不能算作学习的结果。而个体习得的骑自行车这种技能往往是永久性的。虽然个体多年未骑自行车，当其突然再骑自行车，可能无法顺利地驾驭自行车，但这种技能水平的降低不代表他的学习效果就消失了，因为当他再次接触自行车时，与第一次接触自行车时相比，他将花费更少的时间重新学会骑自行车。这种变化正是之前的学习带给他的。

第四，学习引发的结果可以是外显可见的（如行为的改变），也可以是内在隐含的变化（如内部心理结构的变化，包括态度、认知结构等）。例如，一个学生在观看电影《战狼2》后，增强了自身的民族自豪感和国家荣誉感，他可能表现为积极主动地关心国家要闻，也可能仅仅是内在态度的改变。态度的改变是内在的、无法被直接观察到的。学习引发的结果是无法被完全测量的。可以被测量的只是一些外显的且可量化的方面，看不见的内在变化无法被精确评估。因此，用学习成绩来判断学习是否发生、学习的质量如何等，并不一定能够客观、全面地反映学生的学习情况。因此，我们应该结合学习的过程，从多方面对知识获得、行为改变等情况进行评价。

第二节　学习的影响因素

学习是一项重要活动，如何培养学习能力、提高学习效果是当前教育的热门话题。要想提升学习质量，首先就要了解影响学习的因素有哪些。学习的因素主要有生理因素、心理因素和社会因素。学习活动建立在个体的生理、心理发展的基础之上，学习效果与个体生理成熟、心理成熟的水平相关，并受外界社会环境的影响。

一、生理因素

个体的生理发展是学习的自然前提。生理成熟为学习活动提供了必要的物质准备和心理准备。其中，生理成熟包括大脑发育和骨骼、肌肉等组织器官的发育成熟。

心理是大脑对客观世界的主观反映，学习作为个体的高级心理活动，自然离不开大脑。现代的脑科学研究发现，人的大脑有许多不同的结构，每个结构都有不同的功能，比如，大脑皮层不同的区域负责不同特定类型的认知加工。一些临床观察和对灵长类动物的研究发现，大脑皮层某些部位的损伤会导致学习障碍；边缘系统与学习、记忆及动机密切相关，其中，海马体与注意和学习相关，尤其与有意识的学习和记忆密切相关，杏仁核在情感和自动情绪反应中有重要作用。此外，通过对大脑神经递质、大脑能量代谢以及脑波涨落等进行研究发现，学习行为可以导致脑内生物化学变化，而大脑内部生物化学变化又有可能影响学习。此外，发育成熟的大脑是个体学习的重要物质基础。人们普遍认为大脑发育期主要是孩提时代。其实不然。大脑发育期主要是在出生之前以及出生后的最初几年。在童年期、青少年期和成年早期，大脑仍然会继续发育。

虽然现在脑科学的研究成果为心理学和教育学的学术研究提供了理论解释的证据，对教学实践似乎还未能提供太多明确性的指导。但是从这些脑科学的研究结果中，我们能够确定的是，个体的学习活动受到脑功能状态和生理成熟水平的制约。因此，大学生在日常的学习活动中需要遵循个体生理发展的规律，学会科学用脑、劳逸结合、补充营养，避免生理上的疲劳。

二、心理因素

学习是一种综合性的认知活动，包括对外部信息的接收、理解加工、记忆存储和信息提取过程。这些过程中的每个环节都会影响最终的学习效果。在学习过程中，个体调用了自身注意力、感知觉、记忆力、思维能力、想象力等，从而获得最终的知识经验增长、认知能力提升等学习结果。我国心理学研究者在对影响学生学业成绩的调查中发现，学习效果主要受智力因素和非智力因素的影响。这两类因素对学习活动起推动、维持、控制、导向等作用。

（一）智力因素

个体的学习离不开智慧。从某种程度上讲，智力因素是学习的前提。个体只有具备一定的智力水平，才能将学习行为转化为一定的学习效果。智力因素主要包括注意力、观察力、记忆力、思维和想象等，这些智力因素决定了个体认识和处理内外信息的质量。

1.注意力

注意力是心理活动和意识活动对一定对象的指向和集中的能力，能保证个体更清楚地认识事物。注意力的"指向"是指个体在面对多个刺激时，心理活动有选择性地反映一些现象而离开其余对象；注意力的"集中"是指心理活动停留在被选择对象上的强度。比如，一个学生在教室听课的时候，旁边有人在讲话，此时，他会选择将注意力放在老师的声音上，而有意地忽略其他人讲话的声音。注意力可以帮助个体有条不紊地开展学习，同时维持个体的学习状态，提高学习活动的效率。学习材料多数是较为枯燥乏味的，需要学习者全神贯注地去学习。如果学习者注意力难以集中或者不够稳定，势必会影响学习效率。

2. 观察力

观察力是指个体对外界事物的感知能力。我们生活在丰富多彩的世界里，我们是通过观察、感知而获得信息的。敏锐的观察力可以使我们避免受到表面现象的迷惑，而真正地看到事物的本质和变化的趋势，快速适应外部环境的变化。在系统学习中，无论是语文课中的字形辨析、艺术课中的色彩感知、数学课中的物品计数等，都离不开观察。通过观察，学习者可以获得最基本、丰富的感性材料，从而可以更好地理解和掌握理论知识。观察能力较强的学习者会把注意力集中在关键点，善于发现问题并寻找解决办法；观察能力弱的学习者因为不善于发现问题，所以往往在学习中处于被动状态。

3. 记忆力

记忆是人脑对过去经验的反映，包括对信息的识记、保持、再认或回忆。从日常生活到科学研究，个体的生活、学习和工作均离不开记忆。对于学生而言，记忆是有效学习的基础能力，具有不可替代的作用，也是最熟悉的心理现象。一般而言，记忆力好的学习者的学习和工作效率往往较高。

4. 思维

思维是人脑对客观事物的本质反映和内在规律的间接和概括的反映，是一种高级的心理活动。思维具有间接性和概括性的特点。因此，人类可以摆脱客观事物的束缚，根据已知经验，通过分析、综合、比较、分类、抽象、概括、系统化和具体化来进行推导，认识事物的现实本质，预测事物的发展。根据分类方式的不同，思维可以分为动作思维、形象思维和抽象思维，也可分为发散思维和集中思维、直觉思维和逻辑思维、常规思维和创新思维等。每个人擅长的思维方式不同，在日常学习中的行为表现也不尽相同。比如，擅长集中思维的人在思考问题时非常注重条理性，喜欢有条不紊地处理事情；擅长发散思维的人在思考问题时能够从多个角度出发、灵活性较强、能够做到触类旁通等。

5. 想象

想象是人脑里对已有表象进行加工改造形成新形象的心理过程。想象是一种高级的认知过程，也是一种特殊形式的思维，是一种形象思维。想象可以说是智慧的翅膀。我们可以借助想象，打破认识活动的时空限制，超越个人的经验范围，扩大个人的视野。比如，学生在学习物理中的天体运动时，虽然没有遨游过太空，但是可以根据以前看到过的科普资料，或者根据文字的描述，去想象外太空的世界，从而帮助自己学习该章节的知识等。想象和思维是相互交叉、渗透的，如果没有想象力的支持，人就很难形成创造性思维。

（二）非智力因素

非智力因素主要是指不直接参与学习的认知加工过程，但是对该过程起到一定制约作用的因素，主要包括动机、意志、兴趣等。

1. 动机

动机是引起和维持个体活动，并使之朝一定目标前进，以满足个体某种需要的内部动力。人的任何有目的的行为都是在动机的驱使下完成的，比如，因为饿了去吃饭，为了身体健康去跑步等。

学习动机强度与学习效率之间的关系并不是简单的线性关系。在一定范围内，动机强度越大，个体越积极，其学习效果越好。但是学习动机过强，也会给个体带来一定的压力，影响其注意力、观察力及情绪等，从而影响学习效率。因此学习动机和学习效率之间的关系图是一个倒 U 形曲线。心理学家耶克斯和多德森通过实验发现，学习动机的水平是随着任务难度的增加而逐渐降低的。

根据动机产生过程中的需求和诱因，可以把动机分为内部动机和外部动机。内部动机是由个体的好奇心、兴趣、上进心等内在心理因素转换而来的动机，比如，一个学生因为对心理学非常感兴趣，想要了解人性，所以，在课余时间喜欢借阅心理学相关书籍。外部动机是由想要得到赞扬、奖励等外在条件（诱因）诱发的一些动机，比如，一个学生因为想要获得同学的喜欢和赞扬，期望在同学面前展示自己博学的优点，因此，在课余时间经常阅览其他专业的书籍以拓宽视野。一般而言，内部动机的推动作用和持续力度都要强于外部动机。因为外部学习动机的诱因一旦消失，由外部动机激发的学习动力就会减弱或者也随之消失，比如，如果想要获得同学赞扬的那个学生发现同学好像并不喜欢博学的人，或者发现得到同学的赞扬并没有什么实际性的价值，那么他可能就不会再继续涉猎其他专业书籍了。

2. 意志

意志是个体自觉地确立目的，并支配个体行动，克服困难，努力实现目的的心理过程，包括自觉性、果断性、坚持性和自制性四个品质。意志对学习的调节作用包括促使个体做出有助于完成学习目标的学习行为，阻止并抑制个体做出不利于学习目标完成的行为。比如，为了顺利通过全国大学生英语四级考试，学生为自己设立考试目标，并制订备考方案，但是备考的过程是枯燥的，总想出去玩或者宅在寝室睡觉，意志力良好的学生会克服懈怠心理，努力完成每天的练习任务，坚定地把计划付诸实践。

3. 兴趣

兴趣是个体积极认识、关心某种事物或参与某种活动的心理倾向性。学习兴趣可以算是学习动机的一种心理成分，主要表现在求知欲上。学习兴趣是学习中最活跃的成分，是直接推动学生主动学习的一种内部动力。俗话说："兴趣是最好的老师。"兴趣中含有好奇心、求知欲等心理成分，当个体对某事物产生了兴趣，他就会努力探求知识，并在这个学习过程中展现出较强的意志力。

三、社会因素

社会因素主要指的是个体所处的学校环境和家庭环境。在同一个学校，甚至同一个班级内，很多学生的学习也表现出不同的学习状态和水平。除学生的自身生理和心理因素外，这种现象主要还和学生的家庭环境有密切关系。家庭环境主要是指家中是否有足够的文化刺激、家长对子女学业的参与情况、是否有适宜的学习场所，以及家庭关系的亲疏程度等。

很多有经验的教师发现，家长对子女学习的关心程度对学生的学业水平有一定影响。一般而言，如果家长较为关心子女学习，那么，子女在校学习大多比较认真，学业水平提升较快；如果家长对子女的学习漠不关心，那么，子女在校学习通常表现一般。研究表明，导致学生学业水平低的主要原因在于其家庭中缺乏学习环境和学习背景，且家长不重视孩子的学业成就。此外，和谐亲密的家庭关系能为学生的生理发展、心理发展提供有效的支持。这种支持会转变为学生学习的强大动力。如果家庭关系复杂、疏远或者父母依据自身的情绪好坏来管理孩子，那么，学生在家庭得到的陪伴和有效的指导一般较少。这些家庭支持的缺失会影响学生的学习心态，甚至使其失去学习的动力，从而影响学习的效果。

第三节　大学生常见学习心理问题及应对策略

一、大学生学习特点

从大学生的学习生涯来看，大学是大学生从校园走向社会的过渡阶段。高校教育的目标就是要为社会发展培养一批高素质的全面发展的专业型人才。在这样的背景之下，大学学习与高中学习有着截然不同之处，主要表现为学习内容专业性强、学习形式多样化、学生在学习过程中自主性强、个人学习动机多元化等特点。

（一）学习内容方面的特点

大学学习主要以专业课学习为主。大学生通过大学学习能够完成专业人才转变的第一步。专业课学习主要包括系统的专业理论知识学习和专业技术训练，不仅强调所传授的专业知识要精深，也强调所传授的专业知识要广博，为大学生以后顺利从事专业工作打下坚实的基础。因此，大学生的学习内容具有较强的理论性、前沿性、探索性和实践性。

（二）学习形式方面

学习形式为学习内容服务。由于大学生学习内容集理论与实践于一体，所以大学生的学习形式不局限于一般的课堂学习。大学生可以通过其他多样化的途径开展学习活动。大学具有丰富的学习资源，如设备先进的实验室、藏书丰富的图书馆、选修课、各类学术讲座、教师科研项目、校外实践项目等。大学生可以阅览图书馆藏书、上选修课、听学术讲座、参与教师的科研项目、进行生产实习、参加社会实践等，进行多种形式的学习。

（三）学习过程方面

大学学习最大的特点就是自主性。大学生对自己的学习有较大的自主选择权，比如，怎样选择选修课，课余时间通过哪些途径学习专业知识，涉猎哪些图书，什么时候学，学到何种程度等，都可以由大学生自己来决定。在这样的可以自主选择的条件下，大学生需要具备较强的自律性和计划性，学会进行自我学习，学会主动管理时间，克服惰性。此外，大学的学习内容具有一定的研究性和探索性。因此大学生在日常学习过程中，不仅要做到融会贯通，还应该充分发挥自己的创造性和能动性。

（四）学习动机方面

大学生自我意识基本成熟，具有较强的独立性、自主性和可控性，会常常思考学习的意义、生活的意义等，再加上大学的学习活动具有很强的自觉性、竞争性和紧迫性，所以，大学生的学习动机表现出多元化特点。学习动机主要源自个人的求知进取、物质追求、小群体取向等。其中，小群体取向的学习动机是指学生为某几个特定任务而努力学习，比如为了报答父母而努力学习。

二、大学生常见学习心理问题

从中学进入大学，学生的角色发生重大转变，生活环境、学习环境也随之发生巨大变化。大学生活虽然丰富多彩、自由自在，课程安排与中学相比看似相对宽松，但是学习依旧是大学生的主要任务和主导活动，大学生的核心任务依然是学习专业知识、掌握专业技能，同时还要提升自己的综合素质。大学专业课学习内容与中学阶段的基础文化课的内容差别较大，存在一定的知识脱节问题。这对学生的消化和吸收知识的能力提出了挑战。为确保内容的前沿性，大学教师不仅立足于课本，而且会跟踪本专业的最新发展动向，在课堂上也会添加一些本专业的最新研究结果。这对学生的理解能力提出了新的挑战。在这样的背景之下，很多大学生都有不知如何对待学习、学些什么、怎么学习等的困惑。有些大学生进入大学后，忽然发现没有了考入大学这个目标，自己居然不知道为什么学习，找不到学习的意义；有些大学生进入大学后，迅速找准自己的学习目标，但仍使用以往惯用的学习方法，本以为能延续中学阶段的学习优势，但是实际学习效果却没能达到理想水平；有些大学生认为进入大学，终于可以自由学习，真正按照自己的兴趣来管理学习，但是发现自主权在自己手里的时候竟然无从下手等，而这些问题或疑惑都会影响学生的学习效果。

大学生常见的学习心理问题主要有以下几个。

（一）学习动机不当

踏进大学的校门以后，多数大学生慢慢地从高中紧张、快节奏的学习状态中放松下来。由于各种各样的原因，很多大学生难以找到原来的学习热情，找不到学习的目标，无法激发出恰当的学习动机。学习动机不当主要是指缺乏内在学习动机，学习动机水平过高或过低。

大学生之所以缺乏内在学习动机主要是因为缺乏职业理想、缺乏目标和规划、对本专业不感兴趣等。缺乏内在学习动机的大学生表现出外部学习动机过强、学习动机带有明显的功利性、过分追求物质利益、学习动力难以持久、容易出现一时的热情等特，或者表现出对本专业不感兴趣、无法感受到学习的乐趣、抵触学习，甚至厌学等特点。

学习动机水平过高的主要原因是大学生对学习存在认知偏差，自我要求严苛、完美主义、过分关注外部的奖惩等。学习动机水平过高往往会带来极大的心理压力，诱发学习焦虑、失眠等心理问题，从而降低学习效率。

学习动机水平过低的主要原因是大学生未能正确认识大学学习的重要性、学习态度不端正、目光短浅、胸无大志等。学习动机水平低的大学生往往具有学习态度不端正，抱着及格万岁的心态或者"读书无用论"的观点，上课睡觉、下课不认真完成作业，长期旷课等得过且过的问题。

（二）缺乏良好的意志品质

大学生活丰富多彩，在相对枯燥、艰难的学习面前，部分大学生无法抵御外界的诱惑，缺乏自律性，不能很好地控制自己的学习行为，常常沉溺于休闲娱乐活动中，而将学习抛在脑后。学习是一个漫长的过程，且大学生学习内容难度较大，在学习的过程中势必会遇到各种各样的困难或瓶颈。部分大学生由于缺乏迎难而上的精神，遇到困难或挫折就容易退缩、中途放弃。

（三）缺乏学习策略

大学生的学习不是一件轻松的事。搞好学习不仅需要大学生有刻苦精神，而且要有科学的学习方法。与中学相比，大学的学习模式发生了根本性的变化，从学习内容、学习形式到学习过程都发生了很大的变化。大学生高中的学习经验已无法与大学学习完美匹配。由于缺乏科学、灵活的学习策略，再加上学习内容难度较大、课程种类较多等，许多大学生在学习上感到非常困惑。比如，由于课余时间相对自由，没有外界的考试压力或老师的催促，部分大学生在课余时间无法自主开展学习活动，仍处于被动学习状态，不主动开展预习、认真听讲、及时复习、完成作业等学习活动，导致在课余时间的学习效率低下，课堂听讲质量较差；部分大学生发现大学老师课堂讲授的内容与教材不完全一致，不知道上课如何做笔记，不知道该记哪些要点，无法跟上老师的节奏；部分大学生不会利用其他学习途径，如查阅资料等；部分大学生学习抓不住重难点，看书不求甚解，不能取得应有的学习效果等。

（四）缺乏时间管理能力

为适应社会发展，大学生在学习好专业课之余，应注重个人综合素质的提高。因此，虽然从表面上看，大学生课余生活非常丰富多彩，但是由于大学生在课余时间需要参与的活动项目较多，除了要学习专业知识以外，还要参加兴趣活动、实习实践、学术讲座，或开展个人休闲娱乐活动等其他项目。对大学生的时间管理能力提出了挑战。多数大学生由于缺乏良好的时间管理能力，做事情"胡子眉毛一把抓"，经常出现"盲、忙、茫"的情况，盲目地忙碌，一天结束后发现没有还做重要的事情，时间却已流逝，最终收获的只是茫然的体验。

三、大学生常见学习心理问题的应对策略

在大学学习中，大学生应培养并激发个人学习动机，培养良好的意志品质，以增强自己的自律性和坚韧性。在此基础上，大学生仍需掌握必要的学习策略，在日常生活中提高个人时间管理能力。这样才能游刃有余地开展个人学习活动。

（一）培养并激发学习动机

大学学习强调自主学习。其中，激发个人学习动机尤为重要。大学生应树立个人正确的学习理念，端正学习态度，从"要我学"转变为"我要学"。

第一，动机来源于需求。所以，要激发学习动机，就必须先树立个人理想，明确个人奋斗目标，根据个人中长期目标和个人实际情况，激发个人当下的需求，激发个人求知欲。

第二，兴趣是最好的老师。大学生需主动培养个人专业兴趣。兴趣是在实践活动中逐渐产生的。大学生可以主动参与第二课堂的学习，积极开展社会实践，提前了解本专业的工作性质、发展前景、市场需求及社会意义，通过参加各类与专业相关的讲座、项目、实习等，加深自己对本专业的了解，在尝试过程中寻找学习的价值和乐趣。

第三，增强自我效能感。心理学家班杜拉认为自我效能感是人们对自身能否利用所拥有的技能去完成某项工作任务的自信程度。如果大学生预测到自己的学习行为可以产生良好的学习效果，那么就会激发自己的学习行为。也是就说，增强学生自我效能感可以促进学生提高学习动机。所以在日常生活中，大学生应用积极乐观的心态挖掘自我的成功经验或成功特质，鼓励自我，增强自信心，从而增强个人的自我效能感。

（二）培养良好的意志品质

正所谓："不积跬步，无以至千里。"良好的意志品质是大学生学习活动

的保证和身心发展的重要条件。良好的意志品质不是人天生就有的。它是个人在后天学习和实践活动中有目的地培养出来的。大学生在日常生活和学习中应主动锤炼个人意志。培养良好意志品质的途径有很多，比如：为自己制订作息计划、学习计划等，并严格执行；开展一些考验意志的活动，如晨练、爬山、徒步旅行等，有意识地让自己努力践行；用名言警句、座右铭、杰出人物的事迹来警醒自己等。

（三）掌握必要的学习策略

在树立正确的学习理念、端正学习态度的基础上，大学生在学习活动中还应掌握必要的学习策略，在学习过程中，适时检查学习效果，及时调整学习策略，避免无效学习、学习疲劳等现象出现，以达到事半功倍的效果。

首先，确立个人学习目标。大学生需要结合自身实际水平，客观衡量自我学习能力、专业特点、学习任务难度等，遵循循序渐进的规律，按照学习任务由易到难的顺序，小步子推进学习过程，逐步完成个人学习目标。

其次，主动为自己的学习增添乐趣。心理学家斯金纳认为强化可以提高个人行为的频率。所以在日常学习中，当完成学习目标后，大学生可以适当奖励自己，通过自我奖励、自我激励的方式，增添个人的学习乐趣，提高个人学习行为的频率。

再次，选择恰当的学习方法。大学学习因内容专业性、形式多样化、过程自主化等特点，与中学学习区别较大。大学生需要注重学习方法的选择。大学生选择的学习方法应该与学习内容、学习者风格相匹配。

最后，注意科学用脑。大脑的神经活动有兴奋—抑制交替的规律。在学习过程中，大学生需要学会劳逸结合，学会调节和放松，保证充足的睡眠和营养，避免因过度用脑而造成心理疲劳和生理损耗的现象出现。

（四）提高个人时间管理能力

时间管理是指通过一定的方法主动管理个人时间，从而实现高效工作，并完成工作目标。时间管理的精髓不在于延长时间，而在于合理分配时间。

首先，提高对时间的重视程度。"逝者如斯夫，不舍昼夜。"时间是一种无形资产，具有不可重复的特性。如果时间悄然流逝，那么我们用任何力量都无法挽回。大学时期一般是个体一生发展过程中精力最充沛的时期。大学生应认识到大学时间的重要性，努力在"黄金时期"发挥出最大价值。

其次，分清事情的轻重缓急。时间管理的精髓在于在有限的时间内通过对事件进行主动管理来达到高效工作的目标。大学生在日常生活中要对事情进行优先级排序，要先做重要的事情，再做次要的事情。

再次，制订合理的计划。培养自己制订计划的习惯，在实际行动之前，不仅要对事情的轻重缓急、优先级进行排序，还要根据任务所需时间、个人现有时间、个人最佳工作时间进行匹配，从而制订出一份合理的计划安排表。

最后，养成良好的学习习惯。长期拖延会打乱个人计划，影响个人学习热情，使个人的学习陷入恶性循环。大学生应培养"今日事今日毕"的良好习惯，不要拖延。

第六章　大学生网络心理

第一节　大学生网络心理与行为特征

随着互联网技术的发展，网络展现出了其他信息载体无法替代的特征。特别是近几年移动互联网的普及，更使网络成为大学生学习和生活不可或缺的一个重要部分。在这种网络大环境下，大学生的心理和行为也展现出新的特征。

一、使用的上网终端工具多样化

以前，大学生上网工具较多集中于电脑这一传统工具。随着经济和科技的发展，手机、平板电脑等移动上网终端工具的出现，使得大学生上网变得更加便利，也可以使大学生随时随地上网。在大学生宿舍里，为了方便携带，大多数学生选择使用笔记本电脑。在平板电脑与手机的选择上，从经济角度上考虑，大学生更多选择购买性价比高的智能手机。当然也有部分喜欢玩网络游戏的大学生会选择运行效率高的台式电脑。

二、网络学习利用率较高

大部分大学生在中学甚至小学时就已经熟悉网络，在大学期间才开始接触网络的大学生人数很少。据调查，80%以上的学生选择在网上搜索和下载学习资料，了解所学专业的前沿动态。他们认为网络资源丰富，通过网络进行学习比较经济、实惠、便利，另外，网络资讯更新快，所以他们可以及时地把握信息前沿。

三、网络社交活跃

随着网络的发展，社交网站也日益受到大学生的青睐。大多数大学生为独生子女，他们在相对孤独的环境下成长，内心有时较空虚，所以，他们特别渴望能够结交一些朋友。同时，大学生正处于喜欢张扬个性的阶段，个性率真，喜欢对触动自己情绪的人或事进行"吐槽"，也喜欢与朋友交流思想、共享网上资源。

四、网络娱乐普遍化

开放的网络平台提供了丰富多样的娱乐资源，也在一定程度上丰富了大学生的课余生活，尤其是网络音乐、网络影视和网络游戏深受他们的喜欢。有些大学生热衷于网络游戏。据调查，大部分大学生每周玩游戏的次数不少于3次，部分大学生每天都会玩网络游戏，也有大学生因沉溺于网络游戏而影响甚至荒废学业。

五、网络消费多元化

随着网络不断渗透，网络营销也成了很多企业重点开发的营销方向。追新的大学生也较快接受了便捷、实惠的网上消费方式。他们在网上购买书籍、音像制品等学习用品，衣服、鞋子、包等生活用品等。

第二节　大学生常见网络心理问题及调适方法

网络成瘾可能导致大学生出现性格内向、自卑、与家人对抗及其他精神心理问题。

一、大学生网络行为的心理调查分析

笔者进行大学生网络行为的心理调查的主要目的是通过调查发现大学生网络行为所映射的心理，希望能从行为以及心理两个层面对大学生在网络上的不良行为进行纠正，帮助其塑造积极向上的心态。在进行大学生网络行为的心理调查时，采用的调查方法是分发调查报告，进行现场数据采集。笔者在选定的10所高校中现场分发1000份调查报告，让不同年级、不同性别的大学生现场填写，收回报告之后进行数据分析。

经过分析发现，无论女生还是男生，高年级学生还是低年级学生，其主要兴趣点基本集中在聊天和了解信息这两件事情上。其中，聊天占75.1%，了解信息占54.1%。除此之外，笔者还了解到有39%的大学生曾经浏览过黄色网站，其中不乏低年级的学生；也有59%的大学生喜欢在游戏中模拟现实世界；还有学生喜爱暴力游戏，借此发泄心中情绪。

二、大学生常见的网络心理问题

（一）沉迷于虚拟网络世界

现实中的社会既具体又复杂。而当大学生进入大学并接触社会之后，其头脑中曾经所谓的"理想化"的社会需求无法得到满足，当现实性与理想性发生较为激烈的冲突时，他们的心理往往会失衡，找不到自我存在感，从而会不自觉或自觉地采取躲避行动和态度，把精力投入网络所提供的模拟现实世界的"虚拟世界"中，在虚拟的电子网络空间中寻求实现自我、实现理想的途径。因此，众多大学生宁可把在现实社会中所遇见的各类问题、困难等放到"虚拟世界"中来寻找解决办法，并且任意发泄心中的不满情绪，从而沉迷于网络。

（二）出现人格异化现象

对于未经世事的众多青年大学生而言，初入社会，他们的自我道德约束能力还是比较弱的，其心理需要结构也在时刻发生着变化，价值观念在一定程度上还不够成熟完善，人生观、世界观还没有真正成型，他们时常处于迷惘和波动的状态之中。同时，其情感以及情绪的变化幅度较大，很容易受到周围环境诸多不良因素的影响，尤其是在电子网络的诱惑下，他们对自己的道德约束可能就会有所放松。因而，道德行为上的庸俗化及恶化就会出现，甚至其人格在某种环境里会在一定程度上出现异化。

（三）过度依赖网络来宣泄情绪与进行人际交往

电子网络具有隐蔽性、方便性以及快捷性等诸多显著特点，而大学生在网络上可以把自己隐藏起来，尽情地宣泄心中的不满或是烦恼，还可以不用在乎任何人。另外，大学生在网络上可以用不同的身份来结交或认识众多来自不同地区的朋友，彼此之间交谈感情、人生，甚至是隐私。在网络上，他们不必因为自身容颜的丑陋或是囊中羞涩而感到惭愧或自卑，他们之间可以畅所欲言以达到满足情感上的交流以及宣泄心中不满情绪的目的。他们如此依赖网络来进行人际交往，以致忽略了现实中的人际交往，不能与周围的人建立良好的关系，进而使其对现实世界越来越不满。这又过来使其加依赖网络来进行人际交往，从而形成恶性循环。

三、大学生网络心理问题的调适方法

（一）正确积极面对网络文化

大学生进入网络社会是不可避免的。因此，大学生要正确认识网络，用辩证的观点看待网络文化，既不漠然置之、无所作为，也不能将其视为洪水猛兽，惊慌失措，而要提高对网络的选择能力和鉴别能力。

（二）树立切合实际的奋斗目标

每个大学生都有自己的梦想。但若只有梦想而没有目标，梦想就会成为空想。人只有有了目标，才会有动力，才可能会成功。不少大学生之所以沉溺于网络，在网络里寻找刺激，是因为没有明确的奋斗目标。因此，大学生要摆脱网络危害，就必须根据自己的实际情况确定切实可行的目标，合理安排自己的生活、学习和娱乐。

（三）培养健康向上的网络情感，建立良好的人际关系

网络情感是人们对信息网络的一种内心体验、感受和由此产生的情绪反应。大学生热衷于网聊、网恋等。有的专家认为这是由当今社会情感淡薄造成的。因此，大学生要以谨慎的态度对待虚拟的情缘，培养个人优良的人格特质，掌握人际交往的技巧，建立现实世界中良好的同学关系、师生关系、朋友关系、亲人关系等。

第三节　网络成瘾

一、网络成瘾的概念

网络成瘾的概念最早是美国纽约市的精神病学家伊凡·戈登伯格提出的。他借用《精神疾病诊断与统计手册》第四版中关于药物依赖的判断标准，提出网瘾是一种应对机制的行为成瘾。其症状有：因过度使用网络而造成身心功能的减弱。

网络成瘾症状表现如下。

第一，对网络的使用有强烈的渴求或冲动感。

第二，减少或停止上网时会出现周身不适、烦躁、易激惹、注意力不集中、睡眠障碍等戒断反应。可通过使用其他类似的电子媒介，如电视、掌上游戏机等来缓解上述戒断反应。

第三，至少符合下述五条中的一条。

①为获得满足感而不断增加使用网络的时间和提高投入度。

②难以控制使用网络的开始、结束及持续时间，经多次努力后均未成功。

③固执使用网络而不顾其明显的危害性后果，即使知道网络使用的危害性仍难以停止。

④因使用网络而减少或放弃了其他的兴趣、娱乐或社交活动。

⑤将使用网络作为一种逃避问题或缓解不良情绪的途径。

网络成瘾的病程标准为平均每日非工作学习目的连续使用网络时间达到或超过 6 个小时，且符合症状标准已达到或超过 3 个月。

也有部分学者认为，网络成瘾是一种被心理学家和研究者夸大的说法，其理由是，心理学家和研究者把人们在网络上花很多时间看作一种成瘾行为，然而，有些人在阅读、看电视和工作上也花很多时间，并因此忽略了家庭、友谊和社会活动，却没有人把这些行为当作成瘾行为。

无论学术界如何争论，由于过度使用网络而导致心理、社会功能受损这一行为已经存在，并严重影响网民正常的学习、工作、生活，甚至影响整个家庭，乃至整个社会的生存和发展。

二、网络成瘾的危害

（一）对大学生的学业成绩的影响

网络成瘾者把大量的时间花在网络上，挤占了学习和休息的时间，导致上课无精打采、学习兴趣减退等。近几年来，大学生因网络成瘾无法完成学业导致厌学、辍学者屡见不鲜。

（二）对大学生的社会功能的影响

大学阶段是一个人人生观、世界观、价值观形成和发展的重要时期，也是一个人对社交、语言、组织等各项能力进行完善以适应社会的一个关键准备阶段。网络的隐匿性使得他们可以逃避社会的监督和评价，在网络上扮演自己所喜爱的任何角色，发表任何言论，导致他们在面对现实的人际交往时缺少正确认识自我和应对现实生活的能力。沉溺于网络虚拟交流使他们更容易封闭自己，与现实产生隔阂，影响他们正常的社会功能。

（三）对大学生心理健康的影响

国内外的许多研究都发现，过多使用互联网会导致孤独和抑郁倾向加剧，并会导致社会参与频率的降低与心理幸福感的减弱；青少年网上交友过多将导致社会孤立和社会焦虑；网络成瘾的青少年具有的神经质和精神质水平较高，体验到的孤独感更强，自我概念较消极，外控性更强。

（四）对大学生道德品质的影响

网络的匿名性和隐蔽性使得上网者缺少社会的约束和监督。而且网络上有些信息与主流的价值观并不一致。大学生容易受到这些不良信息的影响，容易改变价值取向。部分网络游戏充斥着健康的内容，一些辨别是非能力和自我控制能力较弱的学生长期接触不健康的内容，其思想和行为就易产生偏差。

三、网络成瘾的类型

根据不同的网上活动及其需要的满足情况，可以将网络成瘾分为三类。

第一，网络交际成瘾。此类成瘾者将全部精力投入在线交际中。在线朋友很快变得比现实生活中的家庭成员和朋友更为重要。在很多情况下，还会导致家庭成员不和与家庭不稳定。

第二，信息下载成瘾。此类成瘾者花费大量时间和精力在网上查找和收集信息，伴有强迫性冲动倾向和下降的工作效率两个典型特征。

第三，计算机成瘾。此类成瘾者沉迷于电脑程序性游戏，以致影响正常的学习和工作。

四、网络成瘾的成因

（一）心理学中对网络成瘾的成因的解释

第一，行为主义的解释：网络提供了强化。这种解释的依据是斯金纳关于操作性条件反射的研究。斯金纳认为，人做出某种行为并且得到了"奖赏"，这种行为就会再次出现。多次重复这种行为就可能上瘾。如果一个大学生想要得到这些"奖赏"，而互联网又能够提供这样的"奖赏"，他就可能在有这些需求的时候转向互联网。上网这种行为在网上不断得到强化，最终形成恶性循环。

第二，人本主义的解释：理想自我与现实自我的失衡。大学生在没进大学之前，对大学生活充满了憧憬。大学生在入学后，面对现实和理想的差距，产生了失落感，再加上人际关系不如中学时亲密无间，大学生在无形中就会产生焦虑和寂寞感。如果再遇到打击、挫折等不愉快事件，大学生就不知如何保持心理平衡。而网络提供的虚拟空间，顺理成章地弥补充现实的不足之处，为大学生提供了释放心灵的场所。此外，大学生普遍有很强烈的自我实现需求，然而，淹没在人才济济的校园里，再加上就业难等压力，一些大学生转而在网络上展示被压抑的个性，或在游戏中"过关斩将"以获得成就感和价值感。

（二）网络成瘾者的人格特点

网络具有成瘾性，但不是每个上网者都会网络成瘾。因此，网络成瘾行为与一定的人格特征有联系。国外研究发现，网络成瘾者往往具有某些特殊的人格倾向，一些与抑郁相关的人格特征，如低自尊、缺乏成就动机、寻求外界认可、害怕被拒绝等可能是促成网络成瘾的原因。卡内·梅隆大学和匹兹堡大学对网络成瘾者的研究结果显示，网络成瘾者往往具有下列人格特点：喜欢独处、敏感、倾向于抽象思维、警觉、不服从社会规范。其他研究也发现，网络成瘾者具有明显的多疑、喜欢独处和不合群的人格特质。网络成瘾者除上述人格特征以外，还有情绪不稳定、易烦恼、抑郁、缺乏自信等特征。有些研究者在进行个案访谈时，选择了具有决定性和代表性的个案。访谈结果表明网络成瘾者性格内向，喜欢独处，不善社交；自我形象不佳、具有很强的人际敏感性和警惕性；不服从社会规范；焦虑和心情抑郁。因此，只要具备上述人格特征的大学生就有可能会上网成瘾。

五、网络成瘾的治疗方法

如果大学生网络成瘾症状比较严重，使日常的生活和学习受到较大程度的影响，涉及精神障碍的情况，依据《中华人民共和国精神卫生法》的有关规定，笔者建议其去专业医院进行治疗。

（一）认知疗法

第一，认知重建。对于大学生网络成瘾者，心理咨询师应引导他们对由网络导致的心理问题有所认识，改变其已形成的不合理信念。

第二，辩论法。该方法指采用网络成瘾者与他人进行辩论或网络成瘾者自我辩论的方式，让网络成瘾者认识到网络空间的虚拟性和沉溺于网络的危害。

第三，自我警示法。心理咨询师可以让网络成瘾者把上网的弊端写在纸上，并贴在能经常看到的地方，每天多时段默念或大声对自己说出上网的危害；也可以指导网络成瘾者在出现想上网念头时进行自我暗示，并反复强化，形成良性刺激，增强网络成瘾者的意志，使其上网的欲望得到有效抑制；还可以让网络成瘾者列出网络成瘾后被忽略的有益活动，并按照重要性进行排序，使其意识到自己在成瘾行为和现实生活之间做出选择后的差异，使其从生活中的其他活动中体验到满足感和愉悦感，从而降低其从网络环境中寻求情感满足的内在动机。

（二）行为疗法

在网络成瘾的传统心理干预中，以行为矫正法为主。行为矫正源于行为学派的条件反射学说和该学派的社会学习理论，其基本原理：适应行为和不适应行为都是在后天环境中习得的，因此，可以通过减少不适应行为，强化和训练适应性的、有建设性的行为，以达到训练的预期目的。具体来讲，可以采用以下几种方法。

第一，设定目标法。网络成瘾者根据自身条件制订计划，尤其要设置结构性的上网时间。首先确定上网的主要目标，围绕目标分配上网时间，戒除无目标的漫游行为。对此，可以采用闹钟提醒或有时间提醒功能的软件，使网络成瘾者按照规定时间下网或关机。

第二，强化法。根据操作性条件反射理论，如果在出现某种行为之后得到奖赏，那么这种行为在同样的环境条件下就会持续和反复出现。网络成瘾者可根据戒除的进展情况给自己以小小的奖励或惩罚，但注意其内容应与上网无关。奖惩既可以由网络成瘾者自己来执行，也可以请同学协助执行。

第三，厌恶疗法。基本原理：把要戒除的目标行为与某种不愉快的或惩罚性的刺激结合起来，当出现目标行为时，反复呈现某种厌恶性刺激，以达到使网络成瘾者最终因厌恶而戒除或减少目标行为的目的。例如，网络成瘾者想象自己长时间上网后萎靡不振的样子，甚至可以让同学在自己上网后精神不振时帮忙拍照，再与自己以前精神状态很好时的样子进行比较，使自己厌恶过度上网行为，从而激励自己做出改变，但应注意防止厌恶对象的泛化。

第四，替代法。学校的社团组织应通过对上网学生进行规范和引导，培养学生的兴趣爱好，使学生以丰富多彩的课外活动，如读书、打羽毛球、游泳等来替代上网行为，逐渐减弱学生对网络的依赖性。本方法的关键是要打破网络成瘾者上网的生活节奏，使网络成瘾者重新规范每天的作息时间，可以在其最易上网的时间段内为其安排不同的活动，用更多有意义的活动来充实生活，使其感受到生活的乐趣和意义。

（三）团体疗法

针对网络成瘾者不合群的特点，心理咨询师也可以采取团体疗法的方式，要求他们参加诸如互助小组、学生社团等社会团体，让团体成员通过相互理解、支持、分享等，获得摆脱网络依赖的信心，通过有针对性的团体活动，获得群体支持，习得新的行为。在现实条件下，根据不同网络成瘾者的情况，心理咨询师可以选择相应的干预技术。心理咨询师在实施心理干预过程中需要注意以下几点。

第一，评估网络成瘾者对网络的使用模式。如喜欢什么时间上网，在哪里上网，每次上网所花的时间，上网时主要做些什么等。关键是要发现一些与上网行为有关的关键信号，即上网行为的引发条件和维持条件。

第二，了解网络成瘾者的早期体验，特别是重大生活事件对网络成瘾者的影响，探究其不良习惯和消极情绪的根源。与网络成瘾者一起客观分析和评价网络技术、网上人际交往、网络信息和网络游戏等，同时对比成瘾者的过去与现状，纠正网络成瘾者对网络迷恋和依赖的认知偏差。

第三，协助网络成瘾者恢复自身的生活规律，转移其对网络的注意力，引导其寻找积极的兴趣生长点，帮助网络成瘾者在现实生活中健康成长。研究表明，网络是网络成瘾者弥补自身在现实生活中的缺陷，从精神上成为一个完美的自我的途径。帮助网络成瘾者增强其在现实生活中的自我价值感，使其对自我价值感的追求从网络回归现实，从而使其摆脱对网络的依赖。

第四，对网络成瘾者进行干预，应注意循序渐进。对网络成瘾者提出的每一个目标都应是其力所能及的，是其通过不断努力后能够完成的，从而增强其自我效能感。另外，安全舒适的人际环境，现实生活中的亲人、朋友的关怀，能够满足网络成瘾者人际交往和情感沟通的心理需求。大学生网络成瘾的干预是一项系统工程，需要各方共同努力，创建有利于其成长的社会与文化环境。

六、网络成瘾的预防方法

第一，正确有度用网。大学生应把网络视为获取知识和信息的重要工具之一，而非娱乐的玩具或逃避现实的工具；要分清虚拟世界和现实世界的界限，从现实中获得自身存在的价值和意义；要有明确的上网目标，避免盲目性和随意性；严格控制上网时间，即用网要适度而非过度；要明白网络是生活的重要部分而非全部；等等。

第二，提高网络素养。由于网络的虚拟性、匿名性以及行为主体的不确定性，法律和道德在网络中的约束力相对降低。这就需要大学生自觉提升网络道德修养，提高自身素养，提高自控能力，做到网络自律。网络自律既是规范网络秩序的最佳手段之一，也是预防大学生网络成瘾的有效方法之一。个体一旦达到自律，那么他就能很好地控制自我，自觉远离不良信息，做到言行文明。

第三，丰富业余生活。当前，上网是一项深受大学生欢迎且花费时间最多的业余活动，几乎成了一部分大学生业余生活的代名词。他们在网上浏览新闻、看影视剧、读电子书、玩在线游戏、交友聊天、网络购物等，忙得不亦乐乎。网络一方面丰富了大学生的业余生活，拓宽了大学生的视野，放松了大学生的身心，但另一方面也日益使他们的业余生活变得单一，成为影响、制约他们全面自由发展的消极力量。为此，大学生要培养自身兴趣爱好，积极参加社会活动，使自己的业余生活丰富多彩。

第四，养成良好习惯。相关研究表明，大学生网络成瘾还与个人生活习惯和上网习惯存在密切关系。从生活习惯来看，大学生应合理安排日常的学习、娱乐、生活等时间，多参加一些有益于身心健康发展的社会活动，保持一定的生活规律。从上网习惯来看，大学生应有良好的上网心理、行为。大学生上网要有合理的需要、正确的动机、明确的目标，要经常检查自身言行是否越轨，自觉遵守网络道德规范。

另外，网络依赖者可以通过以下自我调节方法来摆脱对网络的依赖。

第一，转移注意力，自我调控。

网络依赖者可逐步减少自己在网络上停留的时间，而把注意力集中到书本上或转移到其他感兴趣的活动中；尽量到教室上自习，少留在装有电脑的家中或宿舍里，把所有的电脑光盘送掉或锁起来；可制订每日、每周的学习时间表并按照时间表严格执行；等等。

第二，制定行为契约，进行强化或惩罚。

网络依赖者可以做一些自我约定，例如：如果平时能做到不碰电脑，那么周末可安排几个小时上网；若有违反，则周末不能接触电脑。如果网络依赖者能严格遵守契约，则奖励自己从事喜欢的积极正面的活动。网络依赖者也可以采用厌恶疗法，例如：一动上网念头就用套在手腕上的橡皮筋把自己弹疼。如果有条件，网络依赖者也可请旁人监督自己，帮助实施强化或惩罚，如定期向家长汇报近况，以获得家长的赞扬或批评等。

第三，寻求社会支持，进行积极的自我暗示。

韦茨曼的研究结果表明，缺乏社会支持容易导致网络依赖。网络依赖者可与爱学习的同学约好，经常一起去学习，寻求朋友的良性支持，并远离同样沉迷于网络的朋友。当又动了上网的念头时可反复自我暗示："现在不是上网时间！应该学习！等周末再说！"当能抑制住上网念头的干扰，过了一段认真学习的时间后反思自己的进步，可自我勉励："有进步！坚持就会胜利！"这样，网络依赖者就可以逐渐摆脱对网络的依赖，不会发展成为网络成瘾者。

大学生网络成瘾的预防是一项系统工程，既需要大学生自身积极努力，又需要社会的大力支持，也需要家庭和学校的配合。我国应努力构建学生、家庭、学校、社会"四位一体"的心理预防模式。各子系统之间需协同配合，形成合力，共同解决大学生网络成瘾问题。

第七章 大学生的心理素质

大学生大都处于生命发展的黄金阶段，他们富有朝气、生机勃勃、精力充沛，他们已经具备一定的知识基础及相应的能力，他们的身心发育已处在关键时期，逐步趋于成熟，但这种成熟是相对的，尤其表现在心理素质方面。因此，一方面，大学教育要加大心理素质教育力度，为促进他们形成良好的心理素质提供必要的教育条件；另一方面，青年大学生更应该自觉地接受各种形式的心理素质教育，获得有价值的现代心理学知识，掌握科学的心理方法，形成良好的心理品质，使自己全面、和谐地发展，形成健全的人格。

第一节 心理素质概述

心理素质在人的素质结构中居于重要地位，它既是先天遗传因素、后天社会环境影响、教育的相互作用在人的主体内部的反映，也是人的主体性的核心成分。心理素质具有促进人发展的动力功能。

一、心理素质的含义及特点

（一）心理素质的含义

心理素质是指个体在活动中表现出来的各种内在的、深层次心理特征的总和。其主要由心理潜能、心理特点和心理品质三个因素构成。

1.心理潜能

每个人天生就有一定的潜能。心理潜能是心理素质的一个构成因素。心理潜能是心理素质发展和形成的前提。这种潜能主要体现在智力因素和非智力因素两个方面。由于智力与能力是两个相对独立的概念，所以智能潜能又可以一分为二，分为智力潜能和能力潜能。

2. 心理特点

每个人生来都具有多种多样的心理特点。例如，感知具有直接性的特点，思维具有间接性的特点，情感具有波动性、感染性、两极性的特点，意志具有目的性、调控性的特征，智力以深入性、灵活性等为特征。潜能与特点都是人与生俱来的，但前者是发展的可能性，后者则是现实性的。从先天的角度看，这两者之间并没有一条不可逾越的鸿沟。心理特点既然是先天的，因而它也是比较稳定的。但稳定的心理特点并不是一成不变的，而是具有一定的可塑性的。

3. 心理品质

潜能与特点都是先天的，而心理品质则是后天的。它由各种心理因素构成，如观察力、记忆力、意志力等。品质与特点虽有后天性与先天性之分，但两者之间也不存在一条不可逾越的鸿沟。一般来说，心理品质是在心理特点的基础上形成的，但它一旦形成并趋于稳定之后，就可被看成一种心理特点。在心理素质中，心理品质占有主导的地位。在这个意义上，把心理素质与心理品质看成一回事也未尝不可。

（二）心理素质在素质结构中的地位及与其他素质之间的关系

第一，先天素质是心理素质产生的基础。对个体而言，先天素质的好与坏会直接影响到心理素质的质量水平。一般来说，身体强健的人对挫折的适应能力与忍耐力比较强，而虚弱的人在面对同样的困难时可能会难以承受。人们的认识活动，特别是感觉、知觉等都不同程度地依赖于其感知器官、神经系统，特别是大脑结构和机能的状态，也对人们的智力水平及整个心理活动产生决定性影响。

第二，心理素质是后天养成的素质形成和提高的基础，同时，后天养成的素质又对心理素质的发展产生重要的影响。这一点已经为大量的事实所证明。一方面，人们的政治、道德等素质的形成与提高，依赖于心理素质的发展与支持。也就是说，较高水平的后天养成的素质的培养首先要求个体已经达到某种智能水平，具有某种基本的认知能力，而且需要非智能因素的积极参与才能够实现。另一方面，后天养成的素质在形成的过程中同时会促进心理素质的发展，提高心理素质水平。

第三，在人的综合素质结构中，心理素质占据着重要地位。一方面，它是人的综合素质的核心。心理素质对生理素质的影响是明显的，心理健康能够促进身体健康，良好的心境是保持身体健康的重要因素。同样，养成素质更需要心理素质的支持，高水平的养成素质必然有赖于高水平的心理素质。另一方面，心理素质是其他各素质之间的中介。没有心理素质这一中间环节，人的综合素质中的各因素就会像一盘散沙，很难形成合力。

（三）心理素质的主要特点

1. 整体性

心理素质既不是单一结构的，又不是许多种个别素质的简单相加的总和，实际上，它是一个由多种成分构成的综合结构，是各种心理品质的有机统一体。在心理素质这个复杂的结构体系中，各成分间并不是彼此孤立的，而是相互作用、相互影响、相互依存的，如果其中一部分发生变化，其他部分也会跟着变化。某一种心理成分的良好发展既可以促进其他心理品质的发展，也可以弥补其他心理品质的不足，但某一种心理品质的欠缺又会阻碍和制约其他心理品质的发展。这一素质结构特征体现了对素质教育内容的全面性要求。

2. 质量性

优良的心理素质必定是高质量、高水平、高层次的。对个体而言，心理素质需要其不断地培育才能形成，并且在实践中得到提升，不断向更高层次发展。强调心理素质的质量性特征，就是强调在教育教学过程中，不断优化学生心理素质结构，促使心理素质的不断提升。也就是说，素质教育不应只具有对基础教育的弥补性功能，更应该定位在高质量人才的培养上，显示出其促使学生发展的功能。

3. 个别性

有位哲学家说过：世界上没有两片完全相同的树叶。人和人之间也不可能完全相同，而每个人所具有的心理素质就更不会相同。遗传因素和社会环境影响因素促使每个人表现出不同的个性特征。所以素质教育应基于学生之间个性的差异，采取不同的人才培养模式，使每个学生都能发挥出自己的优势与专长，力求每个学生都具有高水平的心理素质。

二、心理素质的结构

心理素质结构是指各种心理素质之间的内在关系，这种关系又可细分为两种关系：一是纵向关系；二是横向关系。下面，笔者从心理素质三因素之间的关系，以及三因素的体现者——智能因素与非智能因素之间的关系两个方面来加以分析。

（一）心理素质三因素之间的关系

心理素质由心理潜能、心理特点与心理品质三因素组成。从纵向上看，三因素组成以下结构：心理潜能—心理特点—心理品质"。也就是说，潜能可以发展为特点，特点可以发展为品质，品质也可以转化为特点。简而言之，这三个因素的纵向关系是潜能与特点之间的关系，前者是后者的基础，后者使前者由可能性变成了现实性。从横向看，三因素组成以下结构：心理潜能—心理特点，心理特点—心理品质，心理品质—心理潜能。也就是说，三者之间不再具有层次关系，而是相互作用、相互影响的。

（二）智能因素与非智能因素之间的关系

心理潜能、心理特点与心理品质蕴含在智能因素与非智能因素之中。所以，在谈心理素质的结构时，分析这两者之间的关系是必要的。

第一，智能因素与非智能因素密切联系、彼此互为基础和条件、彼此相互制约。

第二，智能因素能够促进非智能因素的发展。紧张的智能活动是艰苦的脑力劳动，需要非智能因素的引导与支撑。这样人们才能更好地克服困难，成功地实现最后目标。智能因素对非智能因素的影响，一方面体现在，智能活动的开展对非智能因素提出一定的要求，因而能够促进非智能因素的发展；另一方面，体现在，在实践活动中形成的智能因素的稳定特性，可以直接转化为性格的理智特征，成为一个人性格的内在成分。

第三，非智能因素能够促进智能因素的发展。非智能因素对智能因素的影响主要体现在两方面：一方面，非智能因素的发展可以促进智能水平的提高，它是挖掘和发挥智能潜能的"金钥匙"；另一方面，非智能因素可以在一定程度上弥补智能方面的某些缺陷，正如俗话所说："勤能补拙""笨鸟先飞。"

第四，智能与非智能因素发展具有一致性。智能因素的发展能够促进非智能因素的发展。智能水平高的人，其非智能因素也会处于一个较高的水平上；反之，智能水平低的人，其非智能因素的发展也会受到阻碍。心理学研究发现，超常人才的非智能因素的发展往往也处于良好状态：他们兴趣广泛，求知欲旺盛；思维敏捷，逻辑性强，富有创造性；注意力集中，记忆力强；上进心强，不甘落后，有毅力；谦虚、忍让、冷静、沉着。

第二节　大学生心理健康及常见的心理问题

一、大学生心理健康的标准及其正确解读

我国学者王登峰等人综合各方面的研究结果，提出了心理健康的有关标准：了解自我，悦纳自我；正视现实，接受现实；热爱生活，乐于工作；能调节与控制情绪，心境良好；人格完善；智力正常，智商在80分以上；心理年龄符合年龄特征等。

（一）大学生心理健康的标准

大学生的年龄一般在18～25岁，从心理学的观点来看，正处于青年中期。大学生心理健康是一个比较抽象的概念，根据我国大学生的实际情况，大学生的心理健康水平的评估应着重考虑以下八个标准。

1. 智力正常

智力正常是一个人心理健康的最基本标准。只有智力正常的人才能够正常地学习、工作、生活，才能在社会实践中与他人正常交往，形成一个人必备的基本心理素质，如正常的观察力、注意力、记忆力、想象力、思维力、创造力及实践活动能力等，才能获得不断学习发展的能力，如理解问题的能力、获得和保持知识的能力、对新情境做出反应的能力、有效地解决问题的能力等。是否充分地发挥自我效能，以强烈的求知欲投身于学习实践活动中是评判大学生的智力是否正常的关键标准。

2. 情绪健康

情绪健康的大学生在生活中能够保持稳定的情绪和愉快的心情，不会持久地被负面情绪困扰，能够以阳光的心态面对困难和挫折，对生活充满希望；能够克制和管控不良情绪，能够适度开导自己；情绪表达适中；情绪反应与环境相适应，反应的强度与引起这种情绪的情境相符合。

3. 意志健全

意志在人心理健康方面发挥着重要作用。意志健全的大学生在活动中能够表现出自觉性、果断性、顽强性和自制性。意志健全的大学生有目的、有计划地去做事情，能果断处理遇到的问题，在困难和挫折面前，能采取合理的方式，能够控制情绪，而不会盲目行动、畏惧困难、顽固执拗。

4. 人格完善

人格完善指人格健全统一，个人的所想、所说、所做都是协调一致的。人格是个体比较稳定的心理特征的总和。心理健康者的行事动机端正；兴趣丰富稳定而有中心；行为具有目的性，受理智支配；认识活动、情绪反应等心理活动的各方面协调统一；具有正确的自我意识，自我同一性不会混乱；以积极进取的人生观作为人格的核心，并以此为中心把自己的需要、目标和行动统一起来，从而形成自己比较稳定、独特、完善的人格心理特征。

5. 自我评价正确

大学生合理、正确的自我认知对其身心发展也具有重要影响。大学生只有正确认识自己，才能客观对待周围的事物；只有对自己的位置有了准确的定位，才能不骄不躁、不卑不亢，自尊、自强、自制、自爱适度，正视现实，积极进取。

6. 人际关系和谐

良好而和谐的人际关系，是事业成功与生活幸福的前提。心理健康者乐于与人交往，不仅能接受自我，也能接受他人、悦纳他人，能认可他人存在的重要性和作用，同时也能为他人所理解，为他人和集体所接受，能与人相互沟通和交往。因此，心理健康者既有广泛而和谐的人际关系，又有知心朋友；能在交往中保持独立而完整的人格，有自知之明，不卑不亢；能客观地评价别人和自己，宽以待人，乐于助人，积极的交往态度多于消极态度，交往动机端正。

7. 社会适应良好

一个人处于社会之中，不可能不受其他人的影响。心理健康者能与客观现实环境保持和谐的关系，积极应对各种困难，不退缩，不断提高自身适应环境的能力，或改造自我适应环境。

8. 心理行为符合大学生的年龄特征

大学生是处于特定的年龄阶段的特殊群体，应具有与其年龄和角色相适应的心理行为特征。心理健康的大学生既不会表现出老于世故的"早熟"，也不会表现得总像"长不大的孩子"。

（二）对大学生心理健康标准的正确解读

1. 标准的相对性

事实上，大学生心理健康与否是一个连续的过程。对大多数大学生而言，在人生的发展过程中出现心理问题是正常的。大学生应提高自我保健意识，及时进行自我调整。人的健康状态是处于动态的变化之中的，不是固定不变的。随着时间的推移、环境的变化及人们自身的成长，每个人的心理健康状态都会不断地发生变化。因此，在心理上发生心理冲突是非常正常的，大学生也应可以自行解决这些冲突。

2. 相关概念之间的差异性

"心理不健康"和"有不健康的心理"不一样。"心理不健康"指一种持续的不良心理状态。而"有不健康心理"是指个体偶尔会出现的一些不健康的心理。因此，我们不能将"有不健康心理"等同为"心理不健康"或"心理疾病"。

"心理健康"与"心理不健康"或"心理正常"与"心理异常"之间，没有绝对的界限。在心理正常和心理异常之间有一个广阔的过渡地带。

3. 整体的协调性

心理活动是一个多因素相互协调的过程，认识、意志、情感等在其中发挥着必不可少的作用。心理结构以认识为起点，以意志行为为归宿，以情感为中介，这几大因素相互协调，彼此促进。一旦它们不能协调运作，就会造成一系列的心理问题。从个性角度看，每个人都有自己长期形成的稳定的个性心理，一个人的个性在没有明显的强烈的外部刺激的影响下，是不会轻易发生变化的。

4. 心理的发展性

事实上，不健康的心理可能是人的发展中不可避免的发展性问题，随着个体的心理成长会逐渐得到调节而趋于健康。

二、影响大学生心理健康的因素

第一，社会环境是主要影响因素。随着社会阶层的分化和利益主体的多元化，社会环境更加复杂，价值观念更加多元化。良莠不齐的思想观念对大学生产生着复杂的影响，一些社会不正之风也导致了大学生的心理迷乱，如违纪等。

第二，家庭、学校环境及教育方法也是重要的影响因素。家庭、学校是学生的主要生活场所，其教育方式对学生来说影响深远。家庭是孩子成长的首要场所，父母是孩子的第一任教师。在家庭环境的影响下，学生形成了不同的个性品质。一些不当的养育方式及教育方式都会使学生形成一些不良的心理特质。

第三，个体的个性也是影响大学生心理健康的因素。个性是产生心理疾病的根本原因。环境是外因，自身个性才是内因。外因通过内因起作用。相同的环境对人产生的影响却不同。不同的人表现出不同的心性。有的人合群、开朗，有的人孤僻、冷淡，这些都与个性有关。个性决定了一个人的心理承受能力及待人接物的方式，影响其思维方式和行为方式，所以它影响一个人的心理健康。

三、大学生常见心理矛盾

（一）自豪感与自卑感之间的矛盾

学生迈入大学校门，通常被视为"鲤鱼跃龙门"。在激烈的学习竞争中脱颖而出，进入大学的人，已是同龄人中的佼佼者，所以，大学生自身具有优越感、自豪感。他们挺着高高的胸脯走进大学。但是进入大学后，大家实际上又处于同一起跑线上，以往的优势不复存在。所以，许多大学生在学习、生活中遇到小小的挫折就容易产生自卑感。

（二）新鲜感与恋旧感之间的矛盾

大学生活较于高中生活，是另一番天地，这里有更加美丽的校园、现代化的仪器、水平和素质更高的老师，不一样的教学方式、别样的生活方式。进入大学的学生对周围的一切都会产生一种新鲜感。但经过一段时间的适应与调节后，这种新鲜感就会逐渐消失。相反大学校园相对疏松的人际关系，往往使学生产生强烈的恋旧感，情绪低落，怀念过去的生活和朋友，想念亲人和之前的师长，甚至沉溺于回忆之中。

（三）独立感与依赖感之间的矛盾

在大学时期，学生身心更加成熟，生活更加自由，老师和父母的监督和约束减少，所拥有的自由空间更大。但是，由于他们心理承受力较弱，难以摆脱长期形成的依赖感，对于复杂问题束手无策，更愿意倾听其他人的意见。

（四）轻松感与紧张感之间的矛盾

进入大学后，学生没有沉重的升学压力和考试压力，在经历繁重的高中阶段的学习之后，想在大学中喘口气。思想上的放松容易使大学生在学习上更加被动，再加上大学的学习从内容、方法到要求都不同于中学阶段，所以一些学生处入消极被动状态，平时不努力学习，只在考试前几天临时抱佛脚，死记硬背，因此而产生情绪上的紧张感和精神压力。

（五）强烈的交往需要与孤独感之间的矛盾

大学生往往会在陌生的大学环境中寻求慰藉，在孤独的世界中渴求与他人交往。但由于交往的机会较少，学生的积极性不高，再加上青年期的心理闭锁等特点，致使同学之间难以产生真感情，学生只能被孤独的感觉包围，进而产生难以缓解的内心冲突。

（六）"理想我"与"现实我"之间的矛盾

心智逐渐成熟的大学生更加关注自我，通常以"理想我"要求自己，将"理想我"和"现实我"进行比较后会发现"现实我"与"理想我"两者有联系但又不同。大学生的"理想我"与"现实我"之间一致性系数较低。当自我评价与周围人对自身评价产生落差时，就容易产生矛盾。

处于转变阶段的大学生产生以上的心理矛盾是过渡时期的正常现象。大学生要积极调整自我认知，才能正视现实，勇于探索，重振精神，顺利进入新的发展阶段。但是，如果这些矛盾冲突过于激烈和持久，就易使大学生产生压抑感，甚至出现心理障碍，阻碍大学生的健康发展。

四、大学生常见的心理困扰

事实上，在大学生群体中，心理完全健康的学生几乎没有，大多数学生都会遇到一些心理困扰。这些困扰若不能及时得到调节和疏导，持续发展下去就可能导致心理障碍或精神疾病。

大学生在心理卫生方面出现的问题有比较集中的领域和相对一致的反应。笔者从多年心理咨询的实践经验中发现，大学生的心理困扰虽然涉及大学生生活的各个方面，但主要集中在以下几个方面。

（一）与学习有关的心理困扰

大学生学习方面的心理困扰主要表现为考试焦虑、成绩不稳定、学习缺乏动力、对专业不满意等。专业学习和竞争压力往往会诱发心理障碍。据调查，有超过半数的学生认为"时时感到有一种压力""常常为自己的学习成绩而担心不安"。尤其是在考试临近时，他们情绪烦躁，思维钝化，以致头痛、失眠，甚至引发严重的心理不适，久而久之形成恶性循环。一些学生在考试时会出现不良的身心反应，甚至"紧张得透不过气来"；也有一些学生对考试过分担忧，以致紧张到一上考场，"眼睛看着考卷，脑子里一片空白"，出现回忆困难、出冷汗等症状。在平时的学习生活中，有一些学生对学习没有兴趣、没有期待、缺乏动力和目标，得过且过。属于这类情况的学生虽不多，但非绝无仅有，而且其中一部分学生会从过度紧张的极端走向另一个极端——放任自己。

（二）与人际关系有关的心理困扰

交往方面的心理困扰有时源于不良的心理状态，如因自负而不屑交往，因恐惧而不能交往。有的学生虽然主动交往，但由于在情感上较少关心他人，斤斤计较，对他人的行为比较挑剔，所以人际关系不协调，难以为他人所接受。美好的交往愿望和人际关系不协调之间的矛盾常常导致大学生心理失调。

（三）与恋爱有关的心理困扰

一些学生感觉在大学生活中若不进行一场轰轰烈烈的恋爱就等于大学生涯是失败的，所以，将谈恋爱作为大学的主要任务，甚至盲目攀比，结果耽误了学业，浪费了时间，最后自己还暗自神伤。有的大学生在谈恋爱的过程中持一种游戏态度，不能真诚地对待对方，给对方带来伤害，等等。这些都是大学生常见的恋爱问题，折射出大学生对待恋爱问题的不成熟思想。

（四）与择业求职有关的心理困扰

这个方面的心理困扰表现为盲目选择，对自身能力及就业优势了解得不够透彻，过于追求功利、缺乏走上社会的心理准备等。面对大量的招聘信息，一部分大学生难以做出选择；一部分大学生不懂得自我推荐；一部分大学生不能对社会的种种现实进行正确分析，产生逃避社会的心理或过于担忧的心理。

（五）其他方面的心理困扰

其他方面的心理困扰包括大学生在家庭关系、经济问题、出国留学、个性发展、人生态度等方面产生的困惑或苦恼。

第三节　提高大学生心理素质的方法

一、发展健康的自我意识

大学生已具有明确的自我观念，及观察、分析、解决问题的能力。其独立意识强，自我意识及价值观具有可塑性，他们在用自己的眼光去看社会并做出解释，愿意承担一定的社会义务和责任。其自我评价机制趋于成熟，所以会更加客观地分析自己，评价自己的才能、自己的价值，并利用评价结果指导自己的行动。与此同时，大学生的自我意识中也存在消极的一面：考虑问题通常带有片面性和盲目性，具体表现为自视高明、盲目自信等，由此产生了个体的我与社会的我、理想的我与现实的我之间的矛盾，并且自我苛求，从而感到烦恼、抑郁，甚而形成偏执型和反社会型人格。

因此，大学生要提高自身的心理素质，就要对自身价值进行合理估计，将"自尊、自信、自立、自制、自强、自爱"作为自我意识发展的指向，把"真诚、理解、信任、体贴、热情、友善、幽默、开朗"作为个性完善的指向。这些做法对大学生的自我心理保健都具有积极的意义。大学生如果能把自我意识的发展和整个个性的完善有机结合起来，不断地进行自我监督、自我教育、自我激励，就会取得更加明显的成效。

（二）确立科学的人生观

科学的人生观对大学生良好心理素质的培养有重要的指引作用，同时良好的心理素质也应该涵盖科学的人生观、价值观。培养良好的心理素质应从确立科学的人生观入手。

首先，大学生应充分认识到人生价值的实现在于奉献。人在追求自我价值的同时，应该积极实现自身社会价值。第一，人的自我价值的实现主要在于对自我进行生存保护、满足自身生存与发展需要等；人的社会价值的实现主要通过人对社会的贡献体现出来。人的价值应是自我价值与社会价值的统一。第二，个人的发展必须依赖于社会的前进，必须适应社会的发展。从这个意义上说，个人对社会的贡献应大于索取。否则，社会将停滞不前乃至倒退。第三，社会对人的价值的评估以个人对社会的贡献为标准。个人索取要以个人贡献为现实保证。

其次，大学生要正确处理个人、集体和国家三者之间的关系。社会主义、集体主义价值观强调个人利益与集体利益相统一，自我价值与社会价值相统一。因此，它有别于传统的价值观。而传统价值观更加注重整体，重视精神，重视和谐、安稳。而社会主义集体主义价值观则重整体，也重个人，强调维护个人的合法权益，充分发挥个体的作用。

最后，大学生要正确认识社会主义市场经济的双重效应。实践证明，社会主义市场经济能产生一般商品经济的双重效应，既能促使人们形成平等、民主等观念，又能产生刺激人们做出唯利是图、损人利己的行为等消极影响。所以，大学生应正确认识市场经济的双重效应，树立正确的价值观，增强社会责任感。

（三）养成良好的学习习惯和生活习惯

习惯的力量是巨大的。良好的学习习惯与生活习惯能够重塑一个人的心理素质和精神风貌。有些大学生还是不能很好地调节自己的日常生活。他们觉得，早不起、晚不睡，学习、娱乐、锻炼、休息比例失调，也是一种生活方式。一个有理想、有抱负的21世纪大学生，应当从小事做起，尽量遵守学校制定的制度，作息应正常有规律，生活丰富有规划。只有这样，大学生才能建立适度的学习节奏，培养健康科学的生活习惯，从而有助于自身心理素质的提高。

（四）积极参加课外社团活动

在大学校园里，课外社团活动丰富多彩，学生社团和兴趣小组层出不穷，如"认知评价小组""智力开发小组""人际交往小组""挫折训练小组"等。参与形式多样的活动，与同学进行交流和互动，可以增加大学生人际交往的技巧，增强大学生挫折承受力。

（五）主动消除心理困惑，预防心理疾病发生

目前，很多高校建立了大学生心理咨询机构。这些心理咨询机构对学生的心理发展状况进行分析、预测，对大学生的不同情况有针对性地开展个别咨询和团体心理训练，同时对患有心理疾病的学生及时进行矫治，帮助学生尽快清除障碍。一些机构还利用咨询热线电话、咨询信箱、咨询网站等工具，为学生提供倾诉场所，及时发现有心理障碍的学生并给予指导帮助。大学生要学会利用这些资源，遇到心理问题主动寻求帮助，主动消除心理困惑，预防心理疾病发生。

（六）积极参加社会实践

大学生通过积极参加社会实践，包括社会考察、生产实习、毕业实践、勤工俭学、参观学习等，可以与社会保持密切的联系，更加深刻地认识社会，体验人生，进而提高心理素质。

第四节 大学生心理素质教育

大学生健康心理的形成需要教师精心周到地培养和教育。教师必须把关心大学生的心理健康、培养其健康的心理素质作为重要的任务。

一、心理素质教育的含义、特征及目的

（一）心理素质教育的含义

顾名思义，心理素质教育就是全面提高学生心理素质的教育。这里的"全面"有两层含义。一是要提高所有学生的心理素质，无论是对待优秀生、中等生，还是所谓的"差生"，都要一视同仁，在某种意义上更要重视提高"差生"的心理素质。因为"差生"之所以"差"，主要是由于其心理素质水平低于优秀生和中等生。另外，由于女生的心理素质，特别是其中的非智能因素一般来讲不如男生，所以教师还要着重培养与提高女生的心理素质。二是使学生的心理素质的各个组成因素都要得到一定程度的提高。也就是说，在心理素质教育中，一方面，教师要把开发心理潜能、发展心理特点与培养心理品质结合起来；另一方面，潜能、特点、品质都蕴含在智能与非智能因素之中，因此，教师又必须把发展智能与非智能因素结合起来。这样才能使学生的心理素质得到全面提高。

所谓心理素质教育，就是使全体学生的心理素质得到全面提高的教育。心理素质得到全面提高的具体表现：心理潜能、心理特点与心理品质都得到开发与发展，智能与非智能因素都得到培养与提高。

（二）心理素质教育的特征

心理素质教育与学科教育有所不同，它关注的是人内在心灵的成长，而心灵的成长是一个极为复杂的过程，既易被外界许多不确定因素干扰，又易受个体内心难以捉摸的心理状态的影响。现将心理素质教育的特征归纳为如下几点。

1. 适应性与整体性

心理素质教育要适应各年龄阶段学生的身心发展特点，不能拔苗助长。有的时候，教师非常希望学生能够马上就具有其希望具有的素质，但是这种一步登天的想法是不切实际的。教师只能帮助学生慢慢地发展成熟。这点其实是与心理素质的发展性相对应的。心理素质的发展是一个不断递进的过程。所以，教师要注意每一个发展阶段不同的发展特点和可能达到的发展程度，要明白心理素质发展的前一阶段与后一阶段相互衔接，彼此影响。心理素质教育要基于发展规律，寻求最优的教育方法，抓住最佳的教育时机，让学生的心理素质得到最好的发展。

心理素质教育的整体性表现在以下几个方面。第一，注重整体学生的心理素质的培养。应试教育注重升学率，重视对拔尖学生的培养，对差生关注较少，难以实现"大面积丰收"。素质教育与之最大的不同之处就在于，教师将每一个学生都视为发展的主体，不漏掉一个学生，帮助每一个学生在他自己的起点上前进，在他自己的优势上发展。心理素质教育也同样如此，即面向全体学生，使每一个学生的心理素质水平都得到不同程度的提高。第二，把提高心理素质与提高其他素质结合起来。人的各项素质之间也是相互影响、彼此促进的，并由此而构成一个有机整体。因此，发展心理素质要与发展政治、道德、身体、科学、文化素质结合起来。要做到这点，仅靠一门心理素质教育课是不够的，还需要其他任课教师的配合，一起来培养学生的各种素质。这样做，心理素质教育的实效性才能够较好地体现出来。

2. 个别性与艺术性

个别性是指心理素质教育要注意学生的个别差异。心理素质教育面向的是一个由个体素质差异悬殊的学生组成的群体。学生水平的参差不齐，决定了教师不能采用整齐划一的"一刀切"的教育办法。

教育是一门科学，也是一门艺术。心理素质教育亦是如此。艺术性就是指心理素质教育要密切注意教材、教育方式，以及学生天赋的发展，灵活运用各种教育技巧。具体表现在以下几个方面。第一，教师的言辞要委婉达意，注意场合，讲究分寸。心理素质教育关注的是学生心灵的成长，而心灵又是最为脆弱、敏感的。学生的心灵需要呵护。倘若教师的训斥过分严厉，而且不注意场合，如当着全班同学的面，大声地批评一个自尊心极强又较自卑的学生，那么，这位学生的心灵就会受到沉重的打击，可能对教师产生强烈的逆反心理，也可能变得更加自卑，从而对其造成难以弥补的心灵创伤。第二，教师应采用多种多样的方式。学生心理素质较抽象、内隐，不容易把握。所以教师仅靠单一的说教，难以收到实效，有时会产生适得其反的效果，教育的效果自然不尽如人意。教师要想办法用多变的教育方式吸引学生的注意力，引起学生的兴趣。第三，教师应与学生心灵相通。正所谓："心有灵犀一点通。"教师与学生积极沟通，相互了解才是较为艺术且合适的方法。教师在进行教育时，可以借助多种方式，可以用一个眼神，也可以用姿态、手势、表情等言语以外的方式来表达，以求得一份无言的默契。

3. 坚持性

心理素质教育是比知识技能的传授更加细致而见效缓慢的工作。心理素质的形成不是一个简短的、一蹴而就的过程。这就要求教师必须有毅力，善于坚持。其中很重要的一点便是用发展的眼光来看待学生。在心理素质的培养上，如意志品质的培养上，不是学生上了几次课，克服了几次困难，其意志就变得坚强如铁了；在自我管理情感的能力培养上，也不是学生进行了几次情感控制训练之后就可以做自己情感的主人了；等等。由于学生正处在身心迅速发展变化的时期，心理素质的形成大多需经历许多反复的过程。对于这些反复的过程，教师一定不能一遇到困难就心灰意冷、弃之不顾或者是大发雷霆，迁怒学生，而要有信心、有耐心。另外，教师对学生心灵成长中出现的一些问题也要用发展的眼光来看待。既用发展的观点来动态地审视问题，又用发展的眼光解决问题、预测咨询结果，要能够很专业地区分学生的正常心理特征和异常心理变化，区分一般心理问题和心理障碍，竭尽所能地促进学生发展。

（三）心理素质教育的目的

心理素质教育的根本目的是全面提高学生的心理素质。其具体目的如下。

1. 开发心理潜能

在人身上有生理潜能与心理潜能。前者的开发是身体素质教育的任务，后者的开发则心理素质教育的任务。由于生理潜能与心理潜能难以被截然分开，所以开发生理潜能与心理潜能这两项任务的划分也只能是相对的。开发潜能特别是开发心理潜能的重要性与必要性，早已成为国内外教育界的共识。并且国内外教育界普遍认为人的心理潜能巨大，业已开发的只不过 10% 或 15% 而已。因此，教师应当把开发心理潜能作为心理素质教育的一项重要任务来抓。

2. 发展心理特点

在人的身上有生理特点与心理特点。身体素质教育发展前者，心理素质教育则发展后者。心理素质教育的这一任务有两项要求：一是巩固心理特点；二是改善心理特点。由于生理特点与心理特点常常紧密地联系在一起，所以我们也很难将发展生理特点和发展心理特点这两项任务完全分割开来。例如，关于高级神经活动基本过程的那些特点，就可能要由这两种素质教育来共同发展。前面已经说过，心理特点多而复杂，并且是可以发展的。因此，心理素质教育也必须以发展心理特点为自己的一项重要任务。

3. 培养心理品质

在心理素质中，心理品质占有主导地位。因此，心理素质教育应当特别注重对心理品质的培养。心理品质是在心理特点的基础上形成的。因此，心理素质教育应当把这两者结合起来加以培养。全面提高学生的心理素质，是心理素质教育的总的目的。这一目的可以表现为两种形式：①积极形式，即培养心理素质，促进心理健康；②消极形式，即解决心理问题，保持心理健康。

二、加强和改进大学生心理素质教育的原则

大学生的心理素质状况既直接关系到他们个人的成长成才，也关系到国家和民族的未来。当前，大学生心理健康状况不容乐观。这已引起了人们和国家的高度关注。加强和改进大学生心理素质教育，提高大学生心理素质成为高校的重要任务之一。

各高校必须根据大学生心理发展规律和教育规律，遵循一定的原则，采取有针对性的措施，切实加强和改进大学生心理素质教育，提高大学生心理健康素质。

（一）科学性和艺术性相结合的原则

加强和改进大学生心理素质教育必须坚持科学性的原则。广大从事心理素质教育的人员要自觉地以唯物主义为指导，加强对心理学基本观点和大学生心理素质教育有关理论的学习和研究，既要充分认识心理素质教育的重要作用，科学宣传和普及心理学知识，解释心理现象，又要防止孤立地、片面地夸大心理及其教育的作用，更要杜绝神秘色彩和封建迷信，确保心理素质教育的科学性，同时，还要讲求心理素质教育的艺术性，要根据大学生心理素质教育学科的特点、大学生心理发展规律以及大学生心理接受特点，采取大学生喜闻乐见的形式，充分发挥心理素质教育的功能，增强其实效性。

（二）心理素质教育与思想政治教育相结合的原则

心理和思想是相互影响、相互作用的关系，以及大学生心理问题和思想问题相互交织的现状，要求广大从事心理教育的人员将大学生心理素质教育与思想政治教育结合起来，遵循大学生心理素质教育普遍规律和个体特征，开展深入细致的思想教育活动，做到具体问题具体分析，针对每个学生设计不同的辅导方案，切实发挥心理素质教育和思想教育的合力作用，既帮助大学生提高心理素质，又帮助大学生培养积极进取的人生态度。

（三）课堂教育与课外活动相结合的原则

各高校应加强大学生心理健康课程建设，充分发挥课堂教学在大学生心理素质教育中的重要作用。各高校应通过创新教学内容和教学方法，来提高课堂教学效果；充分利用电台、广告、校刊、校报以及校园网络的作用，大力宣传

普及心理健康知识；支持大学生成立心理素质教育社团组织，发挥大学生在心理素质教育中互助和自助的重要作用。

（四）教育与自我教育相结合的原则

各高校要建设一支专兼结合的心理素质教育队伍，同时要明确所有教职员工都负有教育引导大学生健康成长的责任，充分发挥他们在大学生心理素质教育中的作用。此外，要增强心理素质教育的实效性，充分调动学生的积极性和主动性，特别是要建设一支学生朋辈心理辅导员队伍，充分发挥他们深入学生当中、与同学心理距离近的优势，开展各种心理素质教育活动，提高大学生心理调适能力。

（五）解决心理问题与解决实际问题相结合的原则

以大学生日常生活中遇到的心理问题及实际问题为切入点，帮助大学生解疑释惑、排忧解难，包括帮助他们缓解来自经济、就业、学习和生活等方面的压力，帮助他们培养良好的心理素质。

（六）普遍性与针对性相结合的原则

各高校在面向全体大学生普及心理健康知识的同时，要针对一些存在共性的心理问题，如恋爱问题、适应问题、就业压力问题、网络成瘾问题等，开展团体辅导活动。要做好心理咨询工作，通过面对面咨询、电话咨询、网络咨询、书信咨询等方式，为大学生提供及时、有效、高质量的个体心理健康指导与服务，帮助他们缓解心理压力，克服心理障碍。要及时、有效地进行危机干预，在发现具有严重心理障碍和心理疾病的学生后，要及时将之转介到专业卫生机构进行治疗。

三、大学生心理素质教育水平提升路径

深入研究大学生心理素质的内涵和提升途径，开展心理健康教育的目的在于提高大学生身体及心理综合素质，引导大学生自觉树立心理健康意识，提高大学生整体素质，为大学生的正常学习和生活，顺利完成学业及成功就业起到保障和促进作用。就大学生心理素质教育水平的提升途径而言，各高校应从学校、学院、班级，甚至家庭等角度多层级地构建心理健康教育模式，点面结合、立体覆盖、深入渗透，多角度设计提升途径，提高身心素质培养成效，全方位推进大学生心理素质教育工作。

（一）加强体制机制建设，建立健全大学生心理素质教育工作体系

体制机制的建立健全，是大学生心理素质教育工作持续开展的关键。高校应加强大学生心理素质教育工作的体制机制建设，深入贯彻落实中央相关文件，促进心理素质教育领导体制、工作机制的建立健全。

1. 切实加强领导，完善心理素质领导机制

各高校应加强对大学生心理素质教育工作的组织领导，成立以分管学生工作的党委副书记为组长，学工、团委等部门领导参与的心理素质教育工作领导小组，统筹协调心理素质教育工作有关事项，对重大问题召开专题工作会议进行研究部署。

2. 完善组织机构和工作机制，拓展工作网络

各高校应依托高校大学生心理发展研究中心，成立学院心理健康辅导站和大学生心理健康协会，由此建成学校、学院、学生组织的三级保健网络。进一步拓展工作网络，一方面，应将学生社区物业管理服务人员等纳入学生心理素质教育工作网络，定期组织开展业务培训，帮助其提高业务水平；另一方面，应进一步拓展学生朋辈互助组织，设立大学生朋辈辅导中心，由大学生心理健康协会、班级心理委员和学生朋辈辅导员共同开展朋辈互助工作，建成面向全校、覆盖全体学生的"纵向到底，横向到边"的工作体系。

3. 不断完善大学生心理素质教育的保障机制

软硬件环境是大学生心理素质教育深入开展的条件保障。各该校应在设立心理素质教育专项经费的基础上，通过各种途径加强大学生心理素质教育软硬件建设，例如：购置学校心理管理系统，建设用以帮助学生提升身心素质的心理咨询室、团体辅导室、健身房、排练厅等，添置所需设备及各种书籍、电子音像资料等，以保障心理健康途径方法拓展所必需的软硬件条件。

4. 建立健全大学生心理健康监测机制，及时反馈学生各项指标

各高校应根据大学生心理素质教育培养的目标和要求，建立大学生心理健康监测机制，加强体育系、校医院、心理咨询发展中心等有关职能部门之间的衔接，建立一套较为完善的可操作性的机制。

（二）加强队伍建设，提升心理素质教育工作队伍专业水平

加强和改进大学生心理素质教育工作，重点、难点在师资。学校在开展心

理素质教育的过程中，要重视师资的投入，切实加强师资队伍建设，促进师资队伍的长远发展。

第一，建设一支以专职教师为骨干，专兼结合、专业互补、相对稳定、素质较高的大学生心理素质教育工作队伍。鼓励教师积极参与心理方面的相关培训，取得相关证书，以推动实际工作的开展。

第二，加强队伍培训，切实提高专业化水平。学校应重视专兼职教师专业水平培训，定期选派专兼职教师参加各级各类身心专业技能培训或相关学术会议，提高大学生心理素质教育工作者的专业素质和工作技能。同时，学校还应采取有效措施加强对辅导员、班主任、学生骨干及相关人员开展专题培训，使其成为心理素质教育工作的重要力量。

（三）加强普及性宣传教育，促进大学生心理素质长足发展

大学生心理素质教育不能只停留在课堂知识的学习和掌握上，还要有实践的要求，要通过组织形式多样的活动达成培养目标。从学校层面看，应由心理咨询中心牵头，充分发挥校园文化的积极影响，借助"校园文化艺术节""校园科技节""校园体育文化节""寒暑期社会实践"等活动平台，开展各项心理素质教育活动，鼓励学生通过丰富多彩的活动掌握一定的技能，提升自身综合素质。从学院层面看，可依托学院学生组织开展如"心理健康月""爱国卫生月"等主题教育活动，寓教于乐，深化心理素质教育的成效。

心理健康知识的普及是心理素质教育的基础工作。学校应整合多方资源，充分发挥课堂教学、杂志读物、第二课堂活动等的作用，全面覆盖，全程跟进，开展普及性心理素质宣传教育。

第一，充分发挥课堂教学在大学生心理素质教育中的重要作用。学校要坚持心理健康教育与思想政治教育相结合的原则，在思想政治理论课教学中设立大学生心理健康专题。同时，有针对性地开设体育与保健、大学生心理健康、人际交往心理学、心理学与人生、职业生涯规划等选修课程，逐步建立适应大学生心理素质教育不同层面需求的课程体系。

第二，充分运用杂志、科普读物、宣传橱窗等文字媒介，来保障宣传普及率。学校应定期更新大学生身心方面的杂志读物，让大学生对心理健康知识能有更为直观的认识和理解。另外，可通过多媒体的形式，开设如"心闻视窗""成长故事""心声絮语""心情氧吧"等栏目，提供学生倾诉、互动的平台，让大学生可以通过多元化的渠道分享成长体验、交流心情故事、学习心理健康知识等。同时，心理素质教育多媒体网络建设可以使心理素质教育工作从平面走

向立体，从单色走向多彩，增强工作的科学性、生动性、实效性，可产生显著效果。

第三，广泛开展丰富多彩的大学生心理素质教育第二课堂活动，使大学生树立"身心素质教育生活化"理念，增强其健康意识，培养学生身心自我调适能力。学校也应将心理健康教育与校园文化建设有机结合起来，每年举办心理健康知识竞赛等大型活动，普及大学生心理健康知识，营造有助于大学生健康成长的良好氛围，增强大学生的心理健康意识，优化大学生身心品质，提高其适应社会和承受挫折的能力。

（四）加强咨询服务体系建设，满足学生日益增长的咨询服务需求

咨询服务是直接帮助学生解决身心困惑，实现自我成长的重要途径。学校应重视咨询服务在促进学生心理素质发展过程中的重要性，应通过各种形式，为学生提供及时、有效的心理健康咨询服务。

第一，积极做好个体身心咨询工作，以满足学生个体的身心援助需求。学校应建立健全身心咨询值班、预约和重点反馈等制度。根据学生的具体需求，设定个体咨询室开放时间并予以公告；通过网络、电话等途径接受学生身心咨询预约；对需要重点关注的个案，及时向学生所在的学院反馈。同时，学校应定期开展身心咨询个案的研讨与督导活动，不断提高工作人员身心咨询的专业水平。

第二，开展团体身心辅导工作，满足不同学生群体的身心成长需求。针对不同学生群体的需求，学校应经常开展以新生身心适应、自我认知、情绪管理、压力管理、人际交往、生涯规划等为主题的团体辅导活动，帮助学生提升身心素质，实现健康成长。

第三，针对困难学生进行帮扶，帮助其克服身心障碍。由于社会大环境的变化，当代大学生面临着巨大压力，如学业压力、人际关系压力、就业压力等。而新生进入大学后，环境和角色的转变都易给他们在心理上造成负担。因此，对在心理方面出现问题的学生，从事学生咨询工作的人员应依托学校和学院相关职能部门，结合学生的实际情况，协同专业指导教师、学院辅导员、学生骨干等对其进行一对一或一对多的帮扶；也可以通过同学朋友间的"朋辈辅导"，将自助与互助结合起来，正确疏导学生的负面情绪，帮助其宣泄压力，在学习和生活中保持良好的身心状态。

四、应用型高校心理素质教育的目标、原则和途径

考虑到应用型高校人才心理素质教育的特殊性，应用型高校人才心理素质教育的目标应该包括三个层次：具体目标、中间目标和终极目标。具体目标是培养学生各种具体的心理素质；中间目标是协调学生各种心理素质的发展，促进学生心理素质水平的提高；终极目标是在良好的心理素质教育基础上，促进学生全面、协调而健康地发展。

心理素质教育是一项复杂的系统工程，具有很强的科学性、知识性、专业性和技术性，在进行心理素质教育的过程中，必须遵循客观规律，从实际出发，采取科学的方法和态度，坚持心理素质教育自身所特有的原则：教育性原则、整体性原则、全体性原则、差异性原则。此外，应用型高校人才心理素质教育在遵循心理素质教育的一般原则的基础上，还应确立并遵循符合应用型高校人才培养规律的原则：整体优化原则、主体参与原则、学科协同教育原则、环境育人原则。

为了保证应用型高校人才心理素质教育目标的实现，应用型高校需要把握实施的途径和方法。应用型高校心理素质教育的基本途径包括专门途径和非专门途径。其中专门途径有设置并实施心理素质类课程、充分发挥学校心理素质教育专门机构的咨询与辅导的功能；非专门途径有在学校各项活动中渗透心理素质教育内容。

第八章　大学生的人文素质教育

在当今世界上，科学技术不断发展，经济全球化的程度不断加深，使得当前大学生的价值观和社会意识变得越来越多元化。而当前各国国力之间的竞争就是各国人才之间的竞争，在大学生培养目标下，大学生的人文素质对其成长发展起到越来越重要的作用。

第一节　人文素质教育概述

一、人文素质教育概念

人文素质是一个人身上所表现出来的人文科学、人文知识，它是一个人的内在品格的表现，通常通过个人的品格、修养等体现出来。从内容上看，人文素质教育包括人文知识、人文思想、人文方法、人文精神以及人文行为五个方面。在这五个方面中，人文知识、人文思想、人文方法这三者是人文素质的基础，而人文精神是其核心。人文精神指的是人类的自我关怀精神。人文精神主要体现在以下四个方面：第一，坚持以以人为本的理念来处理人与自然社会之间的关系；第二，以满足人的需要为活动的最终诉求；第三，看重人的价值和尊严；第四，人与人交往时要互相尊重双方的人格。在大学生基本素质构成要素中，人文素质是大学生最应具备的基础素质，是大学生"三观"的构成基础。总的来看，人文素质体现出了一个人的内在的品格和修养，它对一个人综合素质的形成和发展有基础性的决定作用。人文素质教育有助于培养全面发展的高素质人才。

我们可以从宏观和微观两个层面来看人文素质教育：从宏观上来看，人文素质教育围绕的核心是人性完美，主要通过对人的行为进行潜移默化的影响，使人养成一个良好的行为习惯，在处理本我与自我、个人与他人、个人与社会、个人与自然之间的关系时采取一个正确的方式和态度。由于人文素质教育具有潜移默化的特性，因此，它是一个长期的教育过程。从微观上看，人文素质教育是通过对人进行人文濡染与涵化，而使人们学会如何做人的一种教育，是一种人性化教育。

总的来看，人文素质教育就是指以提高人的人文素质为目的的教育，注重对人文精神的追求，以人类优秀的文化成果为主要教育内容，通过多种方式和综合手段对人们进行人文素质教育，使学生将人文知识内化为人格、气质、修养，成为学生相对稳定的内在品格。

大学生人文素质教育就是指通过对大学生进行人文社会科学方面的知识教育，使大学生的文化品位、审美情趣和人文修养等方面得到提高和发展，使大学生有一个比较宽广的知识面，拓展大学生的创造性思维，进而促进大学生全面发展的教育。其可分为四个层面：一是人文学科的教育；二是文化教育；三是人类意识教育；四是精神修养的教育。

二、人文素质教育的特点

1. 人本性

人文素质教育"以人为本"的基本教育理念充分体现出人文素质教育人本性的特点。归根结底，进行人文素质教育是为了人、出于人、归于人的。自然不是作为纯客体而存在的，而是对象化了的客观存在；社会不是作为外在于个人的异己力量，而是内存于个人的人的社会；人生的各种现象也不再是神秘莫测、不可捉摸的，而有其自身的规律和轨迹；人在自然界中具有崇高的地位，人的存在、生命的存在具有他物不可比拟和取代的普遍意义和价值。因此，教师在进行人文素质教育的时候既要关注人的个性，又要关注人的完整性和历史性发展，要"以人为本"，致力于人性的产生、发展和提升。具体地说，就是教师在进行人文素质教育的时候，要关注学生人文方面的需要，而不应只关注学生是否掌握了概念和技术，要提升学生的人文素养，使其真切感受和体验到生而为人的美好和人生的尊严。

一个人要想培养和提高人文素质，关键是要"修己"，即自觉学习，要不断内省。"修己"既是进行道德教化的基础，也是一个人提高自我境界的主要途径。这就表明，内化在人文素质的形成中发挥着关键的作用。因此，教师在进行大学生人文素质教育时，不仅需要传授相关方面的理论知识，也需要对学生进行积极引导，使学生的主动性得到充分发挥。在进行教育时，教师要摒弃那种简单的"说教""训导"和"诫勉"之类的方法。由此看来，在教育方式和方法上，人文素质教育也要坚持"以人文本"，以生为本，在进行教育时应多采取讨论、对话、实践和反省等教学方法。通过讨论，各方可以表达自己的立场；通过对话，各方可以对彼此的观点进行质疑、论证、分析；通过实践，学生可以更直观地感受到人文素质和人文精神的价值；通过反省，学生可以发现内心的矛盾与冲突。

2. 时代性

时代性是指人文素质教育作为一个动态系统是具体的和具有历史性的，即人文素质教育的内涵和外延既有历史继承性，又会随着社会的发展变化而变化。时代不同，人文素质也表现为不同的形式和内容。这也就决定了人文素质教育要随着时代的变化而与时俱进地发生变化。

当前，人文素质教育要立足于我国的社会主义建设的时代要求，对于历史上的优秀传统文化积极进行吸收，对于国外优秀的知识也要大力借鉴，对于广大人民群众在革命、建设中凝练出的精神要大力弘扬，使之凝聚成新条件下最宝贵的现实人魂。

3. 民族性

民族性是指人文素质教育中的人文精神是具有民族性的。世界各个国家和民族的政治、经济、文化、社会发展都有其各自的特征，在此基础上形成的人文精神也是不一样的。这是人文精神具有民族性的原因。以我国为例，我国自古以来就有关心社稷、一心为国的尽忠爱国的民族精神。这种精神的形成与我国传统社会中的经济、政治等特点紧密相关。总的来说，人文素质教育需要以国家的历史文化为基础来进行。

需要说明的是，人文素质教育具有民族性并不能说明人文素质教育就不具有开放性。人文素质教育在坚持我国民族自身的主体性的同时，也要对世界其他民族的优秀文明成果进行吸收借鉴。就像《共产党宣言》中指出的，随着世界市场的扩大，"使一切国家的生产和消费都成为世界的了""物质的生产是如此，精神的生产也是如此。各民族的精神产品成了公共的财产。民族的片面性和局限性日益成为不可能"。在当今世界上，世界各民族的优秀文化之间都是开放的，可以相互吸收借鉴。由此来看，人文素质教育以坚持民族性为基础，然后采各家之长，发展自身，同时可以促进世界各民族文化的繁荣发展。

三、当前大学生人文素质教育缺失对大学生产生的影响

近些年，高校扩招使得高等教育发展很快。但由于市场经济的不良作用，高等教育也出现了一些不良现象，只注重向学生灌输知识和技能，而心灵教化和人格培养则有所缺失。这就使得一些大学生比较缺乏人文方面的知识，在人生观、世界观和价值观方面出现混乱，进而使得高校人才的培养质量受到严重影响，不利于学生职业素质的提升。因此，作为培养大学生基地的高等院校，要加强人文素质教育，以促进人的全面发展，保证人才适应未来的发展。总的来看，当前大学生人文素质教育缺失对大学生产生的影响主要有以下几个方面。

（一）大学生缺乏人文知识，人文素质偏差

从目前来看，大学生人文素质教育普遍不受重视。有一些高校甚至没有设置人文素质教育的相关课程。许多大学生在学习方面也持一种实用主义的态度，在学习时对于"有用"的知识比较看重，对于人文知识的学习则认为可有可无；有些大学生在文学艺术修养、语言表达能力、文字书写水平等方面远没有达到作为一个大学生应有的水平。他们除了在课余时间参加一些社团活动，很少接触哲学、历史、文学、艺术等有关人文社科方面的知识。他们认为，拿到专业技术某个等级的证书比掌握人文知识对于就业更有用。但是在实际工作中，人文知识的增长和一个人的能力的提高两者是统一的。人文知识有助于一个人的为人处世能力的提高，最终会积淀为一个人内在的文化修养。有时候一个人的修养起到的作用要比职业证书大得多。因此，大学生应当对我国的历史文化等有所了解。

（二）大学生缺乏人文精神，人格塑造比较困难

从目前来看，由于人文精神的缺失，一些大学生在人生目标和精神追求上有所欠缺，也没有树立坚定的信念。另外，当前我国对于西方的生活方式和价值观念的推崇使得中华民族的优良传统逐渐流失，民族自尊心和自豪感也正在逐步淡化。有一些大学生没有一个积极向上的人生理想和人生态度，没有广泛的爱好和兴趣，在精神上感到比较压抑和苦闷；也有一些大学生虽然有较强的独立和自主意识，但在社会责任感方面则有所欠缺，合作意识和集体意识比较淡薄；有些大学生热爱美和追求美，但由于没有一个良好的人文素质，加之受西方社会生活方式的影响，对于歌星、影星疯狂崇拜，盲目追求时尚的生活；有些大学生没有一个正确的人生价值观，认为人与人之间的关系是尔虞我诈和互相利用的关系，功利性强，其人生哲学为实用主义，注重及时享乐。出现这

些问题的原因有很多，但高校人文素质教育的缺失是学生缺乏人文素质和人文精神的一个重要原因。

（三）大学生缺乏人文精神，道德素质不高

从目前来看，大学生的道德修养情况也不理想。在大学生群体中存在的明显的问题有：有的学生只计较个人利益得失，社会责任感不强，也缺乏集体主义精神；有的学生注重物质享受，相互攀比；有的学生意志力比较薄弱；也有的学生没有一颗宽容之心，人际关系比较差；等等。

三、对大学生进行人文素质教育的意义

（一）时代的要求和需要

当今的大学生是面向未来的一代。当今世界处于一个知识经济时代，处于一个人才全面竞争的时代。大学生是高级人才的后备军。当今社会在对大学生寄予厚望的同时，对大学生的素质和能力也提出了很高的要求。在当今社会上，科学技术高速发展，要求大学生既要有高超的技术、知识，又要有很高的文化品格和素质，否则，无法成为有利于社会发展的一流人才。因此，高校在进行大学生教育的时候，要注重大学生人文素质的培育。

（二）学科发展的需要

在 21 世纪，学科分工以细化和专业化为发展趋势，新兴学科不断出现和发展，学科间也不断开始相互渗透，自然学科和社会学科出现综合化发展趋势。为了更好地适应当前文理发展的综合性趋势，培养文理综合型人才，高校需要加强对大学生的人文素质的教育。这也是当前国际教育改革的发展潮流和趋势。

（三）人才竞争的需要

在当今世界上，各国的竞争既表现在经济、国防、科技等综合国力的竞争上，也表现在人才的竞争、人才素质的竞争上。但从根本上来看，只有在人才的素质上占优势，才能最终赢得国际竞争的主动权。因此，我国要在教育方面做好改革，更新教育观念，注重青少年的人文素质培养，提高我国青少年的综合素质。只有这样，才能保证我国在人才素质的竞争中立于不败之地。

（四）帮助青年塑造理想人格

人格指的是人的信仰和情操、态度和兴趣、气质和素养以及价值观的总和，它是一个人的内在和外在素质综合的反映。人的内在素质是人格的核心，是指

人的精神境界和思想意识。要想推动国家的经济发展，就需要有一个内在的驱动力。人的素质就是国家发展的内在驱动力的来源。只有国民具有高素质，国家才能向上发展。具有高素质的人首先有一个健全的人格。这是一个人良好素质的最基本的保证。对大学生进行人文素质教育，向大学生传授人文知识，可以使得大学生在三观方面有一个正确的导向，使大学生的情操得到陶冶，人性修养和道德水平得到提升。

第二节　大学生人文素质教育的内容、原则与方法

大学生群体思想活跃，具有较强的可塑性。大学阶段是青少年的三观形成的关键时期。大学生的人文素质不仅关系到他们自身的成长和成才，也关系到校园精神文明建设，进而对我国的社会整体也有重要影响。

一、大学生人文素质教育的内容

（一）人文知识教育

教育的出发点是格物致知。基础性的人文知识教育是大学人文素质教育的基础。向大学生传授人文知识的，有助于大学生建立起一个人文知识系统。

1. 文学知识教育

文学通过艺术的方式来表达人们对自我、生命的认识。文学具有自己的审美特点。通过学习文学知识，大学生可以以形象直观、细腻微妙的方式来重新认识自己和世界，进而对人生价值和生命的意义有深刻的理解和感悟。和其他类的意识形态科目相比，文学对人的反映主要有两个特点。一是文学表达了人类的思想情感，呈现出人的心灵世界。虽然文学也会对人类的社会经历有所记录，但文学注重的是情感的表达。二是文学主要通过动人的形象来表达感情，和哲学的抽象表达、史学的忠实再现是不一样的，文学更直观生动。

人类需要文学，是因为文学是人类追求精神自由时所必需的。从本质上看，文学教育是一种审美教育，也是一种情感教育。文学教育可以培养一个人高尚的情操，丰富一个人的人生。懂得艺术和美的人，其心胸会比一般人更开阔，其人性会更完善，其精神更自由，通过欣赏文学作品，可以打破时间和空间的界限与古人进行沟通。从根本上来说，一个人的达到的人生境界如何取决于他内心的充实感和幸福感。追求高尚的精神境界是人自古以来的美丽人生向往，而通往这个境界的天梯就是艺术。"艺术境界主于美"，人类天生有对美的追

求，对自由的渴望。文学艺术可以让人的人生更圆满。从这个意义上来说，文学比宗教更高尚。

2. 史学知识教育

"我是谁？我从哪里来？"这是每个人都会思考的终极问题，表现出了人对于自身归属的困惑和追寻。而对于根的寻找，就需要人们进行历史的探索。

在整个人文和社会科学领域中，史学居主导地位，主要原因有两个。一是史学对人类创造历史的活动进行研究，内容包括人类社会历史发展的内在动力、历史的发展规律，等等。虽然史学研究的是人类的过去，但是史学是动态的，它通过研究历史，使人们对于历史发展规律有一个深入的了解和把握，可以帮助人类更好地认识自身，不断取得进步和发展。二是由于史学的研究对象是整个人类社会的发展过程和规律，因此，对于其他学科来说，史学的研究成果都具有参考的价值。史学可以为其他学科提供历史资料，在推动其他学科的创建和发展方面有重要的作用。

史学的起点是过去的社会，其终点是为现在的社会而服务。学史可以使人明智。正所谓："以史为镜，可以知兴替。"对于大学生来说，学史有助于培养高尚的理想、信念、道德和情操。通过学习历史，大学生可以更加明白当前生活的来之不易，了解过去的辉煌和荣辱，可以更加懂得身上的重任和担子。

大学生在学习史的时候，首先要有一个正确的史识。要想有一个正确的史识，就要多读一些历史相关书籍。需要说明的是，在读一些历史相关书籍时不能读"死"书，而要透过书里的人和事，了解当时人的生活情况，看到当时人的精神气质。学史重要的是要以史为鉴，要透过历史这面镜子，看到历史的风风雨雨，看到王朝的兴衰成败，参透过往的是是非非，要吸收历史中的经验教训。

3. 哲学知识教育

哲学既是一种世界观，又是一种方法论。在人们认识世界事物的所有学科中，哲学位居顶层。它不对具体事物进行研究，它注重人的意识和物质存在等终级问题，其研究对象是整个世界。马克思主义认为，哲学是系统化的世界观。哲学也是思维方式的一种。在哲学中，世界观和思维方式是重要的两个维度，究其根本原因是人们用世界观指导自己的实践，人们在实践发展中通过自己的世界观，对问题进行理性思考。哲学揭示了世界普遍联系的规律和本质。通过学习哲学知识，人们的思想可以得到升华。因为在一个民族的发展中，哲学通过对学科进行反思、批判、概括，成为民族文化中最精致的部分，是文化的凝结。

人通过哲学知识的学习可以锻炼自己的思维能力。哲学是对事物和现象的本质的研究。通过学习哲学知识，人可以找到能够解答人生中的疑惑的答案。当一个人面对现实生活中的纷纷扰扰时，不可避免地会迷茫。而哲学知识是对事物本质的反映，所以，学好哲学知识就等于掌握了认识事物的一般规律，就不会被眼前的迷乱遮住双眼，可以透过事物的现象发现事物的本质，对于矛盾就可以做出一个正确的分析，从而可以更好地解决问题。此外，哲学还可以提升一个人的精神境界。

（二）人文思想教育

人文思想也就是以人为出发点的思想。人文素质教育要"以人为本"。高校对大学生开展人文思想教育的目的，主要是使大学生正确认识人与自我、人与他人、人与社会、人与自然四个关系。

1.引导学生正确理解人与自我之间的关系

大学生已经开始思考活着的意义以及人生意义如何实现这种终极问题。但由于刚刚成年，这些问题对大学生来说是其成长的困惑。

第一，使大学生正确认识自我和人生。人生是一个单行道，没有重新来过的机会。在这条道上行走，只有一次机会，因此，大学生要学会珍惜生命，敬畏生命。阿波罗神殿有一句有名的箴言："人啊，认识你自己。"而认识自己是一个人一生中最应当学习的、也是最难的功课。但人必须要对自己有一个充分的认识才能有一个准确的人生定位。正确地认识自己是一件很难的事。人经常会出现自我认知偏差。在大学生中常见的自我认知偏差主要有自负、自卑、虚荣心强、从众心理、以自我为中心等。高校通过进行人文素质教育，可以帮助大学生在自我认知方面形成一个正确的认识。

第二，使大学生树立自己的人生信念。大学生在进行人生追求时要有一个正确的人生信念。只有有了信念，才不会被各种打击击垮，才能在面对诱惑的时候坚守本心。大学生人文思想教育应该教会大学生要真挚地追求有意义的人生道路，树立起人生信念。

第三，引导大学生主动地选择和努力地实现自我价值。在人的一生中，除出身无法选择外，其他都可以由自己选择而来。与以前的社会相比，当今社会充满了机遇，社会更加开放，也更加包容。但正是由于路径太多了，人会产生一种无所适从的感觉。这就使得大学生在人生道路上不知该如何选择。自身具有的局限性以及当前社会生活选择的多样性，使得一些大学生在面对选择时会非常纠结。大学生素质教育可以帮助学生提高选择的自觉性和自主能力。这样在面对选择时，大学生就不会茫然。一个人只有自觉自主选择，才能实现人生的价值。

第四，引导大学生正确面对人生的苦难并进行自我调节。与以前的大学生相比，现在的大学生要承担更多的压力，诸如学习压力、经济压力、情感压力、工作压力、关系压力，等等。在这些压力之下，一些大学生由于心理承受力比较差，从而产生各种心理问题：缺乏自信、焦虑、易激动、抑郁、冷漠等。当前社会生活的节奏变得越来越快，社会经济结构的极化发展，人才竞争的加剧等，都对人们的身体健康造成了不良影响。因此，大学生人文素质教育也要加强对学生的心理方面的教育，使大学生明白健康的人生不只是指拥有一个健康的身体，还要有一个健康的心理，在面对压力和挫折时，要对自己的心理进行调节，使身心都处于一种良好的状态，使人生更充实和有意义。

2. 引导学生正确认识自我与他人之间的关系

对于个体而言，自我与他人之间的关系是世界最早在一个人的生活中打开的维度。正确认识自我与他人之间的关系有助于一个人加深对自我的认识。

大学生要想处理好自我与他之人间的关系，就要尊重他人利益和集体利益。这是处理好自我与他人关系的关键所在。在社会生活中，利益主体之间的矛盾不可避免。大学生在进行利益处理时需要遵循社会公平的原则以及人道主义精神。

3. 引导学生正确认识人与社会之间的关系

人与社会的关系关系可以具体分为人与国家之间的关系以及人与世界之间的关系。

第一，人与国家之间的关系。

在人与国家之间的关系方面，爱国主义是最基本的价值观。一个人对国家的最早认识，是从自己的家族和家乡开始的。中国人的乡土情结比较重。传统上，我国的爱国教育最早从乡土教育开始。乡土教育主要教育一个人要爱家乡。自我迷失是当前人最人的精神危机。对"根"的教育的缺失是造成这一危机的一个重要原因。一些爱国教育流于口号就是因为它缺少一种对"根"的追寻，没有"乡愁"，何来"国恋"。

通常来看，国家和民族总是紧密相连的。当前我国正面临着社会转型，国人也面临着一个如何面对故土的历史与现实，而将自己塑造成"现代国人"的问题。从目前来看，我国内部矛盾比较复杂，利益主体多元化、社会结构分层以及多元化的社会思潮等，都给我国的发展带来了挑战。在这种背景下，国内就要保持安定团结。为了全面建成小康社会，实现中华民族的伟大复兴，国家需要的人才要具有以下特征：一是要有深厚的民族文化底蕴；二是能担得起社会责任，为实现国家富强、社会公平而不断贡献自己的力量。

第二，引导学生正确认识人与世界之间的关系。

从目前来看，世界全球化已经成为时代潮流。我们每一个人，既是国家公民，又是世界的公民。在与世界进行对话的过程中，人需要处理好的一个问题就是如何在全球共同的行为规范体系内维持共同的人类文明。文化是人的生存方式的表现。不同民族和国家间的文化具有差异性，也具有共性。而这种共性是建立在人类共性之上的。这也是不同的人类群体可以进行沟通的基础。因此，高校要教育大学生有一个国际眼光，要关注世界范围内的大事件和国际性的难题，比如环境污染、人权保障、种族宗教冲突，等等。

但值得我们注意的是，世界全球化以欧洲近代文明为起点逐步向全球进行辐射扩展，逐渐将全人类纳入一个共同的基本价值和规则体系中。我国文化和西方文化具有差异性，加上我国文化历史悠久，使得在西方世界认为我国文化具有神秘和浪漫主义的特点。但在东西方文化交流过程中，我国文化处于弱势地位，受到西方文化的轻视和侵略。文化多样性是世界的财富，只有求同存异才能更好地发展。因此，在进行文化教育的时候，我国既不能固守民粹主义，也不能放弃我国的民族价值观和文化地位。

4.引导学生正确认识人与自然之间的关系

人与自然是一体的，人是自然的一个部分。大自然养育了人类，人类是大自然的孩子。人类的发展只能依靠大自然，同时大自然也会制约人类发展。所谓的"人定胜天""战胜自然"，其实是人类给自己编造的神话，是为了鼓励人们在艰苦的环境中也要进行不屈不挠的斗争。当前人类的文明成果，都是遵照着自然规律，来对自然进行改造的结果。

高校在进行大学生人文素质教育的时候，应充分发挥教育在人类拯救自己的命运中发挥的强大作用，要改变下一代的思想观念，致力于使人与自然之间的关系得到调节和改善。大学生人文素质教育就是要教育大学生对于大自然要有一个正确的态度，要认识到人与自然、人与宇宙之间的关系，理解人类的渺小与伟大、短暂和永恒，要教育学生要和自然中的物种和谐共处，通过人文素质教育，使学生树立起可持续自然观、低碳生活的道德观和泛爱万物的哲学观。

（三）人文精神教育

大学人文素质教育还应培养大学生的人文精神，使学生构建一个求真、向善、尚美相统一的人文精神系统，守护自己的精神家园。人文精神是人类文化的结晶，是一种理想和价值，它注重对人的尊严的维护、价值的追求以及对命运的关切。人文精神的核心——真、善、美，也是人类价值中的永恒主题。人文精神教育要使学生了解到在生活中自己应当做出的行为，人的理想和梦想是什么，怎么才能实现这种理想和梦想。人文教育更关注的是"应是"，它既强调对现实世界的关注，又注重对人精神世界的维护。人文精神教育将大学生的现实行为放进理想世界中进行观照和评价，进而指导大学生应当如何做。正是这种应是与实是、理想与现实之间的矛盾运动，不断使大学生向至真、至善、至美的方向前进，进而促进每个大学生不断得到完善与升华。

1. 求真教育

人在初生时蒙昧无知，但又对于真相有一种追求的渴望。教育便应运而生。教育通过向人传授知识，使人得到了生存的能力。个体得到的知识越深厚，就会越接近真理，求真的欲望就会越强烈。人沿着教育的阶梯越走向高处，就会使求真成为既定的宿命。布鲁贝克在其著作《高等教育哲学》的第一章"高深学问"中指出："每一个较大规模的现代社会，无论它的政治、经济或宗教制度是什么类型的，都需要建立一个机构来传递深奥的知识，分析、批判现存的知识，并探索新的学问领域。换言之，凡是需要人们进行理智分析、鉴别、阐述或关注的地方，那里就会有大学。并非每个人都适合于这种训练的，而那些胜任这种训练的人必然能够发现这种训练，否则，社会所赖以取得的新的发现和明智判断的'涓细的智慧溪流'将会干涸。"这种促进知识不断进行传递和探索的内在动力就是求真的精神。

求真要"求是、求实"。"求是精神"就是指本着科学的态度对知识和真理进行探求。大学是社会的灯塔。对真理的追求是大学的一贯的宗旨，有助于帮助学生树立正确的人生观。"求实"与"求是"一样，都被很多大学奉为校训。但是近些年来，对于学术研究求实、求是的优良作风受到了很大冲击，急功近利、浮躁之风盛行。这与大学求是、求实的校风相悖。高校需要通过人文精神教育来纠正学生的不正确的想法。

2. 向善教育

大学的真正使命是培养良好的社会公民并促进社会的和谐发展。具有道德感的人是高等教育的教育对象。人的生存从来都不只是一个简单的事实判断问题，人的生存涉及道德判断。从哲学角度来分析，道德判断能够真正体现出人性，而相对来说进行道德判断也是更难的。人不仅仅追求"活着"，还要活得有尊严、有体面、有意义，要过一种高尚的生活。而教育的价值就在于此。大学生人文精神教育就是要使学生在求真的同时还要向善。

高校要加强大学生道德教育，既要加大道德真理的传播力度，又要基于大学生培养的视角教育大学生对当前复杂的社会道德问题进行认真思考，来提高自己的道德水平。当前对大学生进行道德教育的最大问题就是没有现实的说服力。社会上一些官员腐败、企业产品造假、教师学术不端等现象的大量存在使得大学生对于道德的认同感逐渐减弱。为了使大学生相信自己所受的道德教育，学校的教师要以身作责，政府要改善社会环境。

向善教育不仅要教育学生要心存善念，还要教育学生做到行思一致，要做好事。现代社会公民应具有强烈的责任意识，也应具有强烈的参与意识。高校要尽可能多地让大学生参与到保护公物的活动中，做好社区服务项目，引导学生组织健康发展，使学生的责任意识和公民意识得到强化。

3. 尚美教育

在人文精神的三个方面中，"求真"可以满足人的心理结构中"认知"层次的需要，"向善"可以满足人的心理结构中"意志"层次的需要，"尚美"则可以满足人的心理结构中"情感"层次的需要。作为了解世界以及把握世界的方式，情感与人的认识紧密相关，同时又与道德相依。美好的情感有助于灵感的产生，也有助于促进道德的养成和崇高理想的树立。进行高等教育是为了给社会培养高级人才。而高级人才不仅是一个知识渊博深厚、道德高尚的人，还是一个感性的人，既拥有知识和道德人格的力量，又拥有尚美的力量。尚美教育有助于学生超然性和创造性的培养。

二、大学生人文素质教育的原则

（一）科学性与方向性相统一的原则

科学性与方向性相统一的原则指的是在进行大学生人文素质教育时要坚持科学性与方向性的统一。

科学性指的是大学生素质教育要具有规律性和真理性，主要表现在三个方面：一是教育的内容要具有客观现实性；二是教育规格要具有合理性；三是教育的方式要具有合理性。而方向性则是指人文素质教育要正确引导大学生的行为，要符合社会的发展趋势，要满足当前主流意识形态的要求。

从过往的历史和当前的现实中可发现，方向性要求较易实现。这主要是因为教育具有政治性，无论哪个国家，统治阶级都是为了实现自己的政治目的通过教育向广大学生施加自己的政治思想、价值观念和道德影响。当前，进行大学生人文素质教育就是为了使大学生的人文素养和人本精神境界得到提升，使大学生成长为符合时代建设所需要的人才，帮助大学生树立实现中国梦的理想和信念。而相对来说，科学性则由于受人的认知规律等方面的限制，其要求则不那么容易实现。

高校在进行大学生人文素质教育时坚持这一原则的客观必然性和现实意义都比较强。这主要表现在以下两个方面。一是坚持这一原则可以保证人文素质教育与高校的教育培养目标两者的一致性。高校是为社会主义现代化建设培养合适的接班人和建设者的主要场所，坚持这一原则，可以使学生的思想观念与知识技能满足当前社会建设的需要，保证社会主义建设事业后继有人。二是坚持这一原则可以提升人文素质教育的效果。科学性原则可以促进人文素质教育的有效开展，而方向性原则则可以为人文素质教育提供精神上的支撑。因此，在进行人文素质教育的时候，高校应坚持科学性与方向性相统一的原则，而不能忽视其中一方。

（二）理论与实际相联系的原则

理论与实际相联系，是唯物辩证法的基本要求，是指导人类认识或学习活动的普遍规律之一，它具有普遍适用性的特点。无论哪一种教育教学活动，都必须要遵循这一原则。

大学生人文素质教育坚持本原则的含义主要有两个层面。一是教师在对学生进行教育时要将人文素质教育的基础理论与当前的现实生活联系起来，要将人文素质教育的规律与学校的人才培养目标、课程体系、师资状况、学生来源和特点等相关方面结合起来，对人文素质教育的方案因地制宜地进行处理，从而保证学生可以真正地理解和掌握理论知识。二是在进行实践教学时，教师要坚持以理论知识为指导。因为理论具有适应性，它反映的是普遍规律。坚持理论与实践相联系，也就是要使理论教学与实践活动相互补充、促进，既让学生掌握理论知识，又要让学生把理论知识应用于实践，从而提高人文素质教育的实效。

大学生人文素质教育的主要内容是人文社会科学知识。这些知识对社会实践经验的高度概括和提炼，具有抽象性的特点。大学生由于年龄小等原因，其经验比较少。人文社会科学知识对大学生而言属于间接经验。因此，在进行人文素质教育的时候，教师要对大学生的实际情况进行考虑，要联系当前的社会生活对大学生进行相关方面知识的教育。这样，将理论与实践联系起来，可以弥补大学生直接经验方面的不足，使大学生在学习人文社会科学知识时可以更自然、自觉。

此外，理论学习和实践教育是培养当代大学生人文知识和道德能力的两条重要途径。教师要想做好人文素养、人本精神的培育，就要对大学生的思想产生影响，因此，教师需要对大学生进行相关方面的理论知识教育，以提升大学生的认知水平和理论思维能力。在进行人文素质教育时，教师除了对大学生讲授理论知识外，还要注重让大学生多进行实践体验，使大学生做到知行合一。这也是理论联系实际原则的一个重要方面。

教师坚持理论与实践相联系的原则应从以下方面入手。一要联系实际对大学生进行人文素质理论知识教育。理论知识是人们从实践中获得的，又经过了实践的检验，是人们对客观事物及其规律的认识。通过理论知识的学习，大学生可以对未来进行较准确的预测，有助于大学生把握事物规律，帮助大学生正确认识事物、解决生活中出现的问题。因此，教师在进行理论方面的知识讲解时，要运用多种方式对学生进行引导，使学生了解和掌握理论的形成和发展。另外，教师在进行理论论证时所运用的材料要真实、准确，具有典型性以及说服力。这样，才能使学生很好地理解和掌握相关知识理论。二要与当代大学生的实际联系起来。在进行人文素质教育的时候，教师要结合当前大学生的实际情况，即要因材施教。从目前来看，一些大学生受到市场经济和西方社会思潮的不良影响，在政治信仰、理想信念和价值取向等方面存在一些问题。教师在对学生进行人文素质教育的时候，要对学生的思想状况有一个充分的了解和掌握，以便更好地对教学内容、方式和方法进行选择，有针对性地提高人文素质教育的质量。此外，也要对学生的生活状况、专业背景和知识能力等方面有一个充分的了解。三要联系自己的实际情况。教师对人文素质教育的实际效果起到一个决定作用。在进行人文素质教育的时候，教师不能只讲清理论、讲完内容，而要使学生在内心深处认同自己。这就需要教师联系自身的思想认识，在"情"和"理"上下功夫，提高教学水平。

（三）专业教学与人文素质教育相融合的原则

专业教学与人文素质教育相融合是指在专业教学过程中对大学生进行人文素质教育，使大学生在掌握专业知识技能的同时，文化品位、审美情趣、人文素养等也得到提升与发展。专业教学与人文素质教育两者要有机融合在一起，而不存在先后顺序。教师在进行专业教学时，应对学生的道德和人文素质等方面有机整合起来，从而帮助学生解决一些思想和道德方面的困惑。教师进行专业教学的目的是培养大学生适应社会、服务人类的技能。教师应当以专业教学为载体对大学生进行人文素质方面的教育，培养学生的人文精神，从而提高学生的道德水平，进而提升学生自觉将科学知识转化为理论的能力。

教师在进行人文素质教育时要遵循人的思想认识和发展规律，使人文素质教育与专业教学内容相融合，要循序渐进地对学生进行潜移默化的教育。坚持本原则具有重要意义。一是可以形成教育合力，增强教育力量，产生"整体大于局部之和"的效应。使人文素质教育与专业教学相融合，就相当于使高校所有的任课老师都加入大学生人文素质教育中，而不是单单靠一部分人。二是可以对大学生实现潜移默化的教育，实现大学生思想发展的良性循环。进行人文素质教育的目的就是实现大学生思想的良性发展。通过使人文素质教育与专业教育两者相融，教师可以使学生在不知不觉中受到教育，提高人文素质教育的实际效果。

坚持这一原则，需要从以下方面入手：一是协调好人文素质教育与专业素质教育两者之间的关系，合理设计教育结构；二是在进行专业教育时也要密切关注学生的思想；三是在进行人文素质教育时要对西方的思潮和价值观念进行批判分析。

（四）教育与自我教育相结合原则

在大学生人文素质教育中，教育指的是教师通过教学内容使大学生的思想、精神发生变化，使学生将自身的人文精神、道德品质内化为自身的品德。自我教育就是大学生自己教育自己，对自我进行剖析和管理，主动自觉地学习正确的价值观念并将之内化为自身行为习惯的过程。在人文素质教育中，坚持这一原则就是要使对学生的价值引导和学生的自我构建相统一。培养大学生自我教育的习惯是大学生人文素质教育的关键，有助于大学生主动根据教师所传递的主导价值观进行自我选择和自我构建，进而培养学生主动承担社会责任的良好习惯。

学生对知识的掌握需要有一个内化和外化的统一过程。从本质上来看，大学生人文素质教育就是让大学生将人文知识进行内化，使之成为自己的精神体系中的一部分，再外化为自己的实践行为。因此，要想使大学生人文素质教育产生一个良好的效果，就要在教学中遵从知识内化与外化的教育规律。教师可以从两个方面入手。一是对大学生积极引导，帮助大学生理解人文知识、人本精神等，并使大学生将人文方面的知识内化为自己的精神，使学生养成自觉地将人文方面的观念作为自己的价值准则和行为依据的习惯，为将精神外化为良好行为打下一个坚实的思想基础。二是对于学生的外化过程要善于进行引导，使学生将精神外化为良好的行为习惯。内化和外化两者是辩证统一的。外化以内化为基础和前提，内化以外化为目的和归宿。因此，教师在进行大学生素质教育时要想使学生顺利实现其知识的内化和外化，就需要对学生进行悉心指导，同时也需要学生充分发挥自身的主观能动性。这就是说，要想使人文素质教育产生一个良好的效果，就要坚持教育与自我教育两者相结合这一基本原则。在对大学生进行人文素质教育的过程中，教师要充分发挥作用，为大学生提供合适的内容，然后用多样化的教学方式向学生传播知识。而学生的自我教育能力需要由教师来进行培养。教师要不断鼓励学生进行自我教育，为学生的自我教育提供良好的条件，要对学生进行引导，使学生养成一个良好的自我教育的习惯。在对人文素质教育进行效果评价时，学生自我教育的养成是一个重要的评价标准。在当代社会中，社会变得更加开放和宽容，人们的价值观更加多元，人的思想更加独立，个人的选择权也会增大。这些使得学生的主体性得到增强，也对学生自我教育提出了更高的要求。

　　坚持本原则要从以下几方面入手。一是高校教师要做好对大学生的指导工作。在进行大学生人文素质教育时要避免人文精神培育的"自发论"的影响。我国当前处于社会转型时期，社会思想开放、包容、多元。这就在一定程度上对高校教师的教学水平和素质提出了更高的要求。教师对自身的责任要有一个充分的了解，要以身作则，率先垂范，不断提高自身的人格魅力，进而增强自身在学生中的影响力，帮助学生塑造理想的人格。二是高校教师要善于提高大学生自我学习的主动性和自我反思的能力。由于人的认识活动是一种思维活动，具有自觉能动性。因此，大学生人文素质教育需要充分发挥学生的自我意识的作用。但学生自我意识的作用的发挥需要有教师的指引，从而使学生不断提升自我教育的能力，提高对知识的掌握的水平。否则，教师在对学生进行相关的人文知识传授时，学生对于相关的知识只是被动地输入，而不主动地进行思考和理解。这样的话，学生不能真正掌握知识，也就无法将知识转化为相应的能力。因此，人文素质教育也就失去了作用和意义。所以，教师在进行人文素质教育的过程中要避免的一个思想误区就是认为对学生讲得越多越好。教师应走出这个误区，在对大学生进行人文素质教育的过程中要多为学生提供独立思考的机会，不断提升学生的能力。三是高校应使学生集体自我教育的作用得到充分发挥。所谓集体自我教育是指通过同龄群体之间的互相影响、互相启发、互相学习而达到互相教育的目的的一种活动。在大学生人文素质教育中，集体自我教育有助于增强教育的实效性。大学生的年龄通常在二十岁左右。大学生正处于一个思想多变、敏感的年龄阶段，有较强的主体意识和逆反心理。教师的说教容易引发大学生的抵触情绪。而学生之间，年龄比较接近，有共同的爱好和兴趣，因此，学生之间容易沟通并产生共鸣。因此，高校应对这些有利条件进行充分利用，要多开展一些课外活动，在活动中使大学生集体教育得到充分发展，并以学生间的良好情感、情绪为保障，使学生将人文知识转化为自己的内在思想和外在行为。

三、大学生人文素质教育的方法

（一）学科交叉法

学科交叉法是指在人文素质教育过程中，教师要对不同学科中有关人文知识的素材进行充分挖掘和整合，进而使学生的人文素质得到不断发展的一种方法。因此，教师在进行大学生人文素质教育时要从不同学科对人文素质教育的相关资源进行挖掘，要透彻领会不同学科，并且在教育时要对文理等不同学科的结合交叉部分进行聚焦思考。一个高明的教师会善于利用自身的知识和优势，找准学科交叉的切入点，并添加新的教育内容，做好方向上的指引工作。对教育内容进行更新也就是要反映时代前沿性的东西，要不断对学科交叉进行跟踪。教育者不能只局限在自己的专业学科内，教师要有一个开阔的学习胸襟，要通过不断学习来掌握和积累相邻学科和交叉学科方面的知识，然后在教学时建立一个交叉学科的研究项目，以学科交叉的视角对大学生人文素质教育进行研究，提升大学生的人文素质教育的实效。总的来说，学科交叉方法可以扩大教师的教育视域，丰富和更新教育的内容，提升教育的层次，进而达到人文素质教育新颖性、前沿性和学理性的要求；同时也有助于促进大学生形成学科交叉的思维，对信息进行更科学的分析，从而做出更合理的决定。

（二）经典阅读法

在知识教育中，阅读是学生掌握知识的基本方法。在人文素质教育中也是如此。在人类发展的历史长河中，经典是经过大浪淘沙留下的宝贵财富，对人们的深层价值观起到建构作用。经典可以影响一个人的价值观和德行修养。要想成为经典，一部著作至少要满足两个条件。一是该著作的内容和思想具有原创性。著作的原创性使得其自身有着独特的魅力，从而使其在某一个领域范围内具有典型性和示范的意义。二是该著作在一定的时间范围内的影响比较长远或深刻。人们对该著作不断进行研读，对其进行讨论和批判，为各种新思想提供精神营养。

教师要想让大学生对经典的价值有一个充分的了解并接受经典，就要在长期内对大学生进行持久的人文熏陶。教师要让大学生懂得和了解，理性并不仅仅指工具理性，而价值理性是理性中对人生更具意义的部分。对大学生来说，读书是学习人文社会科学知识的最佳方式和途径。名著具有强大的精神力量。读一本理论名著胜过读一百本普通的书籍。大学生作为社会主义事业的建设者和接班人，应自觉地大量阅读经典，吸收前人思想精华来提升自身。

经典卷帙浩繁。学生在阅读经典时，要对经典书目进行筛选和推广，以适应自身的文化水平。学生在进行选择时要注意三个方面。一是经典性。大学生要对人类文明思想精华进行科学梳理。二是渐进性。大学生在阅读时要由浅入深，选择适合自身文化水平的经典书目进行阅读。三是多样性。选择多样的经典有利于扩大大学生的人文视野。在大学生对经典书目做好选择后，教师也要加大力度对经典书目进行宣传和推广，让大学生知道更多经典书目的具体内容，进而增加阅读量。

大学生在阅读经典的过程中，也需要教师的指导，同时也需要与同学进行交流。教师在对学生进行指导阅读的时候要采用多种方式，如可以和报告、谈话、讨论和辩论等活动结合起来。这样有助于促进大学生对作品的理解和掌握。学校也要营造好读书氛围，可以举办读书报告会、座谈会、讨论会、读书沙龙等活动，以激发学生对名著的兴趣和爱好，逐步培养学生追求高尚情操和更高的人生境界的能力。为了进一步提高对经典的阅读效率，大学生可以通过交流与写作来进行。大学生在阅读时要有自己的观点，要带着想法去阅读。在阅读后，大学生之间可以通过辩论来促进交流，进而加深对经典的理解，达到共同提高思想认识、提高分辨问题能力的目标。而写作可以使大学生思想更严密，可以锻炼大学生的逻辑思维能力，同时也有助于提高大学生的语言表达能力。

（三）中西融合法

中西融合法是指在进行人文素质教育时要对国内外的文化精华积极进行吸收借鉴，对人文素质教育素材进行收集获取的一种方法。

人文素质教育肩负着传承和发扬民族优秀文化传统的使命，需要将优秀的传统文化生活化、日常化，使人们认同自己优秀的传统文化。

进行人文素质教育不仅仅是为了传承历史传统、使人们认同文化，还为了使人们在确认自己的身份后，进行文化创新，以促进多元文化的发展，形成国际视野和格局。尤其是从目前来看，大学生在国际交流舞台上出现的次数越来越多。这就更要求大学生具有良好的人文素质，对文化多元的意义有一个更深刻的了解。

因此，在进行大学生人文素质教育时，教师应密切关注西方通行的现代科学教育与人文素质教育的融合，引导学生积极发挥主观能动性，发现所学学科的人文性，对国内外名人的论述进行研究。教师在进行人文素质教育时，可以结合当前的教学内容向学生展示中外学者的不同观点，使学生不仅了解国内的人文知识，也对国外的相关方面有所涉猎。人文素质教育要将国内外的知识精华放在现代学科教育的框架内，要吸收、消化、融合和转化其中的有机构成要素。

（四）就地取材法

就地取材法指的是人文素质教育者要对运用当地文化资源来进行人文素质教育的一种方法。高校教师在对大学生实施教育时应注意发掘本国、本省特别是本地本校的教育资源，对于校园内师生身边的优秀人物、事件进行分析、选择，使人文素质教育产生特定效果。

由乡土地理、民风习俗、历史人物、生产和生活经验等元素构成的地方文化是中华民族优秀文化的重要组成部分，它滋养了中华文化。利用就地取材的方法有助于提升人文素质教育的实效。教师可以根据当地的政治、经济、文化、民族等发展需要，利用地方人文资源进行人文素质教育内容的开发，将人文素质教育内容与学生的实际生活联系起来，丰富学生的生活，赋予学生生活充足的意义和价值。

（五）古今搭桥法

古今搭桥法是指人文素质教育者坚持以传承和扬弃的态度，充分挖掘和整合历史典籍和传统文化中不同历史时期人文素质教育素材的一种方法。

古今搭桥法要求教师做到两点。一是要知古守根。当前的现实是历史的一部分，它是历史的延续，现实本身也会成为历史。在很大程度上，人文素质教育必须对传统文化进行再造，对历史中优秀的人文遗产要继承发扬。我国有着许多优秀的传统文化。这些都是人文素质教育的资源。如何利用这些资源，使其在当代大学生人文素质教育中发挥作用，是现代大学生人文素质教育需要重点考虑的内容。教师要针对当前的教学内容，对我国优秀传统文化进行整合吸收，并要对教学方式不断进行改进，以增强人文素质教育的实效性。二要知今守望。这就要求教师在进行人文素质教育的时候，结合当前大学生的生活实际，从实际出发，以当前学生的知识基础、心理结构等为基础，进行渐进式的教育。教师在教学内容上，要使优秀的传统文化与当前的现实融合起来，不断滋养学生的精气神；在教育手段上，要充分利用当前现代化的教育手段，积极利用新媒体、网络等工具来不断提升大学生人文素质教育的效果。

第三节　大学生人文素质教育的探索

要使大学生人文素质教育的效果达到最优化，就要对其实现路径进行研究和探索。

一、加强课堂教育

（一）构建完整的课程体系

在进行人文素质课堂教育时，教师需要构建一个完整的人文素质教育课程体系。这样做可以使人文教育具有系统性的特征。这个体系包括两类课程：一类是以提高学生读、写、交流等方面的能力为目标的技能型课程；一类是构成人类知识体系的基本学科（如人文科学、社会科学、自然利学等）的知识型课程。这两类课程的设置有助于促进学生的个性发展，帮助大学生完善知识结构，使大学生全面地认识社会和自然界。

（二）多采用启发式教学方法

对大学生进行人文素质教育的目的是培养独立行动、独立思考的人。因此，教师在进行人文素质教育时应采用启发式教学方法。孔子是最早提出启发式教学的人，孔子曾说过："不愤不启，不悱不发，举一隅，不以三隅反，则不复也。"（《论语·述而》）这句话的意思是，不到学生努力想弄明白却弄不明白的程度，不要去开导他，不到他心里明白却不能准确表达出来的程度，不要去启发他；如果他不能举一反三，就不要再反复地给他举例。孔子认为，好的教师要培养学生独立思考的能力，为此要让学生多思考，而不能直接向学生灌输道理和所谓的正确答案。这也是教师在进行人文素质教育时需要借鉴的。教师在教学时要以学生为中心，在与学生互相交流的过程中使学生的思想得到发展，知识得以丰富。

（三）将课内外活动有机结合起来

课堂教育并不只是在课堂45分钟之内进行的教育，要求教师和学生在课外进行准备、消化知识和补充知识。因此，教师要将课内外活动有机结合起来，可以以实验学习、集中项目、专题研究的模式开展教学。这些模式不占用课堂时间，但要求学生有良好的合作能力和研究能力。将课内外活动有机结合起来，有利于促进学生的个性、创造力、合作能力的发展。

（四）使人文教育与专业教育相融合

教师在对大学生进行人文素质教育时，还必须使专业教育与人文素质教育两者相融合。因为在专业课程教学中，科学知识、科学精神与教师自己的治学之道都包含在其中。使专业教育教育与人文教育相融合，有助于学生形成一个正确对待科学、对待知识和社会的态度。专业教师在教学过程中可以通过以下途径进行人文教育：一是对于专业课中关于人文知识方面的资源要进行深入挖掘，要在教学的过程中纳入文知识，从大学生的实际情况出发，对教材做出灵活处理；二是根据专业的特点推进人文素质教育；三是结合专业实践活动推进人文素质教育。

二、加强校园文化建设

（一）加强对校园文化的思想引导

高校校园文化是时代文化的先锋，大学文化最先体现出来时代的发展变化。当代大学生应加强对于时代的关注和思考，对于社会文化要有自己独立清晰的判断，而不应盲从。人文素质的培养需要有文化的浸润。从目前来看，虽然当代大学生的社会适应能力比以往强了很多，但是学术研究能力却有所降低，最明显的一个表现就是上乘的学术论文很少。如果校园没有一个良好的学术氛围，那么校园就会被庸俗流行文化所占领。因此，教师要加强对学生思想的引导，要鼓励大学生积极进行创作，钻研学术，要大力宣传高雅文化，开展学术研究活动，以提高学生的人文素质。

（二）充分发挥教师群体的主导作用

校园文化是在以校园为空间背景下，由教育者和被教育者双重主体围绕教学活动和校园生活而创建并共享的。校园文化建设需要校园领导、教师、学生共同参与进来，需要校园中每一个个体贡献出自己的力量。高校在激发起学生的主动性的同时，也要加强教师群体的引导作用。大学教师是大学校园文化中的主要创造者和传播者。教师群体要比学生群体更具有稳定性，他们是学校理念的执行者和实践者，他们的为人、行为会对学校的校园文化有着不可估量的作用和影响。因此，要加强校园文化建设，就要充分发挥教师群体的主导作用。

（三）拓宽大学生活动阵地

大学生活动作为校园文化的一部分，是和学生最贴近的校园文化。高校通过开展丰富多彩的大学生活动，可以提升大学生人文素质。因此，高校要拓宽大学生活动阵地，为人文素质教育提供新的载体。

学术科技活动是高校学术特色的体现，也反映了一个高校的学术水平。学生可举办专题学术讲座、开展读书研究活动、创办校内学术刊物、开展科研活动等学术活动。高校通过组织学生开展各类科技活动，如学科竞赛和创新成果评比活动等，可以锻炼大学生的创新意识和创新思维。开展人文讲座也是提升大学生人文素质的重要途径。通过灵活多变的文化活动将人文知识展现出来，可以使大学生得到熏陶，进而促进大学生人文修养得到发展和提升。

三、充分利用网络新媒体

（一）利用互联网加强人文素质教育

网络技术的不断发展给当前学生的生活带来很大的影响，它增强了学生的主体性。网络具有的开放性和便捷性为人文素质教育提供了一个新的载体。教师可以通过互联网搜集更多的人文资源，利用网络技术不断更新教学内容。政府和高校应联合起来，建立专门的人文素质教育网站，为大学生自主学习搭建一个良好的平台。

（二）做好人文素质教育公众号建设

随着时代的发展，科学技术的进步，自媒体越来越流行。高校也应当利用这一时机，做好人文素质教育公众号建设，指派专人负责每天更新公众号内的内容，为学生提供丰富的人文知识。

（三）充分利用即时通信技术

QQ、微信等即时通信技术的发展也为人文素质教育提供了新的渠道。教师要积极建立与人文素质教育相关的 QQ 群、微信群，主动将人文素质教育延伸到学生的日常生活中，使通信技术可以弥补传统课堂的不足之处，打破传统意义上的班级概念，通过传递信息等方式方便有效地进行人文素质教育。

四、构建大学生人文素质培养体系

在我国高等教育走向大众化以及研究生招生规模不断扩大的条件下，地方本科院校对自身培养目标重新进行了定位，突出了办学的地方性、大众性特征，逐渐实现了从传统精英教育到大众教育的转变；人才培养重心有所降低，从培养研究型人才转向培养生产、管理、服务第一线所需要的专业性、技术性、职业性的大学生。

在这种情况下，构建大学生人文素质的培养体系就变得十分必要。大学生的人文素质教育是一项十分复杂的工作，不仅涉及学校工作的方方面面，而且受社会诸多因素的制约。因此，要做好大学生的人文素质教育工作，高校只有按照专业培养目标的要求，根据人才的成长规律，认真研究、精心谋划、统筹考虑，通过逐步建立人文素质培养体系，把学校管理者、教育者和学生对人文素质教育的思想认识统一起来，把校内外人文教育的各种资源有机整合起来，把各方的积极性充分调动起来，才能做好大学生的人文素质教育工作。

从各高校发展的实际情况看，专业知识和专业技能的教育可以一以贯之，已形成相对成熟的培养体系。但我国从一开始提倡人文素质教育至今不过短短十几年的时间，所以对大多数高校而言，人文素质教育仍然是薄弱环节，如何加强人文素质教育，依然是其主要研究的课题。为此，各高校有必要在总结经验的基础上，借鉴国内外人文素质教育的成功做法，构建大学生人文素质培养体系。否则，即使高校增设了人文课程，投入了经费，也不一定能收到好的效果，更不能可持续发展。具体来看，在构建大学生人文素质的培养体系上，高校应做好下面几项工作。

（一）明确教育指导思想

长期以来，我国高等教育过分追求教育的功利性，忽视了教育在陶冶人的道德情操，提升人的精神境界，树立人的理想信念，培养人的意志品格，丰富人的文化生活等方面的非功利性价值，削弱了教育的教化作用，致使受教育者缺乏良好的思想道德和社会责任感，缺乏做人、做学问的深厚根基和恒久内力。高校在构建大学生人文素质培养体系时，首先必须彻底放弃功利主义的教育价值追求，把科学教育与人文教育相融合作为培养大学生的根本指导思想。高校要坚持这一指导思想，就是要追求培养全面发展的人的崇高教育目标；就是要保持自身应有的独立性，不向低俗、表面的社会需求妥协；就是要自觉肩负不仅适应社会、服务社会，还要批判社会、引领社会的崇高使命。这是构建大学生人文素质培养体系的关键，也是培育大学生人文精神的关键。

（二）准确定位培养目标

高校应从科学教育与人文教育相融合的指导思想出发，必须准确定位专业培养目标中的人文素质培养目标。

大学生的整体素质包括道德素质、专业素质、心理素质、人文素质等。在如何确定大学生的人文素质培养目标上，换言之，在大学生应该有什么样的人文素质上，论者见仁见智。笔者认为，人文素质培养目标是一个多层次的体系，大学生的人文素质培养目标应定位于两个层次。一是大学生应具备人文知识，即大学生应掌握语言、文学、艺术、历史、哲学等人文学科的基础知识。二是大学生应具备人文精神，即大学生应依靠人文学科的基础知识，结合实践，通过内心反省、感悟和环境熏陶逐步形成正确的世界观、价值观、人生观以及自由、批判精神。人文精神是理想人格的主要标志，也是人文素质的核心。

（三）构建人文课程体系

人文课程体系的构建要求高校放宽视野，把第一课堂、第二课堂、第三课堂有机结合起来。人文课程体系应由列入课堂教学的显性课程和课外教育的隐形课程构成。显性课程分为必修课、限选课、任选课三大类。必修课包括思想政治理论课和大学语文课、社会调查课。选修课可分为哲学类、语言学类、文学艺术类、历史学类、文化学类、心理学类、宗教学类等，每一类又包括若干门课程。各专业可根据专业特点和学生的实际情况设置具体课程。隐性课程应包括听取人文讲座、阅读名家原著、参加社会实践、进行素质拓展等。学生参加素质拓展活动，凡在校级以上（含校级）的各类竞赛、比赛中获奖，或公开发表论文、出版著作、取得专利，或研究发明成果的应用取得一定效益，或担任主要学生干部，成功策划组织大型科技文化艺术活动，取得突出成绩等，均可获得一定的学分。

如果以大学本科 4 年完成 160 学分计算，人文素质教育课程体系的总学分应为 32 学分，占 20%。国内外研究表明，这是一个比较合适的比例。

第九章　大学生的信息素质教育

信息素质教育是素质教育的一项重要内容。国内外信息素质教育面向的重点对象是高校学生。针对大学生的信息素质教育是一种以利用学习资源为导向、以实现人的全面发展为手段、以实现终身学习为目的的教育。

第一节　信息素质教育概述

信息素质是人们在信息化社会进行信息处理时所需的实际技能和对信息进行筛选、鉴别和使用的能力。在信息社会，信息素质已成为人们信息化生存的必备条件和信息社会学习者的执照，以及衡量大学生是否合格的重要标尺。因而，大学生信息素质教育是十分重要的。

一、信息素质

（一）信息

"信息"一词作为科学术语，最早出现在哈特莱所写的《信息传输》一文中。哈特莱认为："信息是指有新内容、新知识的消息。"他最早提出信息的概念，为信息论的创立提供了思路。

（二）信息源

1.信息源的基本含义

"信息源"从字面上可以被解释为信息的来源。联合国教科文组织出版的《文献术语》一书将其定义为，个人获得信息的来源被称为"信息源"。一切产生、存储、加工、传播信息的源泉都可以被看作信息源。

2. 信息源的特性

（1）客观性

客观性主要体现为信息源是实实在在的客观存在，不以人的主观意志为转移，总是存在于一定的时间和空间之中。

（2）共享性

大部分的信息源都是公开的，是全人类的宝贵财富。对于同一个信息源，任何组织或个人都可以自由地利用。唯一不同的是，他们从中获取的信息会不尽相同。

（3）可传递性

信息源是信息传播过程中的第一要素，只有通过传播被接收者接收并利用，才能发挥其作用。

（4）可激活性

对于信息的认知，人脑主要经过了感知、思维、分析、综合等一系列过程。这个过程的本质就是针对信息产生正常的应激反应，使信息处于不断传播和使用的循环之中。在这个循环的过程中，信息在人脑中不断地经过调整与组合，增强了内容的针对性。

（5）复杂性

由于信息能够反映一切物质，因此信息在源头、载体、传输等方面都具有一定的复杂性。这种复杂性使得信息的内容更加丰富、形式更加多样，并且会随着人类社会的不断发展而迅速地增加与丰富。

3. 信息源的分类

（1）按照信息资源的开发程度划分

①潜在信息源：储存于大脑中。

②现实信息源：经个人表述后可被他人反复利用。

（2）按照对信息源的加工层次划分

①一次信息源：所有物质均为一次信息源，也称本体论信息源，是指直接来自作者原创的、没有经过任何加工处理的信息。

②二次信息源：也称感知信息源，是从一次信息源中加工处理提取出来的信息，主要储存于人的大脑中，涉及传播、咨询、决策等领域。

③三次信息源：又称再生信息源，文献信息源（包括印刷型和电子型文献信息源等）最为常用，如工具书（包括百科全书、辞典、手册、年鉴等）等。

④四次信息源：也称集约信息源，是文献信息源和实物信息源的集约化和系统化，如图书馆、档案馆、数据库、博物馆等。

（三）信息素质的概念

信息素质也可以被称为信息素养，最早是由美国专家保罗·车可斯基提出的。在保罗·车可斯基看来，信息素质是人们运用信息的能力，是人们在学习和工作中自然而然获得的；经过培训以后，人们就能够不断提升自己的素养。保罗·车可斯基还认为信息素养水平是以人们占有、处理信息并且用它解决问题的能力为标志的。之后，又经过 5 年的研究，美国人更新了信息的定义，认为信息是人们掌握和处理问题的源头，具备信息素质的人就是那些能够用信息解决问题的人。在 20 世纪 80 年代，信息素质的含义进一步得到丰富，增加了个体看待信息的态度。

更确切地讲，信息素质应该被称作信息文化，其本质是一种全球信息化的体现。而这种全球信息化在客观上要求人们具备相关的能力。而信息素质正是这样一种能力。

一方面，信息素质是当今信息时代要求人所应该具备的一种能力。它在客观上要求人们适应这个信息时代，因而是一种对信息社会的适应能力。在美国，教育技术 CEO 论坛提出了 21 世纪人所应该具备的几种主要素质。其中包括基本学习技能（读、写、算）、信息素养、创新思维能力、人际交往与合作精神、实践能力。其中，该论坛明确将信息素质列入在内，而信息素质又涉及信息的意识、信息的能力和信息的应用。

另一方面，信息素质涉及多个方面的知识，是一种综合能力，涵盖许多知识能力；比较特殊，而且涵盖的面也非常广。它与许多因素有联系，而且涉及多个学科。通常，信息素质的背后是由信息技术支撑的。通晓信息技术也就是对相关的信息技术有一定的了解，同时能够充分认识这项技术，并能够很好地操作使用这项技术。因而也可以说，信息技术是信息素质的一种工具。

（四）信息素质的内涵

第一，信息意识与伦理：人们用信息技术来解决自己工作、生活中问题的意识，并遵循和维护的一定的伦理道德规范。

第二，主动获取信息的能力：人们能够根据自己的生活、学习和工作要求，主动地、有目的地去发现信息，并通过各种媒体（如互联网、书籍、报纸等）收集所需信息的一种能力。

第三，信息分析能力：人们对所得信息能够进行筛选、鉴别和判断，并对其可靠性进行检验的一种能力。

第四，信息加工处理的能力：人们对信息进行整理分类、综合，并能对其进行编码和传递的一种能力。

第五，信息利用的能力：人们利用所掌握的信息，分析、解决生活和学习中的各种实际问题的一种能力。

第六，信息创新的能力：人们通过归纳、综合、抽象和联想的思维活动，找出相关性、规律性，或分析事物的根源，得出创新的信息的一种能力。

（四）信息素质的特性

信息素质具有以下特性。

1. 稳定性

信息素质是个体自身素质的一部分，一旦形成，则相对稳定，保持不变。

2. 操作性

信息素质集中表现在操作能力上，具体落实在操作上。只有在实践中，在应用信息的过程中，信息素质才能表现出来。

3. 普及性

信息素质是社会个体应该具备的一种基本素质，没有年龄、职务等的区分。

4. 发展性

社会个体应随着信息技术的发展不断更新自身已有的信息知识，不断增加自己的信息量，发展自己的信息能力。

5. 层次性

按照人们占有和运用信息的能力来划分，人们的信息素质是有层次的。按照从高到低的顺序，信息素质可以分为通用的信息素质、工具性的信息素质和职业性的信息素质。通用的信息素质是社会成员在社会生活中所应具备的基本信息素质。工具性的信息素质是指人们在工作和生活中所应具备的占有和处理信息的基本技能。职业性的信息素质是指开发设计人员应具备的分析与处理信息的基本技能。

（五）信息素质的构成

1. 信息意识

信息意识是指在人的头脑中积极占有信息和解析信息的一种意识。在信息素质中，信息意识是信息素质的灵魂。信息意识表明了人们的一种态度，说明人们对于信息具有高度的敏感性和积极的主动性。如果一个人有很强的信息意识，那么这个人在态度上就会非常看重信息，会采取行动积极占有信息，因此，他捕捉信息和解析信息的能力就很强。信息意识教育的关键就是要培养大学生正确对待信息的态度和观念，要求大学生具有强烈的信息需求和信息注意力。因而，高校对于培养大学生善于观察的习惯也具有十分重要的职责，要引导大学生关注自己的专业学科，同时还要对交叉学科有所了解，同时要使大学生善于发现最新的动态，对所需要的信息有一定的敏锐性。这不仅是培养信息素养的重要内容，同时也是培养创新型人才的重要内容。

2. 信息能力

信息能力主要是指能够得心应手地运用有效的方法，迅速、准确而全面地获取所需信息的能力。能够很好地认知、获取信息的能力，在获取信息后能够很好地处理信息的能力，并在以后能够很好地灵活运用信息的能力，都属于信息能力。除此之外，大学生信息能力还包括查询信息和利用信息的能力。高校通过对学生进行信息能力教育，能使大学生提高对信息的敏感度，能够很好地适应网络环境，很好地感知信息并运用信息。信息能力具体包括以下几个方面的能力。

（1）信息认知能力

信息认识能力是人们获取和处理信息的开端。人们在生活中接收了大量的信息。要想在海量的信息中对各种各样的信息进行判断和评价，就必须要有一定的信息认知能力。因为这些信息具有真假、有序和无序之分，所以只有具备了良好的信息认识能力，才能把握好信息的质与量之间的关系。

（2）信息获取能力

信息获取能力是指利用一定的信息技术，及时、有效地获取本学科领域内的相关信息以及有关社会生产所需的各类信息的能力。它又可分为信息接受能力、信息收集能力、信息检索能力和信息索取能力。

（3）信息处理能力

信息处理能力是对获取的信息进行判断、整理，使之有序化、专业化的能力。它是信息分析、加工、组织能力的综合体现。具有良好的信息处理能力的人通过对信息进行去伪存真、去粗取精的操作，获得真正有效的信息，再对自身原有信息与选定信息进行整理，使信息有序化、系统化，为进一步利用信息做好准备。

（4）信息利用能力

信息利用能力是将认知、获取、处理的信息应用于实践，并创造出新的知识和新的信息内容，使信息价值得以实现的能力。信息只有被有效地利用，才能充分体现出它的价值。

（三）信息道德

信息道德是指调节、制约信息生产者、传播者和使用者行为的道德规范的综合。信息道德包括信息法律法规所确定的人们在信息生产、传播和处理过程中承担的责任与义务。信息道德教育的目的就是引导大学生严格遵守各项信息法律法规，自觉遵守健康向上的信息伦理和道德准则，规范自身的行为活动，自觉抵制有害信息。良好的信息道德是推进信息化社会健康有序运行的重要保障。下面对信息道德的特点及要求进行简单的介绍。

1. 信息道德的特点

信息道德的特点如下。

第一，信息道德是一种道德手段，是人们主要依靠社会舆论和内心信念在内心中自发形成一种行为规范，存在于人们的意识中，无特定的制定者。

第二，信息道德执行手段独特。信息道德无任何机构或者组织来管理，而是通过社会舆论和人们内心设定的道德规范来得以执行。一旦超越信息道德的界限，人们就会受到来自社会舆论和内心道德规范的谴责。

第三，信息道德有较为广泛的作用范围，包括信息活动的多个层次和社会生活的多个领域。

第四，信息道德发挥的功能是多方面的，主要在于引导人们自身的信息行为，调节信息活动中的各种关系，对人们的信息意识形成和信息行为产生发挥教育功能。

2. 信息道德的要求

在组织和利用信息时，人们应遵循的信息道德要求如下。

第一，使个人信息活动与社会整体目标一致，承担相应的社会责任与义务。

第二，遵循信息法律与法则，提高对信息的判断和评价能力，自觉抵制不良信息行为。

第三，尊重知识产权，保守信息秘密，尊重个人信息隐私，增强信息安全意识，正确处理信息创造、服务、使用三者之间的关系。

第四，合理使用与开发信息技术，不利用信息技术进行犯罪活动，准确合理地使用信息资源。

二、信息素质是大学生的基本素质

培养学生的学习能力、创新能力和就业能力，可提高大学生的可持续发展能力。教师应该在教学生学习新知识、掌握新技术的同时，更注重学生学习能力的培养。这样才能做到与市场接轨，满足社会企业对人才的需求。新知识和新技术是社会进步的必然产物。没有掌握新知识和新技术的人终究要被社会所淘汰，不具备学习新知识和新技术能力的人也将被社会淘汰。

信息时代下的高等教育的理念和模式与过去不同。知识是学生在教师和他人的帮助下，充分利用一切信息资源获得的。这就对学生的学习能力提出了较高的要求。现代教育的理念认为，学生是信息加工的主体，强调学生自主学习、自主发现，要具有探索新事物的精神。信息素质教育是培养大学生的基本素质的重要途径，它不仅培养大学生获取信息的能力，而且培养大学生批判性地评价信息和创造性地利用信息的能力。

三、大学生信息素质教育的主要方式

早在信息素质概念出现之前，高校图书馆就已经开始开展以提高大学生利用图书馆、查找资料的能力为主要目的的各种教育活动。信息素质概念被提出后，这种图书馆教育活动的内容得到了极大的拓展，教育的形式也更加丰富多彩。

（一）信息素质教育课程

信息素质教育课程将信息素质教育有关内容以课程形式展现出来，有教师专门负责讲授并指导实践。高校一般采用全校公共选修课或者专业指定选修课的方式来开设这门课程。授课教师主要来自学校图书馆。也有部分院系让专业教师为本院学生讲授专业领域的信息素质教育课程。我国大部分院校开设的文献检索课就属于这种形式。这类课程的内容已经在逐步从以各种信息源的使用方法为主向尽量覆盖更多的信息素质相关内容的方向发展。这门课程能够提供更加深入的信息素质指导，有利于快速提高学生的研究能力，因而是最有效的信息素质教育方式。

（二）嵌入其他课程的信息素质教育

这是一种在专业课程中增加信息素质教育内容的信息素质教育方式，也是国外近年来采取较多、成效较好的一种方式。这种教育方式要求院系、图书馆和教学管理部门之间相互合作，共同完成信息素质教育的目标。一般由专业教师在专业课程中预留1～2个课时请图书馆员为班上的学生讲授相关学科信息的获取和利用方式。这种方法的好处是可以扩大受益学生的覆盖面，同时将信息技能与学科结合得更加紧密，提高了学生学习信息技能的兴趣。但因为时间的限制，实际上主要的教育内容还是信息源的介绍和信息技能的培养。

（三）读者培训活动

在我国以及国外许多高校的图书馆都会将信息素质纳入图书馆读者培训的范畴。通常的培训方式就是由图书馆员进行讲座、短期培训、现场咨询、一对一辅导等。从目前看来，读者培训活动是一种普遍的信息素质教育方式。这种方式的优点是培训内容实用性很强，往往能满足广大学生的实际需要。读者可以选择与自己关系密切的内容，学习兴趣浓厚。同时这类培训一般均有大量的实践环节，能帮助学生迅速提高信息技能。该教育形式的缺点是不系统，且过于注重信息技能的培训。

（四）在线指导

为了满足学生远程访问的需要和更加迅捷、随时随地获取信息的需求，许多高校图书馆均启动了基于互联网的信息素质指导活动。其形式多种多样，包括文本式的图书馆利用指导、信息查找指南，也包括各种在线信息素质课件，还包括各种可互动的多媒体的信息素质教育软件或学习测试程序等。这种教育方式可以作为课堂教学的辅助，方便学生在需要帮助时从家中、宿舍、实验室等各种场所在线浏览和使用。

总之，信息素质教育是一项系统工程，它可以采取多种教育方式。大学生要有效地提高自身的信息素质，应该坚持课堂学习与业余学习相结合的"两条腿走路"方针。这两种教育形式之间的关系是良性互动的辩证关系，二者彼此互补，相辅相成，缺一不可。业余学习可以消化课堂学习所得并进一步拓宽思路；课堂学习则可以反过来提升业余学习的水平。对于任何学生来说，课堂学习都是一时的，而业余学习则是永远的。

四、大学生信息素质教育评价标准

一般而言，信息主体就是查找信息和利用信息的人。而信息素质教育评价标准就是用于衡量这个主体是否达到特定要求的标准。有了信息素质教育评价标准，信息素质教育就能够更加规范，同时相关人员在评价教育效果时也有了依据，而且在判断大学生信息素质水平时也有了标尺。信息素质教育评价标准的制定，有助于了解大学生的信息素质能力和信息素质教育的成果，有利于教学方式、方法的改进。对于信息素质教育评价标准，国外已进行了较深入的研究，其研究成果已较成型，但国内尚处于起步阶段。

第二节　大学生信息素质教育的意义

大学生是未来人才队伍的主力军，在信息时代的发展中肩负着重任。其信息素质高低，直接影响到我国社会主义现代化建设的步伐。因此，信息时代下的大学生不应该是一个只会接收大量事实信息的人，而应该是一个知道如何检索、评价和应用所需信息的人。就大学生来说，其在信息时代应具备终身学习和不断创新的能力，应成为新时代的建设者与创造者。

一、时代发展的现实要求

随着信息技术的飞速发展，人类社会逐渐向网络化、信息化社会迈进。信息是社会发展离不开的重要资源。信息资源成为促使社会、经济和科学技术发生变革的主导因素。在这样一个可以被称作"知识爆炸"的时代，人们在进行学习、工作、生活和科学研究时，都面临着一个重要的信息选择问题。通常，图书馆、网络、媒体以及学校社会等提供一些信息，而信息呈现的形式通常是文本、图像、视频、数字等。这些信息是笼统的，没有经过过滤筛选。这就给人们选择和理解信息造成一定的困难。信息在质上具有不确定性，在量上具有无限扩展性。如果信息激增，那么人们并不会提高有效利用信息的能力，因而，准确而迅速地获取所需要的信息和有效地分析、评价、利用信息的能力，是人们处在信息时代一项必备的生存技能。在信息时代，高等教育也发生了一定的变化。信息时代的高等教育与传统的高等教育具有很多的不同之处。传统的高等教育是以教师讲授、学生学习为主的，教学方式主要是教师与学生面对面；而信息时代的高等教育，教师和学生可以不用面对面，教师可以采用网络教学、远程教学等一系列方式，学生的学习也变成了自主式的，因而信息素质正是学生在现代教育模式中必须掌握的基本素质。在高校开展信息素质教育是时代发展的必然要求。

二、大学生提升自己综合素质的需要

在信息时代，无论是知识还是信息都在急剧增长。信息往往是瞬间产生的，而且传递的周期很短。因而，大学生在校学习的那些基础知识很容易过时。所以，大学生在学校期间，不能仅仅局限于课堂上的学习，应该尽量了解课堂之外的世界，了解书本之外的知识，不断探究课堂以外的生活，开阔自己的视野。这就需要学生具有敏锐的嗅觉，不断挖掘大量的课外信息，并进行筛选、吸收，灵活地掌握和运用现代化的知识、信息，提高自己的实践操作能力。只有这样，大学生才能在这个知识爆炸的时代中，在人才济济的年代中不断提升自己，增强自己的竞争力，使自己在时代竞争的洪流中立于不败之地。也正是由于这个原因，我国高校越来越重视信息素质教育，并将信息素质教育放在十分重要的地位，真正变"授人以鱼"为"授人以渔"，使大学生在思想上变"学会知识"为"会学知识"，使大学生的综合素质不断提高。

三、大学生创新能力培养的需要

大学生形成创新能力的前提就是学会主动思考，在这个前提下还要具有独立自主地进行研究、探索、讨论、交流的能力。在这样的条件下，大学生才能形成创新能力。如果学生具有较高的信息素质，那么，他们能自我设计学习方案的机会也就会跟着增多，同时也会更多地进行独立思考，并且在咨询教师问题的过程中有自己的想法，可以和教师、同学进行思想交流。这样在交流的过程中，学生就可以获得更多的信息，从而进一步提高自己的创新能力。

例如，当大学生离开学校从事科研工作时，如果他们具有良好的信息素质，那么这对他们及时了解国内外最新的专业研究动态和科研成果是非常有帮助的，有助于他们与国内外专家学者及同行进行交流，合理制订自己的研究计划，避免重复研究，多出原创性科研成果。

第三节　大学生信息素质教育的探索与实践

要提高大学生的信息素质，首先就要从大学生的信息意识入手。这正是当下大学生所缺乏的重要意识。本节主要对提高大学生的信息意识以及大学生信息素质的培养途径进行详细的探讨。

一、提高大学生信息意识

在当代，高校大学生的信息意识越来越表现出其具有的重要性。信息意识是当代大学生获取信息和知识、提高创造能力的心理前提和重要的思想基础。因而，提高大学生的信息意识是时代的必然要求。

（一）树立和增强信息安全意识

信息安全意识是人们在处理信息的过程中，积极应对社会信息发展变化，防范信息危险的一种意识。具体来说，信息安全意识包括人们对信息的敏锐感受和理解，包括人们在信息工作中对各个方面的领悟。对于当代大学生来说，他们的信息安全意识不容乐观，主要表现为以下几方面。

1. 缺乏信息安全意识

许多大学生虽然能够有效利用一些信息搜索工具，但是不能判断信息搜索工具背后所隐藏的陷阱，往往出现病急乱投医的现象。

2. 缺乏信息陷阱判断的敏感性

许多大学生不能精准识别出信息陷阱，对于信息盲目信任。

3. 对信息陷阱的作用方式缺乏认识

许多大学生虽然能够识别出信息陷阱，但是不了解其作用方式，一旦上当之后，不能及时摆脱陷阱。

4. 缺乏信息污染意识

社会信息流中充斥着许多不利于人们健康的信息，危害人类信息环境，影响人们对有效信息的利用。这些信息往往与有效信息混合在一起。缺乏信息污染意识会给给大学生带来麻烦。

5. 信息免疫能力差

大学生现在接收的信息太多了，但是他们又缺乏一定的筛选能力。在信息泛滥的情况下，许多不成熟的大学生沉迷于网络游戏；有的大学生被不健康的内容所迷惑；有的大学生沉迷于虚拟的社交软件中不能自拔。

鉴于以上情况，高校应帮助大学生树立和增强安全意识。

（二）强化保护计算机信息安全的意识

强化保护计算机信息安全的意识首要的是要了解相关的计算机信息安全知识及懂得如何操作。

（三）树立保护个人资料和隐私的意识

树立信息安全意识首要的就是要对个人资料及隐私信息进行保护。

（四）安全地使用网络上的各项服务

在了解了基本的计算机信息安全知识以及个人信息保护措施后，大学生要安全地使用网络上的各项服务。

（五）安全地在网络上进行交易

现在，人们越来越倾向于在网络上进行交易。但网络欺诈和犯罪也时有发生。大学生作为主要的网络群体之一，要谨慎安全地在网络上进行交易，保护自己的合法权益不被侵犯。

二、大学生信息素质的培养途径

高校一般可以通过下面两个主要途径来培养大学生的信息素质。

（一）学习专门的信息素质教育课程

信息素质教育已引起世界各国政府的重视。目前，在国外，信息素质教育比较成熟，从幼儿园到大学，信息素质教育的对象、模式和层次都不相同，因此也确定了不同等级的要求，例如在初等和中等教育阶段，就有基础的图书馆应用知识教育和基础信息技术应用教育，在高等教育阶段则又增加了信息技术方面的专业教育。因此，学习专门信息素质课程是学生培养信息素质的主要途径之一。

大学生的信息素质相关课程主要有：一是大学新生入学后的利用图书馆的方法培训课程；二是在大学高年级阶段分别开设的"科技文献检索课程"及"科研技能培训"等相关课程。例如，美国高校开设的由图书馆员和教师讲授的信息技术和信息利用课程，以及我国高校开设的文献检索课和专业科技技能课等都属于信息素质相关课程。

高校通过开展这些课程，不仅可以更好地让大学生学习和利用图书馆资源，同时还可以让大学生在互联网上很快找到要学习的知识，查询所需要的信息，帮助大学生充分利用现代文献信息环境，使大学生对各种各样的信息资源都能够充分把握和利用，从而培养大学生的信息意识及其查询和利用信息的能力。

值得指出的是，信息素质课程的教学工作基本上是由大学图书馆承担的。2002年，我国教育部颁布的《普通高等学校图书馆规程》指出大学图书馆的主要任务之一就是"开展信息素质教育，培养读者的信息意识和获取、利用文献信息的能力"。我国大学图书馆在这方面还需要进一步努力。

（二）善于利用大学图书馆，将其作为提高学生信息素质的实践场所

在高校，图书馆一般是信息和技术的集散地。同时，在图书馆中，有很多信息技术人员。这样就为培养大学生信息素质提供了得天独厚的学习基地和实践场所。

首先，大学图书馆丰富的馆藏，为开展信息素质教育提供了深厚的信息资源基础。在图书馆内，一般有丰富的馆藏文献资料和多媒体教学资源，同时还有比较丰富的网络数据库资源，可以向学生提供全方位的、多学科的知识信息资源。在因特网迅速普及、信息浩如烟海的今天，图书馆丰富的馆藏资源不仅不能被因特网所替代，反而是因特网知识资源的提供者和补充者。例如，全球最大搜索引擎谷歌公司宣布谷歌准备打造出一座全球最大的网上图书馆，谷歌计划与哈佛大学、斯坦福大学、密歇根大学、牛津大学图书馆及美国纽约公共图书馆合作，将这些著名图书馆的馆藏图书扫描制作成电子版放到网上供读者阅读。

其次，大学图书馆完善的图书馆服务体系，使其成为大学生提高自己信息素质的实验室。随着高校中信息教育的普及，越来越多的电子阅览室、声像阅览室、多媒体阅览室等现代化服务设施得以建立起来。大学图书馆现在不仅仅是收藏了许多图书的地方，还是现代电子信息中心。高校应教会大学生使用现代电子文献检索工具，使大学生学会快速获取、处理各类信息的方法，获得更多有用的信息，进而成为具有综合素质的人才。

再次，在大学中，图书馆还给学生创造了良好的自学环境。大学图书馆环境安静、自由、轻松、无拘束、无压力，使学生能够自由发挥想象，产生灵感，同时大学生也可以在幽雅的环境中根据自己的需要选择信息的种类和内容。这种主动的信息交流可以使大学生学到很多有关信息评价和信息利用的知识。而

这种基于资源的自主学习方式十分有利于学生良好的学习习惯的养成和自学能力的形成。联合国教科文组织出版的《学会生存：教育世界的今天和明天》一书中指出："未来的文盲，不再是不识字的人，而是没有学会怎样学习的人。"在大学期间，学习专业知识固然重要，但更重要的是要学会思考。在我国，这一点可能体现得不太明显，但在外国倡导自学的高校中，这一点体现得相当明显。例如，在美国高校，学生学习比较自由，在教学方法上也倡导学生积极主动学习，不像我国"填鸭式"的教学方式，学生主要靠自己自学。因而如果没有图书馆的帮助，那么，学生几乎不可能完成自己的学业。许多教师甚至直接将课堂开在图书馆这样的环境中，通过这种方式来培养学生良好的自学能力。

最后，通常大学图书馆员都具有专业的知识，这些人员是帮助大学生提高信息素质的重要辅导员。同时，这些人员还是将学生和图书馆联系在一起的重要桥梁。因此，图书馆员能够帮助大学生解决在信息查找和利用方面的疑难问题，从而提高他们的信息素质能力。

第十章　高校心理素质教育教师队伍的建设研究

队伍建设是做好一切工作的保障。随着我国高校心理健康教育的发展，建设一支专业化的心理素质教育教师队伍，成为高校心理素质教育的一项重要任务。因为心理健康教育工作是一项专业性强、要求高的工作，并非一般的教师所能胜任。

第一节　高校专职心理素质教育教师的职责与应具备的素质

一、高校专职心理素质教育教师的职责

高校专职心理素质教育教师承担着对学生进行心理素质教育的管理、教学、心理咨询、心理疾病与心理危机预防干预和科学研究等责任。

具体来说，高校专职心理素质教育教师的职责如下。

（一）制订和实施大学生心理素质教育计划

心理素质教育是高等教育的重要组成部分。心理素质教育实施中心是高校实施心理素质教育的具体部门。高校专职心理素质教育教师需要结合学校的实际情况和学生的心理状况自己制订和实施心理素质教育的计划。

（二）承担心理素质教育课程教学任务

心理素质教育课程是高校对学生进行系统的心理素质教育的主渠道。高校专职心理素质教育教师需要根据学校的实际情况承担一定数量的心理素质教育必修课和选修课的教学任务。

（三）开展心理素质教育活动

宣传教育是高校心理素质教育的主要途径。高校专职心理素质教育教师需担负为学生和教职员工举办各类心理健康讲座、指导学生心理社团开展工作、制作心理健康网页、出版心理健康刊物等方面的宣传教育工作。

（四）开展心理咨询

个体心理咨询和团体心理咨询是解决学生的心理困扰、提高学生的心理素质、促进学生健康成长的重要途径。高校专职心理素质教育教师承担着对学生进行个体心理咨询和团体心理咨询的任务。

（五）开展心理危机的预防和干预工作

心理疾病与心理危机的预防和干预工作是高校心理素质教育的重要环节，直接影响大学生的生命安全和高校的稳定与发展。高校专职心理素质教育教师承担着构建大学生心理疾病与心理危机预防和干预工作体系、制订学校心理疾病与心理危机预防与干预工作计划、识别心理疾病与心理危机、实施心理疾病与心理危机干预工作计划以及相关的宣传教育与培训工作。

（六）开展心理素质教育科研工作

心理素质教育科研工作是高校心理素质教育的重要特征。高校专职心理素质教育教师承担着心理素质教育研究工作，积极与国内外心理咨询机构合作开展科学研究工作，努力提高心理素质教育水平。

二、高校专职心理素质教育教师应具备的素质

国外许多国家都对高校专职心理素质教育教师的素质十分重视。以美国为例，美国学校心理学家协会为此专门制定了《学校心理学家职业道德准则》，就职业能力、职业责任、与学生的职业关系、与学校的职业关系、与家长的职业关系、协调与其他专业工作者的关系、与社区的关系7个方面制定出了27条准则。高校心理素质教育教师应当具备多方面的素质和能力，主要包括四个方面：人格特质、职业道德、能力素质和理论知识素质。

（一）人格特质

1. 拥有积极的人生观、价值观

心理素质教育最终的目标是让学生能够积极面对生活，拥有积极乐观的人生态度和人生目的。心理素质教育教师自身的人生观、价值观会直接或间接地

影响学生的人生观、价值观。在心理素质教育的课程和教育活动方面，其目的都是引导学生形成积极乐观的人生态度，过有价值的生活；在心理咨询方面，学生心理困惑的深层原因都是围绕着"我是谁？我奋斗是为了什么？我应当怎样活出自己的价值？"这些都属于人生观、价值观的根本问题。心理咨询的目标就是协助学生解决这些困惑，重新树立人生的目标。在这个过程中，心理咨询师个人的人生价值观会潜移默化地影响来访者改变的方向。心理危机预防干预更能直接引导学生尊重生命、理解生命的意义和价值，让学生珍爱生命。心理素质教育教师要完成以上工作，需要自身拥有积极的人生观和价值观。

2. 保持积极乐观、平和稳定的情绪状态

积极乐观、平和稳定的情绪状态是心理健康的重要标志。每个人在面对外界的压力时，都会产生不适应的情绪。心理健康的人可以有效地调节自己的情绪，让自己的情绪情感保持在积极乐观、平和稳定的状态。作为高校心理健康教育的实施者，教师的情绪状态不仅关系到自身的心理健康，还会影响广大学生，因此，十分重要。正如全美教育协会在《各级学校的健康问题报告》中所指出的，由于情绪不稳定的教师对于儿童有决定性的影响，所以就不应该让他们留在学校里；一个有不能控制自己脾气的、非常忧郁的、存在极度的偏见的、凶恶不能容人的、讽刺刻毒或习惯性谩骂的教师，对于儿童心理健康的威胁，犹如肺结核或其他危险的传染性疾病对儿童身体健康的威胁一样严重。诚然，心理素质教育教师也是人，当面对生活工作的压力，也会产生各种情绪。这就要求心理素质教育教师要具备良好的情绪调节能力，及时调整情绪，以保持积极乐观、平和稳定的情绪状态。

3. 善于与人相处

高校心理素质教育教师应当能够接纳他人，对他人宽容大度，与别人友好相处，拥有和谐的人际关系。因为专职心理素质教育教师无论是要做好心理素质教育还是要做好心理咨询，都需要与学生建立良好的人际关系。同时，在高校开展心理素质教育，专职心理素质教育教师也要与学校各个部门、各院系进行协调合作，还要随时与班主任、辅导员、任课教师进行沟通合作。在心理危机干预工作中，专职心理素质教育教师还需要与精神卫生机构、学生家长和社会的相关人员沟通配合。因此，高校心理素质教育教师必须具备与人交往合作的人格特质，主要应尊重他人、真诚与内外和谐一致。尊重是对人的一种态度。尊重意味着尊重每个人的独特，尊重每个人的价值，尊重个人的选择。高校心理素质教育教师在进行心理健康教育时，也应以满足学生的最大利益为原则，尊重学生选择参加的权利。在心理咨询中，专职心理素质教育教师应充分信任学生，相信他们每个人都可能会改变，要尊重并接纳每一个人，避免将学校的利益、自己的价值观强加给学生，而忽视学生自身真正的心理需求和利益。尊重还意味着高校心理素质教育教师要关心每一个学生，为他们提供所需要的帮助。

与人相处需要具备真诚、内外和谐一致的人格，也就是要表里如一、内外和谐一致。高校心理素质教育教师要具有真诚的个性品质，能够坦诚地对待自己和他人，不伪装自己。只有当自己内外和谐一致时，才能使学生感受到真诚，才能使他们卸掉为得到别人的肯定而戴上的"面具"，才能坦然面对自己的真实需要和真实情感，深入探索自己，促进自我成长。真诚意味着心理素质教育教师自己是一个真实的人，可以有缺点和犯错误，因此不必掩饰自己的缺点和错误，而要敢于面对真实的自我。心理素质教育教师只有自己不断地成长，才能带领学生不断地成长。

（二）职业道德

由于高校心理素质教育是一项帮助学生心灵成长的专业助人工作，在其本质上会进入学生的生命深处，参与学生生命成长的过程，起到为学生导航的作用，因此，此项工作对高校心理素质教育教师有很严格的职业道德要求。心理素质教育教师要严格遵守心理健康教育和心理咨询的行业伦理规范，还要严格遵守教师的职业道德规范。高校心理素质教育教师应当遵守以下职业道德。

1. 热爱心理素质教育工作

热爱心理素质教育工作是指对这项工作抱有浓厚的职业兴趣，愿意为这份工作付出时间喝精力，并有高度的工作责任感。热爱是指心理素质教育教师发自内心地热爱学生，全身心地关心学生，希望每一个学生都能心理健康地发展，每一个生命都能充分地绽放；热爱是指不只要把对学生的心理素质教育当作一份工作，还把它当作一个使命，当学生需要时，可以不计时间，不计个人得失，甘愿为学生奉献；热爱是指要不断地学习专业知识，提高自己的专业技能，以为学生提供更好的帮助；热爱是指要有创造性，不断根据学生的需求，创新心理素质教育的内容和方法，帮助学生更好地成长。

2. 一切以学生为重

心理素质教育的一切出发点都是为了学生，对学生负责。在心理咨询中，心理素质教育教师要以来访学生为重，维护来访学生的最大利益，包括在咨询场地的选择、咨询时间的安排上都要方便来访学生，而不是其他人。

咨询师在咨询中要与来访学生保持客观的关系。不能接受来访学生的礼品，不能接受来访学生类似吃饭、观看演出等邀请，不发展咨询关系之外的其他关系，目的是保持与来访学生之间的客观关系，更有效地为来访学生提供咨询服务。

以来访学生为重，意味着当学校的领导、教师要求提供某个学生心理咨询的信息或资料时，一般而言，咨询师应当判断此举对来访学生是否有利，在以维护来访学生的利益前提下妥善地处理，但在来访者出现伤害自我和他人的情况下要进行特殊处理。

以来访学生为重，也意味着要遵守来访者知情原则。在咨询关系开始前，咨询师应告知来访者咨访双方的相关权利、责任以及咨询可能带来的正面及负面后果，签订咨询协议。在咨询过程中，如果需要录音、录像或使用测评量表，都需要事先就其目的和意义对来访学生进行说明。

以来访者为重，还意味着要遵循延期做出重大决定的原则，即在心理咨询期间，由于来访学生情绪过于不稳，原则上应该劝其暂缓做出退学、转学等重大决定。在咨询结束后，来访学生在情绪变得稳定以后做出的决定，往往不容易后悔或反悔的可能性小。因此，咨询师应在咨询开始时就告诉来访学生这个情况。

以来访者为重，还意味着要遵守守时性原则。由于心理咨询工作是咨访双方商定的具有契约性质的双边活动，守时对于咨询师来说是必须遵守的原则。咨询师一定要按计划进行，不能随意更改咨询时间，除特殊情况外，都要严格遵守咨询时间安排。

3. 为来访学生保密

咨询师对于来访学生与咨询师的谈话、咨询记录以及来访学生的各项资料均应保密，其中，对于来访学生到咨询中心接受帮助的事实也应保密，不向与咨询无关的人散播这些信息和资料。

对于来访学生的书面资料，如咨询中心的各种表格、心理测试结果、心理咨询记录等，咨询师要严格保密。

如果咨询师需要对来访者与咨询员的面谈进行录音或录像，与督导讨论或在小组案例讨论会上研讨，则必须事先告知来访学生此举的意图并征得来访学生的书面同意才能进行。对于录音带或录像带，应定期销毁，并让来访学生知道。录音带或录像带应由咨询中心统一保存。除来访学生的咨询员及督导外，其他人一律不得接触录音带、录像带。但在进行案例讨论时，如果事先已经征得来访学生同意可在讨论会上播放录音带、录像带。

咨询师在科研、教学中如果涉及来访学生的信息，也必须进行加工改编，隐去来访学生的真实身份。如果确实因工作需要必须向外界提供有关信息，则有责任对来访学生的姓名予以保密，并要确定信息内容不对来访学生造成伤害；如果需要运用实情，需征得来访学生同意才可运用。

为来访学生保密还意味着咨询师要遵守保密的例外原则。即当来访学生有伤害他人或自己的意图或事实时，来访学生有精神疾病症状时，来访学生有严重违反校纪校规或国家法律的情况时，咨询师就不应当继续遵守保密原则，而应及时告知学校相关领导或负责教师及学生家长，及时采取措施，挽救学生。因为这时维护学生健康和生命安全是第一位的。对于这一点，咨询师应在咨询关系开始前就告诉来访学生。

4. 在专业能力范围内工作

高校心理素质教育教师必须具有专业的资质。没有经过严格专业训练的人不具备做这项工作的资格。咨询师要在自己的专业能力范围内进行心理咨询，对于超出自己专业能力范围的个案，要及时转介给有能力对此个案进行心理咨询的咨询师，对于需要进行心理治疗的个案，则要及时转介给专科医疗机构的精神科医生，以免延误了治疗时机，给来访者带来伤害。心理咨询师要不断接受专业培训，提高自己的专业能力，以便更好地为来访者提供更有效的帮助。

（三）能力素质

根据高校心理素质教育工作的职能，高校心理素质教育教师应当具备的职业能力包括一般的工作能力素质和特殊的能力素质两个方面。

1. 一般的工作能力素质

高校专职心理素质教育教师应具备的一般的工作能力素质包括以下几方面。

第一，制订并组织实施学校心理素质教育工作计划的能力。

高校专职心理素质教育教师不同于其他专业课的教师只进行专业课的教学工作，也不同于国外的心理咨询教师，他们担负着对全校学生开展心理素质教育的任务。因此他们要拥有很强的教育管理能力，具备规划心理素质教育工作的能力，能够根据上级教育领导部门下达的关于高校开展心理素质教育的要求和本校学生的实际情况，制订每年心理素质教育工作的计划。此外，还要具备与学校各部门、各院系进行沟通协调的能力，有效地实施工作计划，开展心理素质教育工作。

第二，进行心理素质教育教学的能力。

高校专职心理素质教育教师要具有独立开展心理素质教育教学活动的能力。

首先要了解学生。要教好心理素质教育课程，首先必须了解学生的心理状况和学生的需求，使教学更有针对性。如果心理素质教育教师对学生情况不了解、不熟悉，就会使心理素质教育课变成理论说教课，失去灵魂。

心理素质教育教师可以通过多种渠道了解学生，如可以从心理咨询中，从日常和学生的交往中，从课堂的互动中等去了解学生，还要具体地、动态地去了解学生。不但要了解大学生一般的心理状况和心理特点，也要了解自己学校学生的心理状况和心理特点，还要了解不同群体学生的特点，更要了解在当前社会变革状况下学生的特点和心理需求。心理素质教育教师应在课堂上观察每一个学生的行为表现，倾听每一个学生的表达，通过观察他们的语言和行为去了解他们的内在心理特点。在对学生了解得越全面、越具体时，才能使教学有针对性，才会达到促进学生心理成长的目的。

教学能力也包括营造良好课堂氛围的能力。只有营造一个良好的课堂氛围，才能使学生在其中没有顾虑地敞开心扉、自由地分享交流，才能有心与心的交流、情与情的互动。在课堂上，心理素质教育教师要学会倾听每一个学生，向学生提问以促进其深入体验、思考，即时向学生给出触动心灵的回应，在课堂体验的每一个阶段促进学生之间的互动，在尊重的前提下打断学生偏离主题的发言，恰当地选用互动活动等。

教学能力还包括教育的生成能力。大学生心理素质教育课程的教学虽然会有教学预设，但这种预设不应该是刻板的、不变的，而应该随着当时学生的心理变化，在课堂上随时出现的教育契机而不断地生成。对于课堂教学中的学生提出的新问题，学生分享的新经验、新认识，心理素质教育教师要学会观察，学会倾听，随时捕捉新信息，选择有效的信息并及时将之转化为教学资源，不拘泥于预设，并能智慧地处理好预设与生成之间的关系。这样，课堂教学才会更加精彩。这就需要心理素质教育教师具有敏锐的观察力和审时度势的能力。

以上这些教学能力都是高校心理素质教育教师应当具备的。

第三，进行个别心理咨询的能力。

高校心理素质教育教师担负着为学生提供心理咨询的任务。因此要掌握心理咨询的基本理论，就要具备进行个别心理咨询的实务能力，如建立咨询关系的能力。建立咨询关系是心理咨询的首要前提和基础。心理素质教育教师要想在短时间内与来访者建立温暖的咨访关系，使来访学生愿意敞开内心，袒露自己内心的冲突与困惑，就要无条件地接纳学生，倾听他们的内心，具备共情能力，等等。同时，心理素质教育教师也要具备评估来访学生心理问题的能力，能够运用所掌握的心理学理论分析个案材料，对其进行分析评估，然后据此制定心理咨询目标。心理素质教育教师还要具备运用心理咨询技术的能力，运用与来访者心理特点及心理问题相匹配的心理咨询方法为来访学生提供帮助。在心理咨询结束后，心理素质教育教师还要对咨询过程进行反思，以便更好地总结咨询过程，更有效地帮助来访者。因此，心理素质教育教师还应具备对咨询过程进行反思的能力。

第四，进行团体辅导的能力。

团体辅导是一种对不同学生进行心理辅导的方式。由于团体辅导要求一个心理素质教育教师对多个来访者同时进行辅导，来访者更加复杂，所以心理素质教育教师不仅要掌握个别心理咨询的理论和方法，还要掌握团体辅导的基本理论和方法，具备开展团体心理辅导的能力，包括设计团体辅导活动方案、组织与实施团体辅导活动、激发团体动力、处理团体成员特殊问题等能力。

第五，开展心理疾病与心理危机的预防和干预工作能力。

心理素质教育教师应能够使用常见大学生心理健康测查量表，对大学生心理健康进行调查研究分析；能够鉴别大学生常见的精神疾病和自杀危机，并具备危机应对的基本技能，包括预防、监护、转介能力，应激事件处理能力等。

第六，开展科学研究的能力。

心理素质教育教师应具备依据科学的理论，对大学生的心理以及高校心理素质教育的教学、咨询、危机预防和干预等工作进行科学研究的能力，不断提高心理素质教育水平。

2. 特殊的能力素质

由于高校心理素质教育教师从事的心理咨询工作对其职业能力要求更高，所以他们应当具备作为心理咨询师的特殊的能力素质。针对心理咨询师特有的专业能力，我国《心理咨询师国家职业标准》中提出，心理咨询师应当具备的职业能力有观察能力、逻辑思维能力、表达能力、人际沟通能力、自我控制能力、自我心理平衡能力等。

根据学校心理健康教育教师所承担的任务，并综合上述观点可得出，他们的专业能力应该由以下几种基本能力构成。

第一，敏锐的感觉和了解学生心理的能力。

心理健康教育是建立在教师对学生心理特征的敏锐观察、准确认知基础之上的。这是因材施教的必要前提。因为学生不是被动的接受者。具有不同心理特征的学生会对心理素质教育教师的教育行为产生不同的反应，最后产生的学习效果也不尽相同。心理素质教育教师只有准确地了解学生的心理状况，才能有针对性、有的放矢地进行教育。而学生的某些心理特征会外显于行为，更多的则具内隐性。有些即使表现于外，也往往是渗透于言行之中，不易被察觉的。这就要求心理素质教育教师必须对学生的心理活动特别敏感，善于察言观色，善于通过发现学生的表情、动作、眼神、肌肉抽动等细微之处来察觉其内在的心理活动，否则不仅无法因材施教，还有可能错过教育的关键期，不能有效阻止学生心理问题恶化。

敏感性不仅是指心理素质教育教师对学生的心理活动敏感，也指对自己的心理活动敏感。因为心理健康教育具有互动性，师生、生生间是相互影响、相互作用的，心理素质教育教师的一举一动都可能对学生心理产生深远的影响。因此，心理素质教育教师也应对由自己的行为引发的内部心理变化敏感地做出反应。

大学生的心理活动会涉及大学生生活、学习及社会交往的方方面面，所以，高校心理素质教育教师只有具有足够的生活常识和良好的社会生活能力，才能更好地了解学生生活所处的家庭环境、学校环境、社会环境，了解这些社会环境给学生心理成长带来的积极影响和消极影响，帮助他们走出困境，快速成长。如果心理素质教育教师自身缺乏生活常识和社会生活能力，则无法更深入地了解学生，无法为他们提供更有效的心理教育和心理咨询。

第二，有良好的逻辑思维和变通能力。

高校心理素质教育教师要具有良好的逻辑思维能力。因为面对学生所讲述的自己的各种事件和信息，心理素质教育教师要从这些纷乱繁杂的信息中，运用心理学的相关理论和系统的思维方式进行梳理分析，找到其产生心理困惑的原因和可运用的积极资源，协助来访学生改变僵化的思维，改变他们的思想认识，促进其成长。在这个过程中，心理素质教育教师需要具备良好的逻辑思维和变通能力。

第三，有良好的语言表达能力。

高校心理素质教育教师无论是要在高校上好心理素质教育课，开展好心理素质教育活动，还是要做好心理咨询或心理危机干预工作，都需要具备良好的语言表达能力。运用语言表达的提问、澄清、核查、对质等技巧，运用非语言的沟通技巧，与学生进行良好的沟通，可以提升心理素质教育和心理咨询的效果。

（四）理论知识素质

心理素质教育对教师的专业理论和知识水平有很高的要求。世界各国对从事这类工作的教师的专业知识水平和资格都做出了严格的规定。联合国教科文组织要求学校心理学家必须具备 3 个条件，即修完有关心理学课程、具有教学文凭和教师资格证书以及 5 年以上的教学经验；我国香港规定小学心理辅导教师（在中小学兼职的心理辅导教师）必须经过 4 个月的培训学习，中学心理辅导教师则要完成 145 个小时的课程学习，教育心理学家（在中小学等教育机构主要负责评估学生的学习和行为困难、提供教学顾问服务的教师）必须达到硕士以上学历水平；日本对学校心理教育工作者的要求一般都是达到硕士以上的学历水平；在美国，从事学校心理辅导的人员必须达到由美国心理学会和美国学校心理学家学会制定的专业标准，参加这两个机构审批认可的培训并取得硕士、博士学位，而且要持有州政府颁发的资格证书，才可以从事学校心理辅导工作。到目前为止，我国内地对高校心理素质教育教师的专业理论知识要求虽然还缺乏具体规定，但各所高校在实践中已经对心理素质教育教师所应具备的理论知识素质提出了自己的要求。综合起来，主要有以下几点。

1. 掌握心理学基础理论

心理学基础理论是整个高校心理素质教育和心理咨询工作的基础。普通心理学、发展心理学、社会心理学、临床心理学和精神病学等相关理论，可以帮助心理素质教育教师了解学生心理发展的年龄特点和心理素质形成的内在机制与规律，便于心理素质教育教师运用科学心理学的方法和技术对学生进行心理教育和心理疏导，以保证工作的科学性。所以，高校专职心理咨询教师应掌握普通心理学、发展心理学、社会心理学、临床心理学和精神病学等相关理论。

2. 掌握心理咨询的基本理论

每一种心理咨询基本理论都从人的心理的某一个层面或某一个维度入手，研究人的心理发展的特点，心理问题形成的心理机制和心理原因，心理问题的解决方法，帮助人们实现心理的健康和谐发展。每一种心理咨询基本理论对于促进人的心理发展都是有价值的，但也有各自的长处和不足之处。一名专职心理素质教育教师要努力学习各种心理咨询的基本理论，善于根据来访学生的心理特点，整合各种心理咨询基本理论的优势，帮助学生解除困惑，获得自我成长。

每个人的内心世界是很复杂的，导致每个人出现心理问题的原因也各不相同。因此，心理素质教育教师要不断学习并掌握心理咨询的理论。

3. 有丰富的与人的发展相关的学科知识

高校专职心理素质教育教师还应掌握哲学、教育学、社会学、文学、人类学、伦理学、美学等与人的发展相关的学科知识。这些知识可以提升心理素质教育教师自身的素质，丰富其生活经验，拓宽其认识世界的视角，还可以为教师提供从不同角度去分析问题的认知框架和解决问题的方法，也有助于加深教师对各种具有丰富知识和复杂生活背景的学生精神世界的理解，与学生建立心理联系，促进学生心理发展。

第二节　高校专职心理素质教育教师队伍的职业发展

一、职业发展现状

近年来，我国高校心理健康教育被提到极其重要的位置。国家和政府提供了相应的政策法律保障，在财力和物力上给予了大力支持。但目前高校心理健康教育专职教师队伍的职业发展现状不容乐观。

（一）数量不足

我国《高等高校学生心理健康工作基本建设标准（试行）》（以下简称《基本建设标准》）对大学生心理健康教育的教学体系、活动体系、咨询服务体系、心理危机预防与干预体系四大工作体系建设都提出了明确的要求。专职心理健康教育教师必然是承担这几项工作的主力军。近年来，由于各级领导对心理素质教育越来越重视，各高校根据心理素质教育工作发展的需要，增加了专职教师的数量。

实际上，无论是从《基本建设标准》中"高校应按学生数的一定比例配备专职从事大学生心理健康教育的教师，每校配备专职教师的人数不得少于 2 名"的规定中，还是从中共北京市委教育工作委员会做出的"专职教师与学生比例应为 1 ∶ 3000 的规定"中都可以看出，我国在高校专职心理健康教师的数量上与国外发达国家差距较大。但是，即使按我国所规定的专职心理素质教育教师的配备标准，许多高校也尚未达到。人员的匮乏是制约高校心理素质教育发展的重要因素。

（二）角色定位不清

角色定位是心理素质教育教师专业化发展的基点。当前，我国心理健康教育教师特别是专职心理素质教育教师的职业角色意识模糊的现象比较突出，主要表现有：将专职心理素质教育教师与学生事物管理者角色混淆、将心理素质教育教师教师与德育教师混淆等，其原因不仅仅在于心理素质教育教师的专业化和职业化不足，更在于目前我国教育体制和教育理念上的深层次改革力度不够。

通过解读国家发布的各项有关高校心理健康教育的文件和各位学者的研究的观点就会发现，这些文件与观点在表述和论述中都是将心理健康教师作为一个整体概念，而未提及如何区分专职与兼职心理健康教师的角色认知、角色定位、角色职责，如何界定心理健康教育专职教师的专职等内容。由此导致的结果是，在工作中，专职教师职业角色不清，专业定位不准，职业功能不强，职业发展不明。

由于工作理念不统一导致对心理健康教育专职教师的职业角色定位不清、工作内容多元、工作任务多种，进而导致心理健康教育教师无法实现工作内容的专职化、工作任务的专门化。虽然我国大学生心理健康教育要提供的服务内容越来越显现出多样性和综合性的特点，具体包括学生职业和学业选择指导，学习咨询，学生的社会问题和情绪问题咨询，为家长、教师提供咨询服务，对问题学生进行行为治疗还包括组织发展测量研究和专业研究等，但是高校心理素质教育教师的工作任务仅仅限于心理健康测量、心理咨询服务和研究。

（三）职业定位混乱

因为心理素质教育教师角色定位和职责定位不统一，所以在对心理素质教育专职教师的人事管理体制上也呈现出归属不一、职业发展通道不畅的特点。仅就北京高校而言，心理素质教育专职教师的管理归属形式有三种：第一种是归属于人文社科类专业理论学科教学部门；第二种是大多数高校所采取的，其心理素质教育专职教师的人事管理归属于学生事务管理部门；第三种是归属于体育、艺术等基本素质教学部门。心理素质教育工作归属部门的工作职责范围不同，考核标准不同，导致了对心理素质教育的专职教师的职责要求不统一，教师职业定位混乱。

（四）发展前途渺茫

心理素质教育的专职教师由于缺乏统一的学科管理归属、一致的人事管理体系，所以在其学历提升、职称评定、职务晋级等方面都存在诸多难题。一些学校缺乏对专职教师职业发展的政策保障，从而导致专职教师的职称发展序列不明，严重制约了专职教师队伍的稳定和心理素质教育工作的可持续发展。具体表现在：第一，有的学校将专职心理素质教育教师岗位定编为行政岗，评聘专业技术职称成为个人发展无法逾越的障碍；第二，有的学校虽然把专职教师列入了思想政治教育教师行列，但没有根据心理素质教育工作实践性强的特点，制定与他们工作实际相符合的评聘标准，使得在实际评聘操作中出现不公平的现象，专职教师仍然没有机会晋升，获得职业发展。例如，有的学校对专职心理素质教育教师与一线思政课教学人员采用同一个评聘标准，有的指标向有领导职务的学生工作人员倾斜，导致专职心理素质教育教师缺少职称晋升机会。

由于缺乏有效的政策保障，专职心理素质教育教师对个人发展感到迷茫与失望，一些教师改行从事其他工作，致使专职心理素质教育教师队伍不稳定，使心理素质教育工作的专业化、职业化发展受到严重影响。

（五）培训不规范

各高校对专职心理素质教育教师培训重视的程度不够。有的学校在时间、经费上的支持力度也不大。从培训的规划上来说，一些高校没有按不同教师的专业水平和层次来科学地规划。高校心理素质教育专兼职教师进修与培训制度不够健全，培训力度不大，离《高等学校教师培训工作规程》中所期望达到的"规范化、制度化"目标相差较远。在培养内容上，也存在知识结构不够健全的问题。

由于专业培训欠缺，再加上专职教师数量不足，专职教师专业提高和学历提升的途径狭窄，平台很少，因此在开展教育、教学、咨询和科研能力方面参差不齐，导致心理素质教育工作的规范化和专业化水平不高。比如，教学质量不高，心理咨询水平不够高，管理不规范，咨询的伦理界定不清晰，咨询效果缺乏有效的监督和考核等。

二、促进专职教师队伍职业发展的途径

高素质的专职心理素质教育教师队伍是高校心理素质教育发展的基础。因此，笔者建议在市级层面建立促进专职心理素质教师职业发展领导协调机制，制定符合其工作实际的专业发展政策，出台具有可操作性的具体指导方案，确

保专职心理素质教育教师向职业化、专业化、专家化方向发展，打造一支高素质的稳定的专职心理咨询专家队伍。

（一）明确角色定位，健全管理机制

高校专职心理素质教育教师除了肩负组织心理素质教育的实施，协调学校相关部门和各院系的心理素质教育工作的开展等行政管理职责外，还承担着教学、科研以及咨询等职责，在工作职责、内容及性质方面具有多样性和复杂性的特点。高校专职心理素质教育教师的工作有别于一般性专职行政工作，也有别于专职的教学科研人员。根据高校心理素质教育工作的需要及专职教师工作的特殊性，上级领导部门要加强对高校心理素质教育工作的调查研究，制定符合其特点的职业化工作标准，严格界定心理素质教育工作的范围，明确专职教师的工作职能，确定其岗位职责，明确教师的角色定位，使专职教师的工作符合其实际工作的要求，健全对心理素质教育工作机构（如心理素质教育研究中心、心理咨询中心等）的管理机制。

（二）制定科学的教师职称评聘政策

专职心理素质教育教师队伍的稳定与发展，是高校心理素质教育发展的基础。而促进专职教师稳定与发展的重要措施是制定科学的教师职称评聘政策。教师的职称和行政人员的职务，目前在我国是评价教师专业资质与专业能力的标准，也是对教师工作能力的一种认可与肯定。专业职称的晋升会不断促进教师的职业发展。目前，我国实行的传统教师职称评聘办法和评聘条件，并不完全适用于高校专职心理素质教育教师。因此，笔者建议在市级层面建立能够促进专职心理素质教育教师职业发展领导协调机制，制定符合其工作实际的专业发展政策，出台具有可操作性的具体指导方案，确保心理素质教育专职教师向职业化、专业化、专家化方向发展，打造一支高素质的稳定的专职心理咨询专家队伍；要科学制定心理素质教育专职教师的职称评聘政策，明确职称晋升序列。评聘标准的制定要符合专职心理素质教育教师工作的特殊性，综合考虑教师的业务能力、工作实绩与研究水平。可以单独列序列和标准，由市教育委员统一设指标，全市统一评审；也可参照辅导员职称发展序列设立两条职称，晋升序列，保障双线晋升。

（三）建立并完善高校心理素质教育认证体系

由于高校心理素质教育教师所担负的工作任务和其工作角色，不等同于医院的精神科医生和心理治疗师，也不等同于社会上的心理咨询师，还有别于高

校的心理学专业的学科教师。因此，我国要研究制定高校心理素质教育教师的认证标准。制定高校心理素质教育教师任职资格的准入制度，是保障专业教师素质的基础。专职心理素质教育教师除了必须符合法定教师资格的相关条件外，还必须符合特定的标准和条件。还要根据不同层次教师的需求和发展情况，制定相应的教师培训方案和考核评估标准。这样做的目的在于界定高校专职心理素质教育教师的职责，制定与其职责相应的道德标准和专业技能要求，进一步完善专职心理素质教育教师的管理制度，规范专职心理素质教育教师的职业行为，使其工作更加规范、更加专业，保证其心理素质教育工作的水平不断得到提升。

（四）加强专业培训和督导

高校的心理素质教育工作，是研究大学生的心理特点和心理发展规律，并根据大学生的心理特点和心理发展规律，对大学生进行心理教育和心理咨询的工作。这项工作不同于普通的学生教育管理工作，也不同于一般的教学科研工作。专职心理素质教育教师既要研究随时变化的，来自不同地区、不同家庭，有不同成长经历的不同年龄、不同专业的大学生的心理状况，又要研究相关心理学理论，还要拥有开展心理素质教育、教学，进行心理咨询和心理危机干预的实际技能。因此，专职心理素质教育教师要具备丰富的专业知识与较高的技能。国家必须不断地对其进行专业培训和专业督导。

专业培训的途径有三种。一是国家行政主管部门加强对专职心理素质教育教师队伍的培养。教育部、教委或教工委提供心理素质教育专职教师国内外进修、访学和督导的机会，让专职教师有机会学习国外先进经验，促进其专业上的可持续发展。二是利用高校思想政治教育和心理学博士学科点的优势，选拔一批专职教师攻读博士学位，提高专职教师的学历水平。三是政府部门直接组织培训，或政府部门提供政策支持和经费支持，委托行业学术团体，根据专职心理素质教育教师的工作需要，定期举办专业培训和专业研讨会。在培训内容上，要根据不同层次专职心理素质教育教师的实际情况，安排培训内容。培训内容要涉及心理素质教育课程教学能力培养、心理素质教育课程教育活动组织能力培养、个别心理咨询和团体心理咨询的理论与方法、不同流派的心理咨询理论和技能、心理危机预防和干预的理论与方法、心理素质教育科学研究的技能等。对专职心理素质教育教师进行的个人成长培训，是专业培训不可或缺的重要内容。专职心理素质教育教师的个人成长不仅是成为高效的心理素质教育教师必不可少的过程，也是心理素质教育教师终身持续的个人发展议题。伟大的心理学家罗杰斯曾在总结自己的心理治疗经验时这样说道："我是否能够促进他人独立成长，取决于我自己个人成长的程度，而如果我想要促进与我相关的他人的成长，我自己必须不断成长。"

高校专职心理素质教育教师专业与个人成长是维护心理素质教育教师自身健康的保证。要不断提高心理素质教育教师的心理健康水平，使他们的专业素质更加完备，职业效能得到更好的发挥，就要不断加强对高校专职心理素质教育教师的个人成长培训。

在对教师的培训方法上，要注重把理论讲授和实际技能训练结合起来，以切实提高教师的专业能力和专业水平。

在加强教师专业培训的同时，还要加强对专职心理素质教育教师的专业督导。

专业督导是指在心理咨询或心理治疗的控制情形下，受督导者接受督导者的观察、监督与指导的活动，即心理咨询师在督导者的帮助下，使自己的心理咨询方法和技术不断完善的过程。督导在一个心理咨询师的成长过程中起到一定的作用，而且接受督导也是一个职业心理咨询师所必须做的。督导的目的与意义在于，培养训练咨询人员认清自己的能力界限；提高对心理咨询过程中咨询师与来访者之间的交互影响关系的认识；提高对自身专业职责及专业道德的认识；保证心理咨询人员的培养质量。咨询人员通过督导是心理咨询师获得职业资格的前提，是促进不断完善自我、保证专业竞争力的必要途径之一，更是心理咨询质量的保证。督导与被督导的经历有利于个人专业能力的发展。心理素质教育而完善的督导制度体系更是行业成熟的标志。

国外专业咨询师一般都必须通过几百到上千小时的专业督导，才能拥有从业资格。咨询师在发展的每一个阶段，都会出现不同程度的个人成长问题，需要督导师的引导与帮助。

我国高校近年来开始重视对专职心理素质教育教师的专业督导工作。许多高校也建立了定期督导制度，坚持对专兼职教师进行专业督导，以提高教师的心理咨询水平。但从总体上讲，由于各校对督导重视的程度不同，心理咨询督导师数量缺乏，使得心理督导工作还远远不能满足教师专业发展的需求。因此，我国要借鉴国外心理咨询督导工作的经验，加强心理咨询的专业督导工作。一要培训高水平的督导师，满足专兼职心理素质教育教师的督导需求。二要建立完善的督导制度，制定心理素质教育教师接受督导的标准，定期进行督导，以提高教师的专业水平。

（五）规范心理素质教育教师工作管理

对高校专职心理素质教育教师进行科学的管理，制定合理的考核和激励制度，使专职心理健康教育教师的绩效输出与高校管理改革目标相匹配，是提高高校心理素质教育专职教师工作绩效的重要途径。有学者对此项工作进行了研究，并提出了积极的建设性意见。他们认为教师绩效管理和岗位职责是密切联系在一起的。清晰合理的岗位职责是绩效管理的基础。因此，在设计高校心理素质教育教师绩效管理制度的时候，要想保证绩效管理顺利进行，首先，必须让管理对象清楚自己的职责所在和工作范围，对他们的工作予以界定和说明，使心理素质教育教师清楚具体的绩效目标，以便在工作中能够有的放矢，使绩效管理双方在工作目标、要求与职责上达成一致，从而实现管理的科学性、合理性和客观公正性，也使绩效管理落到实处，发挥其应有的作用。其次，要建立一套科学完整的绩效考核指标体系。绩效考核指标体系建立的基础是考核指标的选取。应坚持硬指标和软指标相结合的原则、可行性原则、可靠性的原则、科学性原则和全面性的原则，建立合理的评价标准；根据心理素质教育教师承担的工作职责的特点和性质，设计出不同的评价指标。另外，还要定期检查和修改评估方法，并不断地进行完善。最后，要完善绩效管理机制。其一，要完善绩效管理档案的建立和保存制度。绩效考核的目的是激发员工工作的积极性、主动性和创造性，提升员工工作效能，促进学校实现整体发展的目标。每一次的绩效考核既要有同部门之间的横向比较，也要有与心理素质教育教师过去绩效的纵向比较。这样才能使教师清楚地看到自我的进步和不足之处。因此，高校不能随意处理每次绩效考核的结果，而应把心理素质教育教师的绩效管理结果作为历史记录保存起来，建立每位心理素质教育教师的绩效档案，促使教师重视自己的绩效，促使他们追求自己职业生涯发展目标，同时也便于管理部门对绩效进行管控，为学校人力资源的调整提供可靠的依据。其二，要使绩效评价培训制度化。在进行绩效评价之前，学校要对所有参与评价的各级管理者和教师进行培训。培训的目的包括：使参与者充分了解绩效评价系统；使参与者了解绩效评价中容易出现的各类错误，将评价中错误发生率降到最低；培养参与者的评价责任感。其三，要完善绩效考核反馈、申诉和监督机制。绩效考核不是目的，而是一种管理的手段。考核人员不能进入为了考核而考核的误区。绩效考核仅仅是绩效管理循环中的一部分。在考核结束后，考核人员仍需进行绩效反馈等活动。这样才能达到绩效管理的目标。其四，要建立绩效管理系统的评估制度。绩效管理的目的是提高高校的管理水平。如果不能达到这个目的，就需要改革这个管理系统或用其他管理系统来替代这个管理系统。如果评价者能提供由于评价的反馈而使高校心理素质教育教师提高了工作有效性的具体证据，那么，就能得出该绩效管理系统正发挥其应有功能的结论。但是，如果评价者不能提出具体的证据，那么，即使参与者对计划感觉良好，管理系统的价值也令人存疑。在这种情况下，必须改变管理系统操作的方式。

第三节　发挥辅导员与心理素质教育

以往的高校辅导员主要承担学生思想政治教育和学生管理工作。在现实工作中，学生的思想、行为问题许多是由心理问题引起的。随着社会的发展，辅导员越来越多地承担着疏导学生心理的工作。因此，培训高校辅导员队伍，使其具有一定的心理学知识与心理咨询技能，具备对学生开展心理素质教育的能力，是新形势下我国辅导员工作科学化、专业化的必然要求。

一、辅导员在大学生心理素质教育中的作用

（一）促进学生全面发展

心理素质是学生综合素质的重要组成部分。良好的心理素质是学生全面成才的基础。大学生正处于人生发展的转折时期，常常会遇到自我认识、学业发展、人际交往、恋爱及就业等多个方面的冲突，加之现代社会竞争激烈，大学生心理压力增大，在各种矛盾冲突面前，大学生极易产生心理困惑，甚至出现心理障碍，严重者会出现心理危机。大学生的心理发展需要教师对他们进行积极的心理引导，以帮助他们形成良好的心理素质，促进其身心健康全面发展。

（二）深化和普及高校心理素质教育

辅导员是高校学生思想政治教育的一支骨干队伍。辅导员作为高校的一线学生管理工作的教师，不但担负着对大学生进行思想政治教育和管理的任务，也担负着对学生进行心理疏导，促进大学生心理健康发展的任务。他们在工作中与学生密切接触，最了解学生，能够及时发现学生的心理问题，并及时进行疏导。依靠广大辅导员对学生进行心理素质教育和心理辅导，有利于解决由我国高校心理咨询专业人员不足所造成的心理素质教育普及不够广泛、学生一般性心理问题不能及时得到疏导的问题，能够把大学生心理素质教育落到实处。

二、辅导员在大学生心理素质教育中扮演的角色

虽然辅导员开展心理辅导很重要，他们具有对学生进行心理素质教育和对有一般心理问题的学生进行心理疏导的功能，但是，辅导员不是专业的心理咨询师，其角色与功能有别于高校心理咨询教师。高校辅导员在心理辅导工作中有其独特的角色定位和作用。在大学生心理素质教育中，辅导员扮演的角色主要有以下几个。

（一）学生心理成长的促进者

大学生处于人生发展的重要时期。辅导员应该结合日常学生管理工作，开展丰富多彩的心理健康教育和团体成长活动，促进学生提高自我认识水平、增强人际关系；培养多种能力、磨炼意志、开发潜能；树立正确的人生态度和人生理想。

（二）学生常见心理问题的疏导者

辅导员工作在大学生教育第一线，是学生工作的直接管理者。辅导员的工作特点使其与学生接触得更广泛、更亲密，因此更容易与学生建立相互信任和尊重的关系，他们同学生的接触时间长，与大学生年龄相仿，生活阅历和成长背景与大学生接近，与学生具有较多的共同的兴趣爱好和话题，对学生的个性特征、家庭状况、人际关系等方面得了解比较清楚，便于及时发现学生潜在的心理问题，能够对学生常见的心理问题及时进行疏导和提供建议，帮助学生及时解除心理困惑。在学生心理健康日常的维护上，高校辅导员扮演着不可或缺的角色。

深度辅导就要求辅导员不能在表面上去教育和管理学生，而要深入学生的内心，了解学生在想什么，关心什么，有什么内在的需求，有什么内在的矛盾与困惑，在深度关怀的基础上，给予他们需要的指导，协助他们成长与发展。因此辅导员的深度辅导主要是指对大学生进行心理疏导。

（三）学生心理咨询的推荐者

辅导员往往是发现学生心理问题的第一人，他们可以及时推荐有严重心理问题的学生到专业的心理咨询和心理治疗机构去咨询和治疗。当学生有了严重的心理问题而不能主动求助时，辅导员可以说服学生，帮助他们改变对心理咨询和心理治疗的不正确认识，消除他们的疑虑，使其主动寻求心理帮助。所以辅导员在学生和心理咨询中间起着重要的桥梁作用。

（四）学生心理康复的支持者

对于一些接受了心理咨询和治疗，处于心理康复期的学生，首要的是让他们回归正常的社会生活。辅导员应当使这些学生回归到正常的学习生活中来，关心他们的学习和生活，解决他们的实际困难，发动周围同学给予他们关爱，鼓励他们参加集体活动，培养其社会适应能力，协同专业机构进行辅导，巩固咨询和治疗效果，使其尽快恢复健康。

（五）学生心理危机的干预者

辅导员可以对学生进行心理危机预防和干预，及时识别发生心理危机的学生，及时进行转介和干预。在高校的心理健康三级网络中，辅导员是重要的一环。预防和处理好学生心理健康危机事件是学校工作的重点。学生心理健康危机事件有偶然性、突发性、伤害性大、影响面大、社会关注度强且处理过程复杂、工作难度大的特点。往往一个危机事件的处理需要花费几个月甚至几年的时间。辅导员对上可以求助于学校心理辅导中心的专业心理指导教师，对下可以调动学生党员、干部等群众力量，对外还可以及时与家长沟通，充分利用各方面的资源，共同帮助发生心理危机的学生。因此辅导员在学生心理健康危机事件预防和应对的具体落实上发挥着重大作用。

除此之外，有一些辅导员还要承担一定数量的大学生心理健康课程的教学任务，因此也担任着心理健康课程的教师角色。

辅导员要胜任以上的角色，完成以上的任务，就需要学习和借鉴心理咨询的理论与方法，接受心理辅导能力的培训。

三、辅导员心理辅导专业培训

对辅导员进行心理辅导专业技能培训是提高辅导员心理辅导能力的重要措施。它既是辅导员自身成长的需求，也是当代辅导员更好地完成学生管理工作任务的需求。

（一）辅导员心理辅导专业培训的目的

心理辅导专业培训是辅导员个人成长以及保持身心健康的需要。从辅导员自身的个人成长角度来看，高校辅导员要承担学生的思想政治教育、管理、就业指导与生涯规划、心理健康教育、心理危机预防和干预工作，还要承担相关的一些课程和研究工作。他们的工作繁杂，工作任务重，而且工作量大。一个辅导员要负责几百甚至上千的学生的教育、管理工作。他们的工作时间长，其手机常常保持 24 小时开机状态。学生一有事，他们就得立即去处理。他们的职责范围没有边界。学校中各部门直接与学生有关的工作，都要通过辅导员来得以落实。学生中心理健康危机事件的发生，不仅给辅导员增添了许多工作量，也会对辅导员的身心造成伤害。职业发展不确定，使得许多辅导员感到前途渺茫，工作动力不足。除工作压力之外，辅导员自身还承受着种种生活的压力。所有这些都会损耗辅导员的身心，使之产生职业倦怠的心理，影响他们的心理健康。对辅导员进行心理素质教育能力的专业培训，有助于辅导员运用所学的心理学的理论和方法调整自己的心态，增强自我认同感和自我价值感，积极乐观地面对生活和工作，提升心理健康水平，促进个人成长。

心理辅导专业培训也是辅导员专业化发展的需要。高校辅导员绝大多数是从非心理学专业毕业的，在专业素养和专业能力方面都存在不足之处，大多数缺乏系统严格的训练。以北京化工大学为例，各院系在招聘辅导员时，一般招聘与院系开设专业相关的应届毕业生，或者从本校有学生工作经验的优秀毕业生中进行选拔。这种人才构成的优势是辅导员对相应的专业比较了解，但是比较欠缺心理学相关的知识和技能。大多数辅导员不知道如何与学生进行深层的心理沟通，如何了解各类学生的心理特点，怎样疏导学生的不良情绪，怎样识别精神疾病和心理危机。所以辅导员迫切需要接受心理辅导的相关培训，需要掌握心理学的相关理论和心理咨询的方法，提升自身的专业能力，科学化地做好学生管理工作。

（二）辅导员心理辅导专业培训的目标、内容和方法

为使高校辅导员扮演好学生心理辅导员的角色，具备对大学生进行心理教育和心理辅导的能力，高校可以为辅导员安排系统的心理辅导技能培训。

1. 培训目标

通过培训，使高校辅导员能够掌握与大学生心理辅导相关的专业知识；具备大学生心理辅导的操作技能；能够运用所学的心理辅导知识和技能开展本院系、本班级的心理素质教育工作，与学生进行心理沟通，对学生进行心理疏导及危机预防和干预；促进辅导员自身心理健康与自我成长。

2. 培训内容

培训内容分为以下四个部分。

第一部分培训内容是辅导员自身心理健康与个人成长专题培训。高校可通过教授有关心理健康的理论，帮助辅导员了解心理辅导员个人成长的意义，使

其明确辅导员的心理素质要求，使其学会心理调解的方法和促进个人成长的有效措施，使辅导员能够提升自我认识水平，正确处理压力，保持心理健康。

第二部分培训内容是大学生心理健康专题培训。包括大学生心理健康的概念，大学生心理健康的标准，心理健康对大学生成才发展的意义，大学生常见心理问题的表现及鉴别，大学生常见的心理问题及调适，还包括开展高校心理素质教育活动的途径和方法等。

第三部分培训内容是心理咨询的理论与方法。个体心理咨询的理论与方法包括心理咨询的定义、心理咨询的伦理道德、心理咨询关系的建立、心理咨询与思想政治教育的关系、我国高校心理咨询的发展、个体心理咨询的基本过程及常用技术；心理咨询的基本过程；心理咨询的常用技术（包括非语言沟通技术、倾听技术、提问技术、影响技术等）；心理咨询计划和方案的制订与实施；心理咨询的基本理论流派（包括精神动力学理论、人本主义理论、认知行为理论等）。另外，团体心理咨询的理论与方法包括团体心理咨询的基本理论、团体心理咨询的主要阶段、团体心理咨询的基本方法、班级心理辅导的组织实施等。

第四部分培训内容是大学生心理危机的识别与预防干预。包括心理危机及心理危机干预理论、心理危机的干预模式与干预技术、心理危机的发现与识别、导致大学生自杀的危险因素、高校心理危机预防措施的实施、高校心理危机干预的流程、高校心理危机干预措施的实施、高校心理危机干预案例分析等。此外，大学生心理测量方面的内容也是培训内容之一。包括心理测量的基本原理及应用、心理测量的伦理要求、大学生常用心理健康测量量表的使用方法，如心理健康症状自评量表、抑郁自评量表、焦虑自评量表、贝克抑郁量表等量表，等等。

3. 培训方法

针对辅导员的心理辅导专业培训，要采取理论联系实际的方法，引导辅导员在教学过程中，结合自己的生活经历、成长过程、工作实际和心理活动进行学习和思考，自觉运用学到的相关理论，分析工作、生活、发展中遇到的实际问题。培训要有集中性的理论培训，也要注重实践环节，以培养辅导员的实际应用能力为目标，引导辅导员把学到的理论与方法运用到大学生思想政治教育之中、运用到本校心理健康教育之中，以增强工作的科学性和实效性。对辅导员的学习与应用情况进行督导，可以帮助他们在实际工作中更好地运用心理辅导的理论和方法。因此培训中要有专业督导的环节。

参考文献

[1] 舒曼. 大学生心理健康与素质教育 [M]. 南昌：江西人民出版社. 2006.

[3] 崔建华，陈秀丽，王海荣. 大学生心理素质拓展教育 [M]. 厦门：厦门大学出版社，2009.

[4] 石梅. 大学生心理健康教育 [M]. 北京：科学出版社，2019.

[5] 王祥君. 大学生心理卫生与发展 [M]. 重庆：重庆大学出版社，2019.

[6] 张钱. 思想政治教育视域下大学生创新创业教育研究 [M]. 北京：光明日报出版社，2019.

[7] 李文莲，李规，阳娟. 综合素质拓展：第一册 [M]. 北京：北京理工大学出版社，2019.

[8] 倪铁军. 校园文化建设的理论与实践 [M]. 北京：光明日报出版社，2019.

[9] 叶燊. 立德树人：大学生思想政治工作创新纪实 [M]. 北京：光明日报出版社，2019.

[11] 丁俊兰. 大学生心理健康教育 [M]. 2 版. 北京：科学出版社，2019.

[12] 郑宝锦，马桂兰. 大学生心理健康教育 [M]. 青岛：中国海洋大学出版社，2008.

[13] 余孟辉. 大学生心理健康教育 [M]. 北京：中国水利水电出版社，2019.

[14] 邱鸿钟. 大学生心理健康教育 [M]. 3 版. 广州：广东高等教育出版社，2018.

[15] 万秋红，赵丹，邓祖禄. 大学生心理健康教育 [M]. 北京：中国轻工业出版社，2019.

[16] 陈刚，张玉. 大学生心理健康教育 [M]. 上海：上海交通大学出版社，2019.

[17] 胡谊，张亚，朱红. 大学生心理健康教育 [M]. 上海：华东师范大学出版社，2019.

[18] 欧阳晓晶，董菁，陆冰洋. 大学生心理健康教育 [M]. 北京：北京工业大学出版社，2019.

[19] 王殿春，冯梅梅，陈盈盈. 当代大学生心理健康教育理论与实践教程 [M]. 北京：中国纺织出版社，2019.

[20] 周莉. 大学生心理健康教育 [M]. 2 版. 北京：中国人民大学出版社，2018.